CATARATA

ELENA SÁNCHEZ DE MADARIAGA

DOCTORA EN HISTORIA Y PROFESORA EN LA UNIVERSIDAD REY JUAN CARLOS. SUS LÍNEAS DE INVESTIGACIÓN SON LA HISTORIA SOCIAL Y CULTURAL DE MADRID, LAS COFRADÍAS, LA CIUDADANÍA, LA HISTORIA DE LAS MUJERES Y LA HISTORIA DE LAS TRANSFERENCIAS CULTURALES TRANSATLÁNTICAS. AUTORA DE *COFRADÍAS Y SOCIABILIDAD EN EL MADRID DEL ANTIGUO RÉGIMEN, CONCEPTOS FUNDAMENTALES DE HISTORIA.*

CONSUELO FLECHA GARCÍA

CATEDRÁTICA DE HISTORIA DE LA EDUCACIÓN EN LA UNIVERSIDAD DE SEVILLA. DESARROLLA SU TAREA DOCENTE E INVESTIGADORA EN LAS DISCIPLINAS DE HISTORIA DE LA EDUCACIÓN CONTEMPORÁNEA Y DE HISTORIA DE LA EDUCACIÓN DE LAS MUJERES.

MARÍA DEL CARMEN AGULLÓ DÍAZ

PROFESORA TITULAR DE TEORÍA E HISTORIA DE LA EDUCACIÓN DE LA UNIVERSITAT DE VALÈNCIA. IMPARTE DOCENCIA EN PEDAGOGÍA Y MAGISTERIO. SU ÚLTIMA PUBLICACIÓN ES *MESTRES VALENCIANES REPUBLICANES* (UNIVERSITAT DE VALÈNCIA).

CARMEN MARÍA SÁNCHEZ MORILLAS

LICENCIADA EN FILOLOGÍA HISPÁNICA Y DOCTORADA POR LA UNIVERSIDAD DE JAÉN. ACTUALMENTE, COLABORA EN VARIAS REVISTAS COMO CORRECTORA Y COORDINADORA. ESTÁ TRABAJANDO EN UNA NOVELA SOBRE LA HISTORIA DE UNA MAESTRA REPUBLICANA.

CARMEN GARCÍA COLMENARES

PROFESORA DE LA UNIVERSIDAD DE VALLADOLID Y MIEMBRO DE LA CÁTEDRA DE ESTUDIOS DE GÉNERO DE LA MISMA. ENTRE SUS PUBLICACIONES DESTACAN: *LA REPRESIÓN DEL MAGISTERIO EN PALENCIA. LOS HILOS DE LA MEMORIA* (2009) Y *LAS PRIMERAS PSICÓLOGAS ESPAÑOLAS. ITINERARIOS VITALES Y PROFESIONALES* (2011).

HERMINIO LAFOZ RABAZA

CATEDRÁTICO DE INSTITUTO Y DOCTOR EN HISTORIA. ES PATRONO DE LA FUNDACIÓN BERNARDO ALADRÉN, DE UGT-ARAGÓN, Y RESPONSABLE DE SUS PUBLICACIONES. DIRECTOR DE LA REVISTA *XIX Y VEINTE. REVISTA DE HISTORIA Y PENSAMIENTO CONTEMPORÁNEO.* HA PUBLICADO LA OBRA *MAGISTERIO Y SOCIALISMO. LA FETE EN ARAGÓN DURANTE LA SEGUNDA REPÚBLICA (1931-1938)* (2011).

SARA RAMOS ZAMORA

PROFESORA CONTRATADA DOCTORA EN EL DEPARTAMENTO DE TEORÍA E HISTORIA DE LA EDUCACIÓN DE LA FACULTAD DE EDUCACIÓN. ES AUTORA DE LOS LIBROS *MODELOS EDUCATIVOS PARA LA MUJER EN LA CULTURA ESCOLAR DE CASTILLA-LA MANCHA Y MADRID (1936-1939) (2005) Y LA REPRESIÓN DEL MAGISTERIO: CASTILLA-LA MANCHA, 1936-1945* (2006).

OLEGARIO NEGRÍN FAJARDO

CATEDRÁTICO DE TEORÍA E HISTORIA DE LA EDUCACIÓN EN LA UNIVERSIDAD NACIONAL DE EDUCACIÓN A DISTANCIA EN MADRID. ES AUTOR, ENTRE OTROS, DEL LIBRO *MEMORIA HISTÓRICA Y EDUCACIÓN EN CANARIAS. DEPURACIÓN Y REPRESIÓN DEL MAGISTERIO EN LA PROVINCIA DE LAS PALMAS* (2010).

CARMEN DE LA GUARDIA HERRERO

PROFESORA DE HISTORIA EN LA UNIVERSIDAD AUTÓNOMA DE MADRID Y MIEMBRO DEL COLEGIO DOCENTE DEL DOCTORADO INTERNACIONAL *STORIA DELLE DONNE E DELLE IDENTITÀ DI GENERE* DE LA UNIVERSITÀ DEGLI STUDI DI NAPOLI L'ORIENTALE. ENTRE SUS PUBLICACIONES DESTACAN: "PSEUDONYMES, SILENCES ET IDENTITÉD'ÉCRIVAIN. HISTOIRE DES FEMMES À TRAVERS LEURS TEXTES" (2011).

MARÍA DEL MAR DEL POZO ANDRÉS

CATEDRÁTICA DE TEORÍA E HISTORIA DE LA EDUCACIÓN DE LA UNIVERSIDAD DE ALCALÁ Y DIRECTORA DEL DEPARTAMENTO DE PSICOPEDAGOGÍA Y EDUCACIÓN FÍSICA. ES SECRETARIA DE LA SOCIEDAD ESPAÑOLA DE HISTORIA DE LA EDUCACIÓN Y MIEMBRO DEL COMITÉ EJECUTIVO DE LA INTERNATIONAL STANDING CONFERENCE FOR THE HISTORY OF EDUCATION.

Elena Sánchez de Madariaga (ed.),
Consuelo Flecha García, María del Carmen Agulló Díaz,
Carmen María Sánchez Morillas, Carmen García Colmenares,
Herminio Lafoz Rabaza, Sara Ramos Zamora,
Olegario Negrín Fajardo, Carmen de la Guardia Herrero
y María del Mar del Pozo Andrés

Las maestras de la República

CATARATA

ESTE LIBRO ES EL RESULTADO DE LAS PONENCIAS PRESENTADAS EN LAS JORNADAS "LAS MAESTRAS DE LA REPÚBLICA. UNA HISTORIA PARA EL RECUERDO", ORGANIZADAS POR LA FUNDACIÓN PABLO IGLESIAS Y FETE-UGT Y DIRIGIDAS POR LA PROFESORA ELENA SÁNCHEZ DE MADARIAGA. SE CELEBRARON EN LA BIBLIOTECA NACIONAL EN ENERO DE 2012.

ESTA ACTIVIDAD ES UNA ACCIÓN DEL PROGRAMA "RECUPERACIÓN DE LA MEMORIA DE LAS MAESTRAS DE LA REPÚBLICA" QUE COORDINA FETE-UGT Y PABLO IGLESIAS (EQUIPO LUZ MARTÍNEZ Y BEATRIZ PEYROT / DUCA ARANGUREN Y ELENA GARCÍA ARÉVALO).

PRIMERA EDICIÓN: MAYO 2012
SEGUNDA EDICIÓN: JUNIO 2013
TERCERA EDICIÓN: NOVIEMBRE 2013
CUARTA EDICIÓN: FEBRERO 2014
QUINTA EDICIÓN: MARZO 2014
SEXTA EDICIÓN: MARZO 2014
SÉPTIMA EDICIÓN: ABRIL 2014
OCTAVA EDICIÓN: FEBRERO 2020

DISEÑO DE CUBIERTA: ESTUDIO PÉREZ-ENCISO

EDICIÓN DE ELENA SÁNCHEZ DE MADARIAGA

FUENCARRAL, 70
28004 MADRID
TEL. 91 532 05 04
FAX. 91 532 43 34
WWW.CATARATA.ORG

LAS MAESTRAS DE LA REPÚBLICA

ISBN: 978-84-8319-698-4
DEPÓSITO LEGAL: M-16.730-2012
IBIC: 3JKC/JNB

ÍNDICE

PRÓLOGO

En tiempos de profundos cambios, como los que estamos viviendo, en los que la dictadura de los mercados intenta cuestionar los cimientos de los derechos inalienables, es inevitable volver sobre nuestros pasos y recordar el camino que otras personas, en un pasado no tan lejano, recorrieron para lograr mayores cuotas de igualdad, solidaridad y justicia.

Un claro ejemplo de esta lucha es la emprendida por las maestras republicanas que encararon los ideales de unos principios que hoy más que nunca debemos reivindicar. Las maestras comprometidas con la Segunda República, o sencillamente republicanas, como nos gusta recordarlas, trabajaron y militaron, en una gran mayoría, con las siglas de UGT y del PSOE, en el empeño por lograr una sociedad más igualitaria a través de la educación y la participación social y sindical.

Tanto FETE-UGT como la Fundación Pablo Iglesias llevamos años investigando para construir el relato de una historia que han querido enterrar en el olvido. Una historia que solo se puede completar con los nombres de las personas que la protagonizaron, y entre las que se encuentran las maestras republicanas. Maestras que, desde el compromiso ideológico y profesional, ayudaron a construir el itinerario de una educación que aspiraba a formar una ciudadanía democrática, plenamente consciente de sus derechos, así como de sus obligaciones para el bien común.

La educación constituyó uno de los compromisos sociales del la Segunda República, cuyo fin era lograr la democracia, garantizar los derechos de todos los ciudadanos y ciudadanas y modernizar el país. Se trataba de configurar el Estado docente, defensa de la República, capaz de educar a ciudadanos y ciudadanas comprometidos con la construcción de una nueva sociedad, que dejara atrás el obscurantismo y las desigualdades de otras épocas.

Una educación pública, obligatoria, gratuita, activa, laica, bilingüe y solidaria que intentaba terminar con la discriminación de siglos por sexo o clase social.

Dentro de este proyecto de educación de la ciudadanía ocupaban un lugar privilegiado las maestras republicanas, que encarnaban el modelo de mujeres modernas e independientes. Ellas serían las responsables, en buena medida, de la construcción y difusión de la nueva identidad ciudadana, al educar a su alumnado en los valores de igualdad, libertad y solidaridad, tanto a través de la transmisión de contenidos en las aulas como, sobre todo, con sus vivencias personales.

Como mujeres comprometidas con la igualdad social y de género, eran conscientes de que cada paso que daban representaba el dibujo del camino por el cual otras transitarían. Con su interés por innovar, investigar y desarrollar un discurso propio en el ámbito de la educación, rompían todos los moldes de lo que se suponía tenía que ser una mujer decente y buena. Con enorme inteligencia y valentía, se embarcaron en los viajes de estudios que las llevarían lejos de España, se incorporaron a las Misiones Pedagógicas, ocuparon puestos de dirección en los colegios y tomaron la palabra en las organizaciones sindicales, políticas y en las asociaciones feministas y ciudadanas. Fueron pioneras en procesos de innovación pedagógica, investigación y prácticas pedagógicas que abrían las aulas a una metodología activa y participativa. Porque creían en la igualdad derribaron los muros que separaban a alumnos y alumnas, proponiendo prácticas de relación que les permitían compartir intereses y conocimientos. Una coeducación que les posibilitaría aprender a compartir la vida en igualdad.

Desde 1936 en la zona franquista y desde 1939 en toda España, la depuración, la represión y el exilio afectaron a todos los colectivos, pero en especial al de los maestros y las maestras, que habían simbolizado la política educativa y democrática de la Segunda República. Los maestros y las maestras de la República eran los responsables de formar a los futuros ciudadanos y ciudadanas en los valores republicanos, lo que explica el interés del franquismo por sustituirlos por educadores afines a su ideología. En el caso de las maestras, la represión se debía, además, a que habían encarnado un nuevo modelo femenino en la esfera pública que el franquismo rechazaba de plano por ser opuesto al ideal de mujer que propugnaba el nacional-catolicismo.

El régimen franquista realizó un meticuloso trabajo para depurar física y simbólicamente su legado. Muchas continuaron su labor en las cárceles. Cumpliendo condena, formaron a las hijas e hijos de las presas y a sus compañeras de corredor. Otras se exiliaron fuera del país, trabajando en muchas ocasiones con los niños y niñas de la guerra, en países como México o Argentina. Y las que quedaron, y no fueron paseadas y fusiladas, sufrieron el exilio interior. Como nos comentaba la hija de una maestra, siguieron dando clases, en sus casas o en el huerto, escondidas y vetadas por el orden público.

Sin embargo, su memoria no se perdió; el empeño de familiares, alumnos y alumnas, así como de las historiadoras e historiadores y de las asociaciones de memoria histórica, está ayudando a reconstruir su relato. En este empeño la Fundación Pablo Iglesias y FETE-UGT estamos trabajando intensamente para devolverles el espacio histórico que les fue arrebatado. Su obra es hoy un referente de la educación que defendemos. Las investigaciones, ensayos, propuestas didácticas y pedagógicas que nos legaron son más necesarias que nunca para impulsar un proyecto educativo en la construcción de un mundo democrático. Sus vidas son el testimonio del compromiso con la educación, la justicia y la igualdad. Su recuerdo forma parte de nuestro presente y el inicio de nuestro futuro.

Este libro quiere contribuir a la difusión de su obra. Desde aquí damos las gracias a todas las personas que lo han hecho posible, y a todas aquellas maestras y maestros que hoy siguen sus pasos.

SALVADOR CLOTAS (*director F. Pablo Iglesias*)

CARLOS LÓPEZ CORTIÑAS (*secretario gral. FETE-UGT*)

INTRODUCCIÓN

LAS MAESTRAS DE LA REPÚBLICA EN EL RECUERDO

ELENA SÁNCHEZ DE MADARIAGA

Las maestras republicanas simbolizan el proyecto de transformación social y cultural de la Segunda República. En sus trayectorias vitales encontramos la plasmación de las esperanzas, las experiencias y los logros alcanzados por las mujeres españolas en esos años de cambios profundos, en los que las mujeres obtuvieron la ciudadanía civil y la ciudadanía política y en los que la educación era concebida como el fundamento de una auténtica democracia.

Con la Segunda República, y por primera vez en la historia de España, las mujeres pudieron gozar de los derechos que posibilitaban el ejercicio de una libertad personal básica, lo que, a su vez, las capacitaba para participar en el ámbito público, incluido el ejercicio de los derechos políticos y en concreto del derecho al voto. El triunfo de la plena incorporación de las mujeres a la ciudadanía fue, a la postre, uno de los principales rasgos distintivos de la República. También lo fue el proyecto educativo republicano, inspirado en la Institución Libre de Enseñanza y en la escuela única socialista, que incorporaba la pedagogía activa propia del movimiento internacional de la Escuela Nueva. Proyecto en el que las maestras republicanas, ciudadanas de pleno derecho, desempeñaban un papel central.

Para las mujeres españolas, la proclamación de la República el 14 de abril de 1931 iba a significar un cambio profundo en todos los ámbitos: en la esfera pública y en la vida privada, en la política, en la economía, en la cultura y en la educación. Estos cambios fueron mucho más lejos de lo que muchos de los mismos hombres de la República habían planeado e incluso más lejos de lo que muchas de las mujeres de la República podían haber soñado. Las reformas de la República que directa e indirectamente impactaban en las mujeres suponían una transformación cultural de la sociedad española tan honda que puede ser calificada de trascendente. Más de cien años después de la Constitución de Cádiz de 1812, el ordenamiento jurídico español reconocía, en la Constitución de la Segunda República de 1931, que las mujeres formaban parte de una *comunidad de iguales*, con plenos derechos y deberes de ciudadanía. Las reformas que daban significado a la condición de ciudadanas de las mujeres españolas impulsaron la igualdad efectiva de hombres y mujeres en el ámbito privado y en la familia, así como en la vida pública y profesional. La propia Constitución estipulaba el acceso de todos los españoles, sin distinción de sexos, a los empleos y cargos públicos según su mérito y capacidad, en tanto los viejos códigos civil, mercantil y penal se vieron profundamente modificados por la nueva legislación sobre el matrimonio civil, el divorcio, la igualdad entre los hijos legítimos e ilegítimos, la protección de menores, etc. El estímulo público a la educación y a la cultura y el ambiente de modernidad favorecieron la presencia de mujeres en una amplia gama de carreras y profesiones, incluso en algunas que antes eran totalmente masculinas, como la arquitectura. Muchas mujeres formaron parte de asociaciones femeninas y/o feministas y se movilizaron políticamente, con el objetivo de avanzar en la consecución de la igualdad real, no solo la jurídica. Muchas mujeres disfrutaron de mayores cotas de libertad y autonomía personales y contribuyeron decisivamente a la formación de modelos culturales femeninos que alentaban esa independencia personal.

El proyecto de que la educación y la cultura llegaran a los rincones más remotos de España era para el gobierno republicano la vía para construir una verdadera democracia. "España no será una auténtica democracia mientras la mayoría de sus hijos, por falta de escuelas, se vean condenados a perpetua ignorancia" proclamaba el decreto que disponía la creación de 7.000 plazas de maestros y de maestras en 1931. Educación y democracia iban de la mano y el corazón de la formación en valores cívicos de las niñas y los niños y de la erradicación de la incultura en las zonas urbanas y rurales era la enseñanza primaria. La definición que de la Segunda República hizo Marcelino Domingo, su primer ministro de Instrucción Pública, como "la República de los maestros", expresa con claridad la gran importancia que el régimen republicano concedió a la educación en general, y a la educación primaria, en particular. El proyecto educativo de la Segunda República configuró un modelo de educación caracterizado por ser público, universal, laico, bilingüe, solidario, obligatorio y gratuito en la enseñanza primaria, y en el que se facilitaba el acceso a los españoles económicamente necesitados a la enseñanza secundaria y a la universitaria. Elementos centrales del proyecto pedagógico eran el impulso a la coeducación y su extensión a los tres grados de la enseñanza, especialmente significativo en la enseñanza primaria y en las Escuelas Normales de Magisterio, así como la generalización de la pedagogía activa e integral, que estimulaba el desarrollo de la personalidad de cada niño y de cada niña en las escuelas mixtas. Sobre los maestros y las maestras —que encarnaban, ellas mismas, un modelo de mujer moderna e independiente— recaía la tarea fundamental de formar y educar a la infancia, a los niños y a las niñas de ciudades y de pueblos, que eran quienes habían de constituir, en el futuro, la nueva ciudadanía de España.

La profesión de maestra era uno de los pocos ámbitos laborales en el que las mujeres habían ido conquistando a lo largo de los años un terreno de afirmación, reconocimiento y legitimación en la esfera pública. Para la década de 1930, la República pudo contar con numerosas maestras identificadas con las ideas de libertad de pensamiento y de cátedra, de promoción de la libertad individual, de laicismo, que en las aulas utilizaban la experimentación, la creatividad y los métodos participativos de aprendizaje, trabajaban al aire libre, hacían excursiones y fomentaban la educación física de los alumnos y alumnas. Maestras que participaron en la amplia variedad de actividades educativas y culturales desplegadas por la República: las escuelas para adultas, las Misiones Pedagógicas, las bibliotecas populares, las colonias escolares, las cantinas escolares... Maestras rurales que trabajaron por educar y formar a los niños y niñas de lugares aislados y remotos. Maestras que continuaron con su labor docente durante la Guerra Civil y que sufrieron la represión, la depuración y el exilio.

Este libro recoge las aportaciones presentadas en las jornadas "Las Maestras de la República. Una historia para el recuerdo", organizadas por la Fundación Pablo Iglesias y FETE-UGT con el fin de contribuir a la investigación, al conocimiento y a la difusión de la historia de las maestras republicanas, mostrando así su compromiso con la libertad, la igualdad y la educación. Merecen particular agradecimiento Duca Aranguren, Elena García Arévalo, Luz Martínez Ten y Beatriz Peyrot.

Al recuperar la memoria de las maestras republicanas, se hace visible el papel clave que, como mujeres y como docentes, desempeñaron en unos años cruciales en la historia de España. Las maestras participaron en la conquista de los derechos de las mujeres y en la modernización de la enseñanza y, con ello, en la construcción de una sociedad democrática y libre. En sus vidas aúnan dos rasgos del proyecto político de la Segunda República que hoy en día siguen siendo referentes y mantienen su vigencia: la lucha por la igualdad entre hombres y mujeres y por una educación pública y democrática.

Esta obra colectiva rinde homenaje, con reconocimiento, a las maestras de la República y, en especial, a aquellas maestras y docentes más comprometidas con el proyecto reformador republicano, mujeres que desempeñaron su labor de educadoras consciente y valientemente, en tiempos de esperanza y en tiempos de guerra y, también, en tiempos de exilio y en tiempos de silencio, y que pagaron un precio muy alto por sus opciones vitales. Constituye asimismo una importante contribución a la historia de la educación y a la historia social y cultural de España, en la que participan destacados especialistas de diferentes disciplinas.

En el capítulo primero, "La Segunda República, las mujeres y la educación", Consuelo Flecha García nos traza un cuadro rico, complejo y lleno de matices en el que vemos a las mujeres, a las maestras, a las profesoras, a las alumnas, aprovechar intensamente las múltiples oportunidades ofrecidas por las políticas reformadoras e innovadoras del primer bienio republicano. Eclosiona en ese breve periodo de tiempo lo que llevaba décadas fraguándose y abriéndose paso, las aspiraciones, esfuerzos y trabajos de muchas mujeres a lo largo del tiempo, con repercusiones inmediatas, simbólicas y tangibles, en la valoración y dignificación de la cualificación y de la identidad profesional de las maestras, y en la mejora de la educación de las mujeres españolas, cuantificable en términos de crecimiento de la alfabetización femenina y del número de alumnas y profesoras.

María del Carmen Agulló Díaz nos presenta de manera vívida, precisa y sistemática, la centralidad del papel de las mujeres en la construcción del Estado *educador* republicano y de la igualdad instituida en la constitución de 1931. Mujeres a las que había que instruir y sacar de la ignorancia, y mujeres que, como maestras, eran *el alma* de la escuela, en expresión institucionista. Y lo fueron, participando activa y creativamente en el coherente, articulado e innovador programa de mejora de la calidad del magisterio y de la educación desarrollado por la República y ejerciendo de ciudadanas de pleno derecho y de educadoras de ciudadanas de pleno derecho. Maestras que fueron mujeres pioneras, modernas e independientes, minoritarias, pero sujetos protagonistas de la mayor transformación social y cultural de su tiempo, cuya concepción de la vida desafiaba radicalmente el modelo del nacional-catolicismo y que fueron por ello especialmente castigadas.

En su contribución sobre las maestras rurales, Carmen María Sánchez Morillas nos adentra con fuerza expresiva en el mundo rural, mayoritario en la España de la época, incluidos aquellos rincones aislados a los que también había de llegar la modernización de las aulas. Mediante el uso de una multiplicidad de fuentes históricas y literarias la autora dibuja la figura educadora de la maestra rural y percibimos el significado de esas presencias femeninas que vienen de fuera e irrumpen en los microcosmos rurales y *desmoronan su hermetismo*; vemos a las jóvenes maestras, mujeres con estudios, que suscitan miedos y recelos, pero también respeto; las vemos solas, aisladas, separadas de sus familias, en lugares inhóspitos, y también ganándose a sus alumnas y al entorno social, o poniendo en práctica pedagogías innovadoras.

Con Carmen García Colmenares llegamos a la Guerra Civil. En "Educar en tiempos de guerra: maestras y psicólogas republicanas en las colonias escolares" tenemos, por un lado, el relato del impresionante despliegue institucional y personal dedicado a atender a la infancia desprotegida, a los niños y a las niñas evacuados, en el que las mujeres, las psicólogas y las maestras desempeñaron un papel fundamental. Llama la atención la excelente formación de muchas de estas profesionales, vinculadas a la Escuela Nueva y a la psicología moderna. Por otro lado, la dureza de la represión, ya apuntada en capítulos anteriores, aparece aquí con toda su crudeza. Las reflexiones de la autora sobre la memoria, sobre formar redes y recuperar genealogías, rescatar del olvido a las maestras republicanas, enlazan con las realizadas en otros capítulos de esta obra.

La actuación de las maestras en la Guerra Civil, en este caso las maestras socialistas en Aragón, es el tema de la contribución de Herminio Lafoz Rabaza, que estudia su presencia y actividades en las colonias escolares y en las milicias de FETE, así como la represión que sufrieron. El autor inserta la actuación de las mujeres de FETE en el complejo contexto bélico aragonés y ofrece un análisis detallado y muy documentado del marco político, social y financiero, así como de los distintos actores implicados y de las fuerzas en juego. Las distintas modalidades que fue adoptando la represión desde el mismo estallido de la guerra son igualmente desgranadas y muestran el especial y gran impacto que tuvieron en las maestras.

Sara Ramos Zamora, en "Un ejercicio de intervención de la memoria: la represión de las maestras de la Segunda República", parte de la necesidad de recuperar la memoria de las mujeres, muestra la experiencia traumática y dramática a la fueron sometidos los maestros y las maestras en los procesos depurativos, analiza la depuración como una forma de represión que significa la *incautación de la memoria disidente*, y muestra cómo la política de depuración del Nuevo Estado franquista tuvo un claro componente de género que conllevó que las maestras fueran doblemente depuradas, como docentes y como mujeres. Este enfoque analítico e interpretativo de la depuración, que la autora contextualiza presentándonos los modelos contrapuestos de las maestras en la escuela republicana y en la escuela nacional-católica, permite entender cómo, por qué y con qué finalidad se produjeron los procesos depurativos, así como los rasgos diferenciales, de género, que adoptó la depuración de las maestras.

Olegario Negrín Fajardo nos presenta el estudio de los expedientes de depuración de cuatro maestras canarias. La selección efectuada y el enfoque de este estudio de casos adquieren todo su sentido en el marco de la amplitud y profundidad de la obra del autor sobre la depuración de docentes en Las Palmas. Ello le permite situar el análisis cualitativo de las maestras elegidas en el contexto general de la depuración en Canarias. El estudio de casos nos permite escuchar de cerca las voces de las depuradas, las distintas respuestas y estrategias, vislumbrar los impactos en las vidas de las afectadas, así como conocer, de forma concreta, cómo era el proceso depurativo y quiénes los depuradores.

El exilio de las maestras republicanas es tratado por Carmen de la Guardia Herrero en un capítulo que reconstruye las redes sociales tejidas durante décadas entre España y Estados Unidos por reformadoras sociales, siempre interesadas en la educación, que nos ayudan a entender —como demuestra la autora— buena parte de la evolución de la historia cultural española desde finales del siglo XIX hasta la Segunda República y, también, las formas concretas que adoptó el exilio docente republicano, especialmente el dirigido a EE UU. Carmen de la Guardia nos presenta un amplio estudio de historia social e intelectual, aporta una visión novedosa y con una perspectiva de género de las vicisitudes, el significado y las vivencias del exilio —otra modalidad de la represión— da a conocer la labor pedagógica de las maestras republicanas en México, la República Dominicana y EE UU, que transformó de alguna manera la cultura de esos países, y valora la huella que dejó el exilio docente y que se mantiene hoy en día en México y Estados Unidos.

En el capítulo que cierra esta obra, María del Mar del Pozo Andrés realiza un indispensable ejercicio de conceptualización sobre lo que entendemos por maestros y maestras republicanos. Propone una definición del magisterio republicano en función de unas características, experiencias e ideales compartidos, tiene muy en cuenta el discurso, las autopercepciones y la identidad profesional, y emplea la categoría generacional para interpretar las diferentes tipologías de maestros y de maestras republicanos Todo ello le permite identificar y caracterizar tres generaciones en el magisterio republicano que se suceden desde finales del siglo XIX, en lo que constituye un estudio fundamental y clarificador, que le lleva a definir un *republicanismo pedagógico*. Concluye la autora con unas reflexiones igualmente lúcidas sobre el legado de las maestras y su transmisión,

Me gustaría, por último, evocar aquí las intervenciones de Hilda Farfante y de Celia Muñoz en las jornadas mencionadas, en la sesión titulada "Las maestras de la República en el recuerdo". Sus testimonios revivieron las historias de Balbina Gayo y Ceferino Farfante, maestros ambos en la escuela graduada de Cangas de Narcea, ella directora, y de Gerardo Muñoz, maestro en Móstoles. Durante las sesiones oímos otras voces y testimonios, como los de Concha Aparicio, sobre su padre Francisco Román Aparicio, maestro y amigo de Gerardo Muñoz, y sobre Justa Freire, o a Alfonso Vigre sobre su hermana Julia Vigre. Son algunas de las muchas muestras de cómo vamos recuperando, compartiendo y transmitiendo la memoria histórica.

BIBLIOGRAFÍA

AGULLÓ DÍAZ, María del Carmen (2008): *Mestres valencianes republicanes*, Universitat de València, València.

BALLARÍN DOMINGO, Pilar (2001): *La educación de las mujeres en la España contemporánea. Siglos XIX y XX*, Síntesis, Madrid.

GUARDIA HERRERO, Carmen de la (2007): "Los discursos de la diferencia. Género y ciudadanía", en PÉREZ LEDESMA, Manuel (dir.): *De súbditos a ciudadanos. Una historia de la ciudadanía en España*, Centro de Estudios Políticos y Constitucionales, Madrid, pp. 593-625.

MUÑOZ LÓPEZ, Pilar (2007): "La educación del ciudadano. Del informe Quintana a la LOGSE", en PÉREZ LEDESMA, Manuel (dir.): *De súbditos a ciudadanos. Una historia de la ciudadanía en España*, Centro de Estudios Políticos y Constitucionales, Madrid, pp. 657-694.

CAPÍTULO 1

LA SEGUNDA REPÚBLICA, LAS MUJERES Y LA EDUCACIÓN

CONSUELO FLECHA GARCÍA

SALVANDO LA DISCONTINUIDAD

Desvanecer la apariencia de discontinuidad en las trayectorias individuales y colectivas de las mujeres es una tarea reconfortante que bastantes escritoras han intentado a lo largo del tiempo, y a la que han contribuido, especialmente en el último tercio del siglo XX, numerosas investigadoras de diferentes áreas de conocimiento. Unas y otras han demostrando con fuentes muy diversas, con documentos que en muchos casos no han resistido el paso de los siglos —lo que nos priva de volver a consultarlos—, la realidad de unas presencias femeninas en el desempeño de funciones muy importantes para hacer viable la vida humana, y en el de roles menos habituales entre sus coetáneas por estar asignados a los hombres. Actuaciones que despertaban el reconocimiento de autoridad hacia ellas y, en consecuencia, redundaban en su capacidad de influencia en un entorno más o menos amplio.

Se trata de una memoria custodiada y fecunda que en ocasiones, como la que nos reúne en estas páginas, situamos en el primer plano de nuestra atención. Nos acercamos a ella en cada momento focalizándola dentro de contextos determinados, dándole el espacio que requiere, estando alerta a las fuentes que la desvelan y suscitando el interés por lo que nos transmite para hacer que lo obvio, pero escondido, pase a resultar evidente entre quienes no han tenido todavía suficientes oportunidades de conocerlo. Entrelazar toda la experiencia femenina acumulada en una genealogía que impida la resignación haría que no nos conformáramos con los relatos de la historia escritos y difundidos desde la pretensión de objetividad; que desveláramos trayectorias en las que se había ido creando, en palabras de la filósofa María Zambrano, "el abismo de la discontinuidad" (Zambrano, 1991: 217), la ruptura de las referencias no convenientes dentro del modelo de sociedad patriarcal.

La intención de este trabajo es subrayar una vez más el protagonismo femenino respecto de la época que aquí nos ocupa, la Segunda República en España, centrándonos en las múltiples iniciativas con que sus gobernantes estimularon la mejora de la educación; en las maestras, que fueron quienes llevaron a la práctica, en esos espacios públicos que ocupaban por derecho propio, las innovaciones propuestas; en el crecimiento de la presencia de alumnas en todos los niveles de la enseñanza.

UNA HISTORIA DE/CON MUJERES

Es, sin duda, una responsabilidad rastrear todos los vestigios de la memoria que encierran un especial significado, esos en los que cada nueva generación de mujeres jóvenes pueda encontrar e identificar al menos una parte de las raíces de sí mismas; de donde puedan alimentar ese empuje vital y esa medida acertada que ayudan a sostener los compromisos personales elegidos. Porque considerando a las mujeres de nuestro pasado no solo vindicamos su existencia inspiradora, sino también la dignidad, el respeto y la libertad de las mujeres en la actualidad.

Disponemos de un abundante fondo de contribuciones bibliográficas sobre la historia de la población femenina en las últimas décadas, de las que señalamos algunas (Cuesta, 2003; Morant, 2005; Gómez, 2007; Del Val, 2009), cuyo conocimiento está acabando, por fin, con un imaginario colectivo de identidades esencialistas y de roles naturalizados que se daba por supuesto que todas las mujeres habían reproducido uniformemente a lo largo de los siglos. Aportaciones que han legitimado la voluntad de ir tomando distancia de opiniones impuestas, de argumentos con apariencia científica, de pretensiones de objetividad de las verdades que se formulaban, de la creencia en conceptos universales y homogéneos cuando solo incluían lo masculino. Es este el camino más útil para poder construir unas secuencias históricas que hasta hace poco han guardado un clamoroso y prolongado silencio sobre la mitad de la población de cada época y de cada sociedad.

En relación con la Segunda República hemos de insistir y de valorar el compromiso político de sus primeros gobiernos con una muy extensa reforma social. Y, dentro del marco de objetivos formulados, destacar la implicación de tantas mujeres decididas a aprender y a enseñar, dentro y fuera de las aulas, en aquel periodo de esperanzas y de riesgos, de cambios en muchos de los aspectos de la dinámica escolar, de importantes logros en la finalidad de universalizar la escolarización, si bien aún insuficientes por el tiempo breve del que se dispuso y por la situación desfavorable de la que se había partido.

Desde la perspectiva que este trabajo orienta la mirada y el análisis es necesario comenzar afirmando que las maestras, que las profesoras, han sido protagonistas insustituibles en los procesos de normalización de los sistemas de enseñanza con criterios de universalidad, de igualdad y de innovación, como se pretendió en los primeros bienios republicanos; de unos proyectos atrevidos cuyas principales fuentes, el programa de instrucción pública del socialismo y las propuestas pedagógicas de los institucionistas, habían bebido de lo realizado en otras naciones europeas y del amplio movimiento de las Escuelas Nuevas, que ofrecían ideas y realizaciones desde uno y otro lado del Atlántico. Proyectos con los que aquellas docentes consiguieron difundir a su alrededor el ambiente de novedad que la aplicación de esos nuevos programas educativos pedía. Y de manera más concreta, alentaron expectativas favorables entre las niñas y las jóvenes a quienes guiaban en su educación; introdujeron en el orden de significados atribuidos a las enseñanzas impartidas indicadores no previstos hasta entonces en la formación femenina, para ayudarlas a pensar la vida personal futura disponiendo de una mayor diversidad de criterios para discernir y de pautas para actuar.

Sabemos que el ejercicio del magisterio estaba siendo para algunas mujeres, además de un trabajo por el que recibían una remuneración económica —con la consiguiente libertad que proporcionaba—, la posibilidad de ocupar un espacio —las aulas escolares—, que garantizaba su participación en una de las responsabilidades de carácter público. En las escuelas y en la tarea de instruir, que había sido definida como asunto prioritario, al menos en la voluntad —si no siempre en la práctica— de sucesivos gobiernos a medida que discurrían los años del siglo XX.

Mujeres que iban estrenando alternativas de actuación para desarrollar capacidades en ellas mismas menos atendidas hasta entonces, para elegir formas diferentes de integrarse en la vida de la ciudad, para participar en asociaciones, en la política y en un abanico muy ampliado de relaciones sociales; mujeres que podían disfrutar de mayor independencia a la hora de decidir sobre sus aspiraciones personales. Todo lo cual terminó desencadenando innegables cambios en los comportamientos acostumbrados de la población femenina de su tiempo.

PROFESIÓN E IDENTIDAD

Investigar en educadoras, en maestras y en profesoras de otros niveles de enseñanza, nos está devolviendo trayectorias profesionales que alcanzaron prestigio y recompensa social, que no ocultaban expectativas de carrera profesional y de agradecimiento por el buen trabajo desempeñado, que se implicaron en la defensa del derecho universal a la instrucción, que difundieron sus ideas y sus opiniones en conferencias y en publicaciones; lo que hacían casi siempre expresando un pensamiento elaborado a partir de la experiencia recogida en las aulas, en contacto atento con la realidad en la que se movían.

¡Cuántas mujeres profesionales de las décadas anteriores habían reclamado una mayor valoración de lo que hacían; cuántas habían aprovechado todos los recursos a su alcance para ampliar la formación; cuántas se habían afirmado en una identidad que integraba el bagaje de donde venían —el recibido y, en parte, asumido—, con las nuevas aspiraciones que recreaban para ellas y transmitían a algunas de sus alumnas!

Desde planteamientos personales diferentes, acudiendo a mediaciones tan distintas como las que muestran muchos de los itinerarios biográficos rescatados, las maestras y profesoras pudieron ir viviendo con mayores márgenes de libertad, aunque no todas las etapas políticas del primer tercio de siglo lo favorecieron con el mismo empeño. Hasta el comienzo de la Segunda República, la timidez de los mensajes y los filtros que ponían límites y medida a sus pretensiones, fueron el humus que conseguía retener la celeridad de sus pasos. Sin embargo, las mujeres venían rompiendo el molde de los tradicionales mandatos de género, desconcertando a los hombres acostumbrados a la real, o estratégica, sumisión femenina (Yusta, 2006: 107).

De ahí que en el clima creado durante los primeros años del periodo republicano supieran aprovechar en un margen pequeño de tiempo las condiciones abiertas para que "la mujer moderna" dejara de ser minoría. Irrumpía al fin con fuerza la española moderna —se comentaba—, y una casi elite femenina bien formada estaba dispuesta para asumir responsabilidades en el campo de la educación, en el mundo intelectual y en las funciones políticas propiciadas por la Segunda República.

Muchas mujeres se sintieron llamadas a dedicarse a la enseñanza ante el sustantivo crecimiento del número de escuelas y de institutos de segunda enseñanza y, seguramente, atraídas también por el proyecto innovador y de mayor calidad en las aulas que se estaba potenciando. El trabajo al que se incorporaban era gratificante, conducía a que la vida y las experiencias de muchas de ellas en las aulas pasaran a convertirse en uno de los ejes en torno al cual giraba su vivir cotidiano. Catalizaba, de alguna manera, el mundo de sus deseos, de su autorrealización, del propio sustento, y obtenían de él resultados halagadores, aun cuando algunas circunstancias vinieran a veces a entorpecer el laborioso discurrir de la tarea educativa.

La etapa política que se abre en 1931 permitió que todo ese esfuerzo invertido fuera entendido y valorado. Porque las maestras desde hacía más tiempo, y con menos años de trayectoria las profesoras de otros niveles de enseñanza, formaban parte de los grupos de mujeres que se iban entendiendo a sí mismas sin necesidad de responder ya a una identidad homogénea, común para todas; precisamente porque los procesos de formación a los que se habían incorporado ellas, y que otras muchas observaban con creciente curiosidad, no ponían fácil la permanencia en lo adquirido anteriormente, incluso por encima de la propia voluntad inequívoca; aunque tampoco se sumaran siempre a todas las novedades que se les ofrecían como prueba de modernidad.

A pesar del desplazamiento de población hacia las ciudades en busca de oportunidades, el carácter todavía fundamentalmente rural de la sociedad española repercutía en que, sobre todo un número importante de maestras, ejerciera en localidades pequeñas[1]. Una necesidad de atención a esas poblaciones marcaba la experiencia profesional y la vida cotidiana de muchas docentes durante unos años de su vida, con traslados frecuentes de un destino a otro, sin tiempo para echar raíces en ninguno de los pueblos, esperando obtener algún día la escuela en la que estabilizar su domicilio y asegurar la continuidad de la tarea educativa. Situaciones que requerían determinación, confianza en sí mismas, seguridad en lo que querían.

LA CULTURA ACADÉMICA

Haber cursado estudios en las Escuelas Normales, las maestras, y en las facultades universitarias, las profesoras de institutos, de universidad o las bibliotecarias y archiveras, les había proporcionado la oportunidad de acceso a un trabajo profesional cualificado, a una autosuficiencia económica y a unas relaciones familiares de menor dependencia. Características que ponían ante los ojos de las nuevas generaciones de alumnas itinerarios biográficos con enfoques y con lenguajes alternativos al deber ser de la vida pensada para las mujeres del grupo social del que procedían, las clases medias. E igualmente las colocaba ante la oportunidad de disfrutar de márgenes menos estrictos para moverse, incentivada en los primeros años de la Segunda República por una voluntad política y unas disposiciones legales que confirmaban y avalaban las expectativas abrigadas.

Al saberse en medio de condiciones políticas más propicias, con mayor disponibilidad de medios, con el impulso proporcionado a sus aptitudes y con nuevas oportunidades a su alcance, acertaron a situarse en este conjunto sacando todo el provecho posible de circunstancias semejantes. Escenario que las empujaba a alejarse paulatinamente de la falta de lógica y de coherencia de una aún no superada mentalidad, que ofrecía resistencia a que las mujeres abandonaran los exiguos espacios acotados, específicos en que habían tenido que moverse. Aunque tantas se estuvieran situando ya en donde buscaban y deseaban tener voz —si bien no siempre pudiendo hablar desde sí mismas—, donde podían animar actuaciones culturales y sociales, involucrarse en obligaciones ciudadanas generadoras de una red de relaciones que en numerosas ocasiones prestaban palabras y discursos a un feminismo convencido en muchas y plural en sus reivindicaciones; donde expresar la complacencia sentida ante los derechos reconocidos, y formular certezas sobre la condición femenina que se unían al coro de las difundidas en otros países occidentales.

La participación en el sistema educativo como alumnas primero, como docentes después, fue un eficaz punto de apoyo para llegar a legitimar la ocupación de espacios que se decían solo masculinos. Esos lugares desde donde, de acuerdo con el concepto de ciudadanía consagrado, se tenía acceso a prerrogativas que garantizaran una posición individual y social de plena autonomía. Todo un elenco de derechos que la Constitución aprobada en 1931 había extendido a la población femenina.

Por eso, partiendo de la experiencia que ganaban en su compromiso con la enseñanza, encontraron una senda que las llevó a asumir con mayor conciencia responsabilidades colectivas; pudiendo hacer de la entrega a los ideales educativos una mediación privilegiada para contribuir a los cambios sociales en cuyo logro se sentían implicadas.

Un tiempo favorable en el que las mujeres que actuaban en espacios públicos, con un tipo de visibilidad o con otra, llegaron a comprobar el reconocimiento otorgado a las funciones que desempeñaban e incluso la admiración. De manera especial era vivido por las maestras y las profesoras que se sentían rodeadas de la autoridad ofrecida por las alumnas, las familias y el entorno social en el que atendían a su trabajo. Ayudaba a esta consideración el hecho de que la enseñanza representara la modalidad mejor aceptada desde sus inicios para una incorporación profesional de las mujeres; y el que exigiera disponer de un nivel de cultura académica muy superior del que gozaba la mayor parte de la población femenina del mismo tramo de edad.

Junto a ello hemos de considerar que, si bien el crecimiento de las que se decidían por el trabajo docente había terminado provocando, tanto en quienes las contemplaban como en las mismas protagonistas, una sensación de normalidad de ese ejercicio y del estilo de vida que conllevaba, no las libraba de seguir siendo conscientes de que no debían hacerse notar todavía demasiado mostrando todos sus logros, de que no les convenía llamar la atención con expectativas que implicaran visibilidad mucho más allá de las aulas.

Distintos elementos contribuían a que se le otorgara a este grupo profesional un lugar propio: la formación cultural que habían adquirido; la experiencia de traslados y de viajes por diferentes provincias —no pocas, también viajeras por otros países—, motivo que les aportaba otros conocimientos y la necesidad de convivencia con la mentalidad y las costumbres de las localidades en las que habían ejercido; la opción por una forma de vida que no siempre incluía el matrimonio; el gusto por los libros y la lectura; el que con frecuencia fueran autoras de artículos, de manuales escolares; el que actuaran como conferenciantes, asistieran a congresos, etcétera.

Porque estas maestras y profesoras se hacían presentes además fuera de las aulas, con un protagonismo en actividades no directamente escolares, al formar parte de numerosas asociaciones, ateneos, organizaciones culturales, educativas, benéficas, políticas, que perseguían muy diferentes objetivos. Posición que se vuelve especialmente visible, tenaz y hasta beligerante durante los años republicanos, cuando ya he señalado que crece la implicación de mujeres en organizaciones de carácter político. Al mismo tiempo que respondían de los objetivos a alcanzar en la escuela, este proceder conducía a las profesoras a otro tipo de actuaciones con capacidad de influencia, las llevaba a entrar en ámbitos que ensanchaban siempre más el horizonte de sus experiencias y de las inquietudes a las que dar respuesta. Entre otras, las relacionadas con aspectos de superación personal, de compromiso social, de relevancia cultural; sin olvidar el propósito de poder ejercer los derechos que les correspondían en justicia y que habían ganado en un tiempo breve con un perfil mucho más alto del esperado. Aspiraciones muy emancipadoras para ellas, que otras adquirían desde posiciones más directamente políticas, desde compromisos que muy pocas habían estrenado hasta entonces y que, ahora, se mostraban como una dedicación muy valorada por el resto de las mujeres.

LA SEGUNDA REPÚBLICA. VOLUNTAD Y PROPUESTAS DE CAMBIO

En la Segunda República incidieron coyunturas de urbanización y formas de modernidad de la vida individual y colectiva que en pocos meses desencadenaron transformaciones significativas en los modos de actuar de las mujeres; cambios a los que las normativas emanadas de los gobernantes no solo dieron carta de naturaleza sino que abanderaron mediante la multiplicación de oportunidades educativas y laborales para toda la población femenina, con una atención particular a algunos de los campos profesionales cuyas destinatarias principales eran las mujeres de las clases medias.

Se experimentó una coincidencia de mudanzas y de continuidades en las relaciones de género de aquel periodo de la historia de España, cuando muchas fronteras se volvieron más permeables para las mujeres. Podríamos referirnos a las diferentes realidades personales y de grupo que convivieron en el tiempo, aunque aquí me esté deteniendo en aspectos que pueden ser generalizables a un amplio sector femenino, en cuestiones que remiten a circunstancias de las que pudieron participar mujeres situadas en distintas posiciones personales e ideológicas.

La sensibilidad de los políticos republicanos sobre la situación de desigualdad vivida por esa mitad de la población va a manifestarse desde las primeras decisiones que adoptan. Discriminación jurídica y desigualdad laboral de manera muy evidente, porque la normativa legal las había venido sancionando. También en el campo educativo, aunque quizá menos explícita pues las disposiciones vigentes regulaban dimensiones naturalizadas, como, por ejemplo, el currículum escolar de orientación doméstica o la segregación escolar de alumnas y alumnos de primaria y de las Escuelas Normales. Como las autoridades entendían que el progreso de la sociedad pasaba indudablemente por mejorar la condición social femenina, esta certeza se convirtió en un objetivo que incorporaron a las prácticas de intervención política.

No faltaron mujeres que antes de que trascurriera un mes de la proclamación de la República pusieron a disposición del Gobierno algunos datos que convenía tuviera en cuenta. En el Ateneo de Madrid se celebró en el mes de mayo de 1931 un ciclo de cinco conferencias sobre "Las mujeres ante la República". La ponente, María Lejárraga, escritora y maestra, que aprovecharía la ocasión brindada para exponer con inteligencia y erudición, ante un público mayoritariamente femenino —al que iba destinado el ciclo (Massa, 1931: 3)—, qué esperaban las mujeres de la situación política que empezaba a abrirse paso. En una de las conferencias, la pronunciada el 11 de mayo y titulada "Libertad", apuntaba con fina ironía lo siguiente: "En España hay muchas más mujeres que hombres y vamos poco a poco aprendiendo a pensar... Somos mal adversario, porque podemos ser buen explosivo. Al Gobierno de la Buena Voluntad le conviene que estemos a su lado libremente" (Lejárraga, 2003: 19). Criterio cuantitativo y criterio cualitativo, como razones para que conviniera no provocar el alejamiento femenino de los nuevos proyectos. Y continuaba dirigiéndose a los que denominaba "Gobierno de la Buena Voluntad", explicando que: "Hay otra conveniencia en libertarnos [...] Hay tanto por hacer en España, que todos somos pocos para poner manos a la obra [...] El Gobierno actual del Estado español necesita pedirnos ayuda" (Lejárraga, 2003: 19). Que se enteraran de que no era lícito prescindir de quienes tanta ayuda podían aportar a la gran tarea que esperaba.

Las medidas adoptadas desde el principio de la gestión republicana parece que tuvieron en cuenta la opinión del grupo de mujeres que se sentían representadas en María Lejárraga. Intentaron que se produjera una coincidencia de ritmo en las fases del progreso para hombres y para mujeres, circunstancia que no se había dado de esa manera en otros momentos de la historia. Se pretendió que el conjunto de las nuevas dinámicas sociales a impulsar afectaran a la vida de las mujeres como influían en la de los hombres, haciendo que las decisiones políticas y las intervenciones concretas consiguieran salvar esta disyuntiva. Si bien resultaba demasiado costoso distanciarse del todo del androcentrismo al uso, de los criterios pensados desde y para los hombres, desde los intereses y las experiencias masculinas.

No faltó ni voluntad en los gobernantes ni dedicación intelectual para que se abandonaran prejuicios, estereotipos, resistencias; para que los nuevos modos de comportarse las mujeres sirvieran como demostración de la historicidad de los roles sexuales. Aunque fue un periodo demasiado breve el del contexto político y social republicano como para poder afianzar modificaciones radicales, de raíz, en el comportamiento de la población es fácil comprobar los consensos alcanzados —sin que desaparecieran los conflictos soterrados—, en lo que no era sino una justa y legítima ampliación de la ciudadanía, una ciudadanía de pleno derecho para las mujeres.

Los primeros gobiernos de la Segunda República impulsaron este nuevo espíritu llevando a cabo un intenso proceso de reforma del sistema educativo, con el fin de resolver los graves problemas de desarrollo del mismo que se arrastraban desde su configuración en el siglo XIX. Para ello se introdujeron modificaciones en tantos elementos de la educación que son bien conocidos; repercutieron en la subida de los presupuestos del Ministerio de Instrucción Pública, en la alfabetización de personas adultas, en la coeducación, en el establecimiento de un nuevo plan de estudios en las Escuelas Normales, en el sistema de selección del profesorado de primaria y de secundaria, en la creación de escuelas y de institutos, de bibliotecas ambulantes, de las Misiones Pedagógicas. Todo lo que respondiera a esa aspiración de renovar el hacer educativo y a difundir la cultura entre quienes habían tenido hasta entonces menos oportunidades de acceso. Unas medidas que hubieran requerido tiempo para comprobar sus efectos, tanto en los resultados de los procesos de escolarización en cada una de las personas que se incorporaron a ellos, como en los datos globales reflejados en las estadísticas.

Pero mientras se tuvo la oportunidad, las autoridades ministeriales, en un ambiente de indudable centralidad educativa, convocaron a sumarse y a participar en los numerosos proyectos innovadores, poniendo al profesorado como soporte principal de los mismos, primero como destinatario de las acciones que les incumbían, y después como gestores de todas las que había que difundir entre diferentes grupos.

Seleccionando únicamente algunas de las medidas más relacionadas con el tema que me ocupa, señalo las siguientes:

a) Tuvieron una especial significación los programas de finalidad alfabetizadora dirigidos a las mujeres. Además de las Misiones Pedagógicas, se desarrollaron valiosas campañas de alfabetización, especialmente en zonas rurales, atendiéndolas de manera específica. Se crearon además escuelas para personas adultas, de hombres y de mujeres, pues una Orden de diciembre de 1932 prescindía de la distinción entre clases para adultos y clases para adultas, de acuerdo con el principio de coeducación que se estaba queriendo aplicar en todos los niveles de enseñanza desde 1931. La dedicación a estas clases de alfabetización y/o cultura primaria tenía carácter voluntario para los maestros y maestras, que podían desempeñarlas en igualdad de condiciones. Principio de igualdad que también se estableció cuando las plazas disponibles no fueran suficientes para el número de solicitudes, pues la preferencia para asistir a las clases la tendrían las personas de más edad, fueran hombres o fueran mujeres. Y si era necesario para su funcionamiento, las maestras podían encargarse de los grupos aunque estuvieran formados solo por hombres, y los maestros de los grupos en los que únicamente hubiera mujeres. La prioridad estaba fijada en avanzar en la alfabetización, y si alguna distinción era necesaria entre hombres y mujeres, serían estas las que se beneficiaran. La tabla 1 nos muestra la evolución de los índices que se estaban obteniendo en las décadas anteriores, en la que nos ocupa, y en la posterior al periodo de la Segunda República.

Como las fuentes estadísticas ofrecen los datos cada diez años, y los que van de 1930 a 1940 han de dividirse en etapas tan diferentes, los años de guerra al limitar un crecimiento que hubiera sido mayor sin ella, evitaron un avance mucho mayor. Pero, a pesar de esta discontinuidad, el progreso en este objetivo alfabetizador de la población total que refleja la tabla 1 es de algo más de 11 puntos, uno por delante de la década de 1920 a 1930, y casi el doble de lo que se obtiene en la que discurre una vez terminada la Guerra Civil.

TABLA 1

POBLACIÓN ALFABETIZADA (PORCENTAJES)

AÑO	TOTAL	MUJERES	HOMBRES	DISTANCIA MUJERES DE HOMBRES	CRECEN MUJERES
1920	55,7	48,1	63,9	15,8	3,4
1930	66,8	59,4	74,7	15,3	0,5
1940	76,8	71,6	82,7	11,1	4,2
1950	82,7	78,0	87,8	9,8	1,3

FUENTE: DE GABRIEL FERNÁNDEZ (1997), P. 209.

Y cuando nos detenemos en el crecimiento de la alfabetización femenina, los resultados cuantitativos son igualmente satisfactorios. El crecimiento de apenas cinco décimas en los años veinte, pasó a ser de cuatro puntos en los treinta, para bajar a poco más de un punto en los años cuarenta. Una realidad que es sumamente elocuente de lo que significó el esfuerzo de atención no solo a la escolaridad de las niñas, sino a unas aulas para adultas que compensaran las carencias lectoescritoras que esa población venía arrastrando. La distancia ganada a los hombres, de más de cuatro puntos, es una prueba de este cuidado puesto en las mujeres, pero al mismo tiempo de su constancia para matricularse y asistir a las clases de adultas, como vemos en la tabla 2, con porcentajes que casi se triplican en tres años.

Lo que no significa que el analfabetismo dejara de ser femenino, pues remontar el fuerte desnivel acumulado y el amplísimo alejamiento respecto de los índices masculinos no era fácil, lo mismo que la labor a realizar con el conjunto de la población femenina que había superado la edad escolar. Sin embargo, del esfuerzo realizado se obtuvieron sin duda buenos resultados.

TABLA 2

MATRÍCULAS EN ESCUELAS DE PERSONAS ADULTAS

AÑO	MUJERES		HOMBRES
	Número	Porcentaje	Porcentaje
1928-1929	6.710	1,5	98,5
1932-1933	18.821	3,6	96,4
1933-1934	41.294	7,1	92,9
1934-1935	54.301	8,8	91,2

FUENTE: *ANUARIOS ESTADÍSTICOS DE ESPAÑA*. ELABORACIÓN PROPIA.

b) Otra de las decisiones tuvo que ver con la coeducación; un tema muy debatido en los años previos y que formaría parte de una de las primeras medidas que se tomaron debido a la importancia que se le otorgaba al entenderla como uno de los derechos de las niñas y de las mujeres, el de compartir la misma formación que estaban recibiendo los niños. En este sentido es oportuno afirmar que "la coeducación, y, en general, el proyecto educativo de la II República, tuvo un impacto diferenciado y específico en las niñas y en las jóvenes debido a que pudieron acceder a la instrucción pública en las mismas condiciones que los niños, lo que potenció la igualdad en materia educativa y, con ello, abrió expectativas hasta entonces desconocidas de acceso de las mujeres a la instrucción, a la vida pública y al mundo profesional"[2]. De forma más precisa, teniendo en cuenta cómo concebimos hoy este concepto de coeducación, lo que se reguló fue en realidad un sistema de aulas mixtas en las escuelas primarias y en las Escuelas Normales. Los centros e institutos de segunda enseñanza, salvo los dos femeninos creados en 1929 en Madrid y en Barcelona, ya eran mixtos, igual que las aulas de las facultades universitarias. La coeducación hubiera exigido, y sigue exigiendo hoy, intervenciones mucho más precisas y complejas.

c) Revistió una gran transcendencia la reforma de las Escuelas Normales, que, además de elevar el nivel de formación del futuro profesorado de enseñanza primaria exigiendo el bachillerato para el ingreso en estos centros, estableció un número paritario en cada promoción, veinte hombres y veinte mujeres. Había un antecedente de este modo de organizar el ingreso en un centro de enseñanza profesionalizada, la Escuela Superior del Magisterio desde 1911. Ahora también se introducía en las Escuelas Normales. Eran necesarias tantas maestras como maestros en el funcionamiento de las escuelas mixtas, y estaban llamadas a dirigir las aulas en las mismas condiciones que sus compañeros.

d) Contribuyó a la extensión de la segunda enseñanza entre grupos más amplios de jóvenes la apertura de numerosos institutos de segunda enseñanza en los primeros años de la República. La creación de los mismos fuera del centro de las ciudades y en localidades del interior de las provincias repercutió muy positivamente en niñas y en adultas, que se incorporaron en mayor número como alumnas y como profesoras.

e) La creación de la Universidad de Verano de Santander dio la oportunidad de demostrar que todos los espacios universitarios estaban ya abiertos a la población femenina, pues a sus cursos asistieron desde la primera edición, en el verano de 1933, mujeres estudiantes y mujeres que intervinieron como ponentes.

f) El reconocimiento del derecho al ejercicio de nuevas profesiones por parte de las mujeres, algunas de especial relevancia para la convivencia social, como las vinculadas a la carrera jurídica.

g) Y, aunque no directamente educativas, el sufragio femenino y el afianzarse en la representación política una a una como concejales en los Ayuntamientos, como diputadas en las Cortes o con nombramientos para cargos de gestión en los gobiernos (Capel Martínez, 2007). Muchas de ellas, la mayoría, después de haber obtenido el título de maestra o de licenciatura.

ALUMNAS Y PROFESIONALES

Aunque era evidente que la coyuntura política republicana estaba contribuyendo a cambios apreciables en tantos aspectos de la vida nacional, sin duda tuvo una marcada incidencia el esfuerzo realizado para afianzar la incorporación y la continuidad de las alumnas en las aulas de las escuelas primarias, de los centros e institutos de segunda enseñanza y de la universidad. Es una realidad constatable el crecimiento en estos años de los índices de alfabetización femenina, de la escolaridad primaria, del número de matrículas en la segunda enseñanza —bachillerato y enseñanzas profesionales (conservatorio de música, escuelas de artes e industrias, de pintura y escultura, de comercio, enfermeras, matronas, etc., pero no en magisterio)—. Se ampliaba paralelamente la respuesta de aceptación que obtenían las jóvenes dedicadas a estudiar carreras universitarias, y del abanico de profesiones de cuyo ejercicio estaban siendo pioneras. Hechos que la prensa se encargaba de difundir llamando la atención sobre lo que estaba sucediendo.

En la tabla 3 aparecen los porcentajes de presencia en el bachillerato y los cambios que se van produciendo en los porcentajes. Un nivel de enseñanza cursado mayoritariamente por quienes se preparaban para el acceso a la universidad, y a las Escuelas Normales a partir de 1931; finalidades que contribuían a observar más de cerca a las chicas que se matriculaban en el bachillerato.

TABLA 3

ESTUDIANTES DE BACHILLERATO (PORCENTAJES)

AÑO	ALUMNAS	ALUMNOS	DISTANCIA ALUMNAS DE ALUMNOS	CRECEN ALUMNAS
1920	9.7	90.3	80.6	2.6
1930	14.6	85.4	70.8	9.8
1935	31.6	68.4	36.8	34
1950	35.2	64.8	29.6	7.2

FUENTES: *ANUARIOS ESTADÍSTICOS DE ESPAÑA*. ELABORACIÓN PROPIA.

Vemos que las alumnas experimentaron un crecimiento casi espectacular entre 1930 y 1935. 17 puntos de subida en esos cinco años, y una distancia relativa con la matrícula de los alumnos que pasa de casi 71 puntos en 1930, a casi 37 en 1935. Tuvieron efectos muy positivos los mensajes difundidos en estos años acerca de la normalidad con la que había que observar la presencia de estas estudiantes en un nivel del sistema educativo que no solo ampliaba los conocimientos de la enseñanza primaria sino que preparaba para continuar en la universitaria.

También aumenta muy significativamente el número de profesoras que se incorporan a la docencia en el bachillerato; que forman parte de los claustros de los institutos de segunda enseñanza, y en menor número del profesorado de la universidad, lo que representó un salto cualitativo en la forma de participar en la estructura educativa. Circunstancia que no pasa desapercibida, que se comenta y difunde en la prensa: "Y, ya en el satisfactorio balance, cabe presentar un número creciente de muchachas que en la segunda enseñanza ejercen el profesorado y anuncian la próxima llegada de la mujer a las cátedras universitarias. La participación femenina, como estudiante y como profesora, en la vida universitaria no puede menos de influir con ventaja en esta última" (Santullano, 1930: 133). La califica este escritor de positiva no solo para las protagonistas, sino para el conjunto de la vida universitaria.

Presencia en el profesorado que, en el caso de los institutos, se multiplicó en el primer bienio de la Segunda República presidido por Azaña, cuando la creación de muchos nuevos centros contribuyó a un importante aumento de profesoras en todas las asignaturas de los planes de estudio del bachillerato.

Ante esta necesidad de atender a un mayor número de grupos, la respuesta que pudieron dar las mujeres fue sumamente oportuna; ya había muchas preparadas con los títulos de licenciatura, estaban dispuestas a ejercer el trabajo profesional correspondiente a los estudios realizados, y el clima social, educativo y político parecía incentivarlas a tener mayor protagonismo en todos los niveles de enseñanza (Núñez, 1992: 25-37). El salto que se produce en números absolutos es de 113 profesoras en 1932, a 393 en 1933, cuando la apertura de institutos y la celebración de los cursillos de selección de profesorado de institutos ofrece oportunidades a un número elevado. Aumento que se refleja poco en los porcentajes, pues es una coyuntura en la que igualmente crece mucho la presencia de hombres.

TABLA 4

NÚMERO DE INSTITUTOS Y PROFESORADO DE SEGUNDA ENSEÑANZA

AÑO	NÚMERO DE INSTITUTOS	PROFESORAS		PROFESORES	DISTANCIA PROFESORAS DE PROFESORES	CRECEN PROFESORAS
		Número	Porcentaje			
1930	94	144	7,0	93,0	86,0	
1931	101	137	7,2	92,8	85,6	0,4
1932	113	113	11,0	89,0	78,0	7,6
1933	167	393	11,4	88,6	77,2	0,8
1934	198	147	8,5	91,5	83,0	-5,8
1935	207	151	9,7	90,3	80,6	2,4
1939	117	364	15,2	84,8		
1940	117	459	16,7	83,3		

FUENTES: *ANUARIOS ESTADÍSTICOS DE ESPAÑA*. ELABORACIÓN PROPIA.

Los datos que corresponden a los cursos de 1934-1935 y 1935-1936 están incompletos, pues no se ajustan ni a la secuencia anterior ni a la posterior —el año 1939 también representa una situación especial—, pero los incorporo porque son los recogidos en los *Anuarios Estadísticos de España*. Aumento de centros y de profesorado debido, entre otras causas, a la transformación de muchos colegios de la Compañía de Jesús en centros oficiales de segunda enseñanza.

En 1934, la aplicación del plan de estudios del ministro Filiberto Villalobos, del que desaparecían las asignaturas de taquigrafía, mecanografía y caligrafía, llevó al profesorado que las impartía a la "excedencia forzosa" a partir de abril de ese mismo año[3]. Unas 50 profesoras se vieron afectadas por esta reorganización del plan de estudios.

Y pasando a detenernos en las alumnas universitarias, como era lógico en el ambiente que vengo comentando, crecen en todas las facultades; el 6 por ciento de 1931 se convierte en un 8,8 por ciento en el curso previo a la sublevación militar, datos que recoge la tabla 5. Y se produce un efecto aún más llamativo, que tiene consecuencias cuando la guerra finaliza, pues no solo las mujeres vuelven a las aulas universitarias, sino que lo hacen en mayor número, desoyendo los mandatos políticos que se proponían alejarlas de esos estudios. Cuando se normaliza el proceso extraordinario de cursos y exámenes para compensar las situaciones provocadas por los años de inactividad académica, el porcentaje de alumnas es de un 12,6 por ciento.

Ni ellas ni sus familias se apartan de una mentalidad que habían asumido durante la Segunda República en torno a la necesidad y a la conveniencia del estudio para las mujeres. No renuncian a una herencia que sentían propia, a un futuro menos uniforme, a una vida no programada desde fuera.

TABLA 5

ESTUDIANTES DE UNIVERSIDAD (PORCENTAJES)

AÑO	ALUMNAS	ALUMNOS	DISTANCIA ALUMNAS DE ALUMNOS	CRECEN ALUMNAS
1930	6.3	93.7	87.4	
1931	6.0	94.0	88.0	-0.3
1932	6.4	93.6	87.2	0.4
1933	6.9	93.1	86.2	0.5
1934	8.6	91.4	82.8	1.7
1935	8.8	91.2	82.4	0.2
1942	12.6	87.4	74.8	

FUENTES: *ANUARIOS ESTADÍSTICOS DE ESPAÑA*. ELABORACIÓN PROPIA.

Los años transcurridos desde aquel 1910, cuando se promulgaron dos Reales Órdenes que reconocían a las mujeres unos derechos hasta entonces negados, habían dado buenos resultados aunque con lentitud y cautela en el avance. Me refiero a la de 8 de marzo de 1910, firmada por el conde de Romanones, por la que se las eximía de "consultar a la Superioridad" cuando querían matricularse en la universidad como alumnas oficiales, ya que —decía— "el sentido general de la legislación de Instrucción Pública es no hacer distinción por razón de sexos, autorizando por igual la matrícula de alumnos y alumnas" (Flecha García, 1996: 92). Y a otra de septiembre del mismo año que reconocía el derecho de las licenciadas a presentarse a cuantas oposiciones convocara el Ministerio de Instrucción Pública y Bellas Artes.

Esta segunda normativa incluye que las licenciadas podían desempeñar docencia universitaria. El acceso de las primeras tardaría más que a la docencia de segunda enseñanza, pero terminó produciéndose como vemos en la tabla 6.

TABLA 6

PROFESORADO DE UNIVERSIDAD

AÑO	PROFESORAS		PROFESORES	CRECEN PROFESORAS
	Número	Porcentaje	Porcentaje	
1928	7	0,6	99,4	
1929	11	0,9	99,1	0,6
1930	19	1,5	98,5	1,2
1931	21	1,7	98,3	0,4
1932	64	3,0	97,0	2,6
1941	66	3,5	96,5	1,0

FUENTES: *ANUARIOS ESTADÍSTICOS DE ESPAÑA*. ELABORACIÓN PROPIA.

Se trataba de un número de profesoras aún muy minoritario, pero con una subida en el curso de 1932-1933 que triplica la presencia del año anterior. Después del acceso a los estudios académicos y a la ciencia que proporcionaban, se producía el reconocimiento de la autoridad en la palabra, en la transmisión del saber adquirido, lo cual significaba abrir una brecha en el predominio del tono de voz masculino en la cátedra universitaria. Cuando termina la Guerra Civil al menos un centenar de profesoras habían ejercido la docencia en asignaturas de los planes de estudios de las diferentes facultades; un 43 por ciento en las facultades de Filosofía y Letras; el 32 por ciento en las de Ciencias; el 20 por ciento en las de Medicina; el 4 por ciento en las de Farmacia, y solo una profesora en la de Derecho de Zaragoza (Flecha García, 2010: 296).

Un espacio académico en el que pocas decidieron mantenerse como opción profesional de futuro al observar y comprobar las dificultades para consolidarse en ella; por eso, a medida que se les presentaban otras oportunidades de mayor estabilidad laboral, se inclinaban hacia ellas. La mayoría, presentándose a las oposiciones de segunda enseñanza y a las del Cuerpo de Bibliotecas, Archivos y Museos, o ejerciendo libremente la profesión (Flecha García, 2010: 297). En torno a un 10 por ciento continuaron en la universidad hasta la jubilación; demasiado pocas, pero presencias valiosas si tenemos en cuenta el testimonio de Emilia Pardo Bazán cuando fue nombrada catedrática en 1916: "Lo difícil que es para nosotras todo, hace más valioso cualquier pequeño triunfo" (Bravo Villasante, 1973: 295).

En cuanto a las alumnas de las Escuelas Normales, la exigencia del título de bachillerato para ingresar en ellas va a suponer en estos años el descenso del número de las que realizan los estudios de preparación para el magisterio, pues las que cursaban la segunda enseñanza lo estaban haciendo pensando en una carrera universitaria. El cambio legislativo implicó un tiempo de espera de las jóvenes que querían ser maestras, el que tuvieron que dedicar a hacer el bachillerato, y de manera parecida sucedió con los chicos. Las estadísticas lo ponen de manifiesto de forma clara, como refleja la tabla 7.

TABLA 7

ESTUDIANTES DE ESCUELAS NORMALES

AÑO	NÚMERO		PORCENTAJE		DISTANCIA ALUMNAS DE ALUMNOS
	Alumnas	Alumnos	Alumnas	Alumnos	
1930	20.717	20.900	49.8	50,2	-0,4
1931	19.522	20.330	49,0	51,0	-2,0
1932	19.522	20.330	50,0	50,0	0,0
1933	10.609	10.714	49,8	50,2	-0,4
1934	7.345	8.172	47,3	52,7	-5,4
1935	4.888	5.816	45,7	54,3	-8,6
1940	10.962	13.844	44,2	55,8	-11,6

FUENTES: *ANUARIOS ESTADÍSTICOS DE ESPAÑA*. ELABORACIÓN PROPIA.

En las Escuelas Normales se introdujo una verdadera reforma estructural que iba a condicionar al alumnado potencial, al número de personas afectadas directamente. El llamado Plan Profesional de 1931[4] no solo exigía haber cursado el bachillerato, sino que señalaba un número máximo de estudiantes por promoción, 20 alumnos y 20 alumnas como ya he dicho, requisito que también fue un factor influyente en el descenso de la matrícula. Las chicas que estaban pensado ser maestras carecían de los estudios de segunda enseñanza cuando la normativa empezó a exigirlos, y entre los chicos que pasaban por los institutos era menos frecuente que eligieran ese camino; una profesión que no había gozado hasta entonces de la consideración económica y social a la que muchos jóvenes bachilleres aspiraban. De ahí que, a medida que fue desapareciendo el plan de estudios anterior, la matrícula global descendiera, y la de alumnas en mayor proporción. Cuando finalizan las promociones del plan a extinguir y solo queda el alumnado del Plan Profesional, los números absolutos comienzan a descender e igualmente los porcentajes, y más los de las alumnas. El repunte de matrículas en 1940, superior en chicos, además de estar condicionado por el paréntesis académico durante los años de guerra, se explica al dejar de ser de nuevo un requisito el título de bachillerato para realizar ese tipo de estudios.

Y cuando la universidad de verano de Santander inicia sus actividades académicas en 1933, siendo ya habitual la presencia de mujeres estudiantes en esa ciudad dispuestas a aprender español en los cursos para extranjeros que allí se organizaban cada verano —alumnas bien recibidas por la población y observadas con atención curiosa—, se van a ver acompañadas por las asistentes a las aulas de la estrenada universidad. Como fruto de las políticas educativas y culturales que se estaban desarrollando, estudiantes universitarias van a participar en el Palacio de la Magdalena de esa ciudad cántabra en los cursos de especialización que se celebraban. Unas habían sido becadas por las distintas universidades en virtud de sus méritos académicos, otras acudían sin beca, pero todas con el afán de aprender en espacios académicos que habían dejado de sentir como ajenos. Allí pudieron escuchar las conferencias de algunas profesoras que figuraban en el programa de los cursos:

María de Maeztu, Margarita Comas, Marcelle Auclair o Mercedes Rodrigo (Folguera, 2010).

GANAR PRESENCIA EN NUEVOS ÁMBITOS

Había contribuido a fomentar esta presencia femenina en nuevos ámbitos profesionales la Orden de 2 de septiembre de 1910 del ministro Julio Burell, pues en ella se dispuso que "la posesión de los diversos Títulos académicos habilitarán a la mujer para el ejercicio de cuantas profesiones tengan relación con el Ministerio de Instrucción Pública" (Flecha García, 1996: 93). A lo que se unió unos años más tarde, en 1918, la Ley de Funcionarios, que en la Base 2ª, donde se recogía el acceso a la función pública, decía en uno de los párrafos que "la mujer podrá servir al Estado en todas las clases de la categoría de Auxiliar. En cuanto a su ingreso en el servicio técnico, los Reglamentos determinarán las funciones a las que puede ser admitida y aquellas que por su especial índole no se le permitan. Su ingreso se verificará siempre previos los mismos requisitos de aptitud exigidos a los varones"[5]. De esta forma se generalizaba la disposición de 1910 a los puestos y categorías del resto de los ministerios, con lo que se ampliaban los campos profesionales para las mujeres.

Era la normativa que había abierto la puerta de los institutos a profesoras de enseñanza secundaria, de la universidad a profesoras que son nombradas en las diferentes facultades. La primera de instituto no había tardado mucho en incorporarse, pues lo hizo en abril de 1911; presencia que se acelera a partir de 1928, cuando la demanda de profesorado para cubrir la docencia en los institutos que se estaban creando permitió contar con un núcleo importante de plazas que dieron respuesta a muchas mujeres que habían terminado sus estudios universitarios. En la docencia universitaria no se estrenaron hasta el curso de 1918-1919. Una y otra posibilidad tuvo consecuencias muy positivas para el grupo de mujeres que había pasado ya por las aulas universitarias.

SER REFERENTE PARA OTRAS MUJERES

Los comportamientos profesionales y personales de estas profesoras se fueron convirtiendo con el trato directo en las aulas en referencia evidente para las estudiantes con las que se relacionaban. No menos en una mediación femenina que se sumaba a la que las alumnas vivían en el hogar con su madre y otras mujeres de la familia; y en un escenario desde donde poder observar y entender con claves diferentes de interpretación el mundo que las rodeaba.

Presencias y modos de vida que indiscutiblemente despertaban entre las alumnas sentimientos de sorpresa y de admiración, además de contribuir, como consecuencia, a que muchas de aquellas chicas, al encontrarse ante modelos, información, ánimo y hasta recursos para alcanzar lo que estaban descubriendo, incorporaran al imaginario sobre sus propias vidas perspectivas que iban más allá de las certezas heredadas, de las dinámicas de pensamiento único y de poder representado solo por hombres. Alumnas que tenían donde mirarse para entrar en otras alternativas de condición femenina posible.

Seguramente las maestras, quizá más que las profesoras de instituto y de universidad, eran conscientes de que el camino que ellas habían elegido no podía generalizarse entre las niñas a las que enseñaban en las aulas, debido a la clase social de la que procedían mayoritariamente. En unos casos, porque el futuro previsible de sus alumnas estaba en el hogar, y en otros, porque el temprano trabajo remunerado al que tenían que incorporarse era una obligación por razones de subsistencia y no les exigía mayor preparación. Unas situaciones muy habituales que no llevaba a aquellas maestras a renunciar a la exposición de otras propuestas de futuro, pensando en las que tenían la posibilidad de acogerlas; a presentarse a sí mismas como una referencia explícita de vivir el ser mujer sin rupturas radicales con el modelo conocido; a motivar la incorporación de rutas y miradas menos convencionales por parte de sus alumnas.

A MODO DE CONCLUSIÓN

El hilo y los datos que nos han conducido hasta aquí permite concluir diciendo que el proyecto político republicano se construyó desde el objetivo de impulsar decisivos cambios en la estructura y en los principios educativos que sostenían la instrucción pública en aquella sociedad que venía de la llamada edad de plata. Cambios que iban a repercutir profundamente, como así fue, en las dinámicas de relación social entre hombres y mujeres. La urgencia con que se abordaron las cuestiones educativas pendientes y las respuestas dadas a muchas de ellas, no hay duda de que generaron una mejor formación de las mujeres, un mayor desarrollo de sus capacidades, una más habitual inserción en profesiones cualificadas y en protagonismo social.

Muchas niñas, muchas jóvenes, muchas mujeres se sumaron a esas oportunidades, no quisieron quedarse atrás. Fueron valientes para abandonar lugares más protectores, demostraron constancia para lograr nuevas metas. Y comprobaron que muchas de sus expectativas no eran una quimera, una fantasía imposible de cumplir.

Recuperar y difundir la historia de este periodo republicano para rendir homenaje a mujeres fuertes, con confianza en sí mismas y comprometidas en los años de la Segunda República, nos coloca en una etapa de la historia de España cronológicamente corta, pero que abrió una senda ancha no abandonada por sucesivas generaciones de mujeres desde entonces, aunque las décadas de dictadura franquista pusieran tupidos filtros; tamices que no lograron retener a todas en los mensajes insistentes de domesticidad y de dependencia.

NOTAS

1. En muchos pueblos, al no ser suficiente el número de niñas y de niños para sostener dos escuelas, funcionaba una escuela mixta, atendida generalmente por maestras.
2. "Las Maestras de la República", 2011, www.sindicadas.es, p. 14.
3. Al profesorado de taquigrafía y mecanografía se dirigió la Orden Ministerial de 1º de abril de 1934; en *Gaceta de Madrid*, nº 93, de 3 de abril, p. 48. Y al de caligrafía, otra Orden de la misma fecha, pero publicada dos días después; en *Gaceta de Madrid*, nº 95, de 5 de abril, p. 103.
4. Decreto de 29 de septiembre de 1931 (*Gaceta de Madrid* del día 30).
5. Ley de 22 de julio de 1918, Base 2ª, en *Colección Legislativa de Instrucción Pública. Año 1918*, Madrid, Impr. de "La Enseñanza", 1919, pp. 267-268.

BIBLIOGRAFÍA

BRAVO VILLASANTE, Carmen (1973): *Vida y obra de Emilia Pardo Bazán*, Emesa, Madrid.

Capel Martínez, Rosa María (2007): "De protagonistas a represaliadas: la experiencia de las mujeres republicanas", en *Cuadernos de historia contemporánea*, nº extra 1, pp. 35-46.
Cuesta Bustillo, Josefina, *et al.* (2003): *Historia de las mujeres en España: Siglo XX*, Instituto de la Mujer, Madrid, 4 vols.
Del Val Valdivieso, María Isabel, *et al.* (2009): *Protagonistas del pasado: las mujeres desde la prehistoria al siglo XX*, Castilla Ediciones, Valladolid.
Flecha García, Consuelo (1996): *Las primeras universitarias en España*, Narcea, Madrid.
— (2010): "Profesoras en la Universidad. El tránsito de las pioneras en España", en *Arenal*, 17: 2, julio-diciembre, pp. 255-297.
Folguera, Pilar (2010): *Mujeres con voz. Voces desde el silencio. Una historia necesaria de la UIMP*, Universidad Internacional Menéndez Pelayo, Santander.
Gómez Blesa, Mercedes (ed.) (2007): *Las intelectuales republicanas: la conquista de la ciudadanía*, Biblioteca Nueva, Madrid.
Lejárraga, María (2003): *La mujer española ante la República. Libertad*, Instituto Andaluz de la Mujer, Sevilla.
Massa, Pedro (1931): "Las mujeres ante la República", entrevista a María Martínez Sierra, en *El Liberal*, 3 de junio, Madrid.
Morant, Isabel (coord.) (2005): *Historia de las mujeres en España y América Latina*, Cátedra, Madrid, 4 vols.
Núñez Pérez, María Gloria (1992): "Mujer y Partidos Republicanos en España (1931-1936)", en *Cuadernos Republicanos*, 11, pp. 25-37.
Santullano, Luis (1930): *De la Escuela a la Universidad*, Librería y Casa Editorial Hernando, Madrid.
Yusta, Mercedes (2006): "La Segunda República: significado para las mujeres", en Morant, Isabel (coord.): *Historia de las mujeres en España y América Latina. Del siglo XX a los umbrales del XXI*, Cátedra, Madrid.
Zambrano, María (1991): *El hombre y lo divino*, Siruela, Madrid.

RECURSOS ELECTRÓNICOS

"Unidad Didáctica Las Maestras de la República" (2011): www.sindicadas.es

CAPÍTULO 2

EL PAPEL DE LAS MAESTRAS EN LA ESCUELA REPUBLICANA

MARÍA DEL CARMEN AGULLÓ DÍAZ

ABRIL DEL 31: CUANDO ALGUNOS TABIQUES EMPEZARON A CAER

El día en que retiraron el tabique de madera que separaba en su escuela a los niños de las niñas, haciendo posible el comienzo de una etapa de juegos e ilusiones compartidas, es el recuerdo más nítido que María Salvo conserva del 14 de abril de 1931: "Debía tener un comienzo [...] y María, su memoria, lo situó en aquella niñez del primer día republicano. Lo mejor de él, lo decisivo, no fue ese mar de banderas, voces, cantos y entusiasmo que inundó el mundo y el recuerdo de los adultos. [...] el principio fue 'ese día que maestros y maestras (con una de ellas coincidiría diez años más tarde en la cárcel de las Ventas) retiraron el tabique de madera recubierto con pintura crema y aceite de linaza que separaba los niños de las niñas en las aulas y salimos juntos a la terraza de juegos, por primera vez y por siempre más'. Comenzaban unas relaciones humanas distintas en un entorno distinto, un cambio, un corte. Quizá por eso situó siempre el principio de su biografía en aquel tabique desaparecido, es decir, en la República, al mismo tiempo que los muchachos mayores, apostilló, descolgaron de la pared el retrato de Su Majestad" (Vinyes, 2004: 36).

Su desaparición simboliza la caída de otros muros que, a lo largo de la historia, han dificultado unas relaciones igualitarias y una escuela innovadora, objetivos preferentes para el régimen democrático que comenzaba su andadura en la primavera de 1931 y que se comprometió en la construcción del Estado *educador*, defensa de la República, reforzando su papel para convertirlo en un Estado civil, garante del derecho social de la educación.

Había que crear, ante todo y sobre todo, escuelas que liberaran al país del peso de la ignorancia y de la pobreza que secularmente lo lastraban. Hambre de educación que se convirtió en un clamor popular: "se pidieron escuelas a la República responsable de sanar al país. [...] Antes que agua, comida o un salario más alto, los españoles querían conocimientos" (Oyarzábal de Palencia, 2010: 221-222).

Un paso decisivo fue la aprobación de la Constitución (9 de diciembre de 1931). En sus artículos 48, 49 y 50 establecía las directrices a seguir por la educación republicana:

- Seguiría el modelo de la *escuela única/unificada*, basada en el principio de igualdad, apostando de manera decidida por la escuela pública, obligatoria y gratuita, única capaz de garantizar la desaparición de diferencias por razón de clase, territorio, sexo...

- Sería *laica*, siguiendo, en buena medida el modelo Ferry de Francia, que consideraba la religión un asunto íntimo, que concernía al ámbito privado y no al público.
- Utilizaría una metodología *activa*, que ejercitaría cuerpo y mente, convirtiendo a cada alumno en protagonista de su propio aprendizaje.
- Garantizaría la *libertad de cátedra* en todos los niveles educativos.
- Educaría para la *solidaridad humana*, sustituyendo la competitividad por la cooperación, enlazando la formación de ciudadanos con la transformación social.
- Estaría *enraizada en el medio social y natural*, de manera que se reconocerían los derechos lingüísticos y culturales de las diversas regiones y nacionalidades.

De manera simultánea, la Carta Magna instituía la igualdad entre mujeres y hombres y exigía prestarles a ellas una atención especial, debido a su tradicional discriminación. Instruirlas y educarlas era un deber de justicia que se imponía, dando respuesta a peticiones formuladas de manera insistente: "A la mujer es necesario educarla e instruirla. [...] Es cierto que las Universidades españolas están abiertas para la mujer, y que tenemos abogadas, médicas, ingenieras y farmacéuticas; pero también es verdad que la mujer de clase media y la mujer del pueblo padecen en su mayoría del mal de ignorancia, que es el que empequeñece y oprime" (Suárez, 1931).

Ante estos retos, desde el primer gobierno republicano, el ministro de Instrucción Pública y Bellas Artes, Marcelino Domingo, y el director general de Primera

Enseñanza, el socialista Rodolfo Llopis, reclamarían la creación de "más escuelas y mejores maestros" promulgando diversas leyes, decretos y órdenes que convertirían en imperativo legal la ejecución de planes que afectarían de manera directa e indirecta a la educación de las mujeres y, en definitiva, a las maestras, a las que les sería encomendado el desempeño de una triple misión en la escuela republicana:

1. Contribuir a la formación y perfeccionamiento del magisterio.
2. Introducir en las aulas las propuestas organizativas, metodológicas y de contenidos explicitadas en la Constitución de 1931.
3. Ser transmisoras del modelo de ciudadanas en las escuelas y en la sociedad.

EL 'ALMA' DE LA ESCUELA: LA FORMACIÓN DE LAS MAESTRAS EN LA SEGUNDA REPÚBLICA

Herencia de la Institución Libre de Enseñanza y de su humanismo krausista es la identificación del maestro con el alma de la escuela, con el elemento vivificador que la inspira. Cuando Antonio Machado homenajeaba a Giner de los Ríos lo hacía con los siguientes versos: "Sed buenos y no más. Sed lo que he sido para vosotros: alma". Y María Sánchez Arbós cita a Manuel Bartolomé Cossío para ilustrar la necesidad de infundir vida a la escuela: "En mi continuo contacto con la Institución aprendí más que enseñé dando clases desde párvulos hasta mayores; asistí a las colonias infantiles en verano y me vi siempre rodeada de sinceridad y de ánimos para la lucha. Aún me parece oír la dulcísima voz del señor Cossío, diciéndome: 'Alma, alma, María', en los momentos de desánimo de mi trabajo" (Sánchez Arbós, 1977: 21).

Marcelino Domingo y Rodolfo Llopis, al mencionar de manera expresa e insistente la necesidad de formar un, magisterio capacitado para conducir el proyecto republicano, a pesar de la importancia fundamental que otorgaban a la modernización de las infraestructuras —creación de escuelas[1], construcción de edificios, mejora de condiciones higiénicas y pedagógicas, dotación de mobiliario y material didáctico—, consideraban que la escuela no sería renovadora si fallaba su auténtica alma, los docentes: "Sin buenos maestros, todo lo que se haga en beneficio de la escuela resultará estéril [...] La República no pretende solamente levantar las paredes de una escuela: aspira a dar a la escuela un alma. Con esta reforma, que es a la vez social, cultural y económica, la República tiene la convicción de formar, independizar, sostener y fortalecer el alma del maestro, con el fin de que sea el alma de la escuela" (Domingo, 1932: 11; Llopis, 1933: 86).

El "alma" solo podía conseguirse si se aplicaba un plan global que, mediante soluciones articuladas y realistas modificara de manera radical tanto la formación del profesorado como el proceso de selección para acceder al funcionariado. Por ello se implantó el Plan Profesional (formación inicial), se crearon Centros de Colaboración y Semanas Pedagógicas (formación continua) y se organizaron los Cursillos de Selección (acceso al funcionariado). En todas estas experiencias innovadoras gozaron de una importante presencia e influencia las docentes —profesoras de Normal, de instituto y maestras— y las inspectoras, que cumplían así uno de los papeles que se les habían encomendado, el de la formación y perfeccionamiento del magisterio.

Debe destacarse que el gobierno republicano no sometió en el momento de su proclamación a proceso depurador alguno a los funcionarios de los cuerpos docentes que habían trabajado con anterioridad al servicio de la monarquía y de la dictadura primorriverista. Depuración que no se produciría durante todo el periodo que transcurre desde abril de 1931 hasta agosto de 1936, aunque sí se realizaría en el contexto del conflicto bélico. La carencia de sanciones permitió al nuevo gobierno contar con la experiencia de excelentes maestras, profesoras de Normal e inspectoras, quienes, con independencia de sus ideales políticos, participaron en las propuestas innovadoras.

En lo que atañe a la formación inicial del magisterio, una de las iniciativas más polémicas en su momento y que el paso del tiempo ha revalorizado a causa de su audacia y acierto fue la reforma de los planes de estudios con la implantación del denominado Plan Profesional (decreto de 29 de septiembre de 1931)[2], que hacía recaer el proceso formativo en tres instancias complementarias: la cultural, a cargo de los institutos, la pedagógica, de la Normal, y la práctica, de la escuela.

Destaca la organización de las Normales "en régimen de coeducación y con profesorado masculino y femenino", lo que implicaba unificar las dos existentes, una para cada sexo, obligando a que profesorado y alumnado fuesen mixtos.

Razones de género se habían argumentado para impedir la incorporación de las mujeres a los claustros de las masculinas, a pesar de que legalmente se habían ido suprimiendo las trabas legales que en un primer momento lo impedían. Mientras en las femeninas siempre existió profesorado masculino, las reticencias varoniles fueron causa de que, por ejemplo, en la Normal masculina de Valencia, en 1921, la solicitud de Francisca Veres Marin, candidata a ocupar una plaza vacante de ayudante de música, fuera rechazada porque: "por razón de su sexo, pudieran existir, si no circunstancias legales que a ello se opongan, fundamentos de orden moral que recomendasen su exclusión, habida cuenta de la edad de los alumnos que asisten a la clase de música"[3]. La estricta moralidad que se aplicaba al elemento femenino era un motivo de exclusión, aunque, tan importante o más, era el no reconocimiento de la autoridad a las mujeres, quienes, en el pensamiento androcéntrico, no podían-debían enseñar a los hombres.

Durante la República, la coeducación en los claustros fue posible, en buena medida, porque un porcentaje importante del profesorado de Normal procedía de la Escuela Superior de Estudios de Magisterio, cuyas aulas estuvieron organizadas siguiendo este principio. De inspiración institucionista, en ellas habían recibido una educación plural tanto ideológica como pedagógicamente, por lo que cabe afirmar que fueron el espacio en el que se formaron las mejores promociones de normalistas que comenzarían su andadura a partir de 1914[4], y ocuparían puestos preeminentes en la República y el franquismo[5]. El listado de alumnas se nos presenta interminable: Josefa Uriz, Carmen García de Castro, Aurelia Gutiérrez Blanchard, María Luisa Navarro, Regina Lago, Margarida Comas, Rosa Roig, María Sánchez Arbós... inspectoras y profesoras normalistas de referencia obligada para comprender la formación científica y crítica de las futuras maestras republicanas, a las que acostumbraron a desarrollar un pensamiento autónomo y progresista, para que, a su vez, lo hicieran llegar a sus alumnas, haciendo visible la existencia de una genealogía pedagógica de mujeres que trataban de formar a maestras y mujeres independientes.

Reconocida y asumida la autoridad femenina en las aulas, la convivencia del alumnado fue objeto, sin embargo, de un encendido ataque por parte de los sectores que cuestionaban su conveniencia por razones de tipo moral. Su establecimiento provocó, ciertamente, algunos conflictos en las Normales de varias provincias, que se hicieron llegar a la opinión pública con el calificativo de escándalos de carácter sexual. La campaña alcanzó una especial virulencia en la prensa y el conflicto adquirió tal dimensión que fue tratado en las Cortes por el ministro Filiberto Villalobos y la diputada Francisca Bohigas, quienes intentaron que fuera aprobada una orden para restaurar la tradicional segregación. Aunque fueron prohibidas nuevas experiencias coeducativas en la escuela, el régimen continuó en institutos y Normales, posibilitando a las futuras maestras compartir instrucción y educación con sus compañeros, experiencia positiva para ambos en su formación como ciudadanos.

A pesar de la virulencia de los ataques a la decretada coeducación, nos hace cuestionar su existencia el mantenimiento de la diferencia de género en el plan de estudios en dondc se incluían, exclusivamente para las alumnas, las labores y las enseñanzas del hogar. Debemos recordar que el currículum de las Escuelas Normales, en sus primeros tiempos, era totalmente distinto según se tratara de la masculina o la femenina, al estar condicionados por el tipo de educación que recibirían los niños o las niñas: leer, escribir y contar, ellos; coser, rezar y leer, ellas. Unificados en 1900, las diferencias curriculares permanecerían, al cursar labores las alumnas y agricultura, los alumnos. Tal vez la insistente defensa de una necesaria formación complementaria femenina solo para las alumnas, llevada a cabo tanto desde sectores conservadores como innovadores, explicaría su permanencia en tiempos republicanos.

Un segundo ámbito de trabajo de las maestras, dentro de la formación del magisterio, fue su participación en los Cursillos de Selección, alternativa para el acceso al funcionariado que los políticos republicanos instauraron en lugar de las tradicionales oposiciones, consideradas inútiles y antipedagógicas. En ellos, candidatos al funcionariado, maestros en ejercicio, profesores de Normal y miembros de la Inspección compartieron, durante tres meses, experiencias pedagógicas y personales.

A pesar de las dificultades de carácter económico y de infraestructura que plantearon, su balance es positivo ya que permitió actualizar y completar los conocimientos teóricos y metodológicos de unas promociones preparadas de manera insuficiente, a las que se puso en contacto con experiencias renovadoras, permitiendo su incorporación al grupo de maestros, alma de la escuela, que los políticos republicanos deseaban. Entre el magisterio encargado de impartir las clases prácticas, tuvieron una destacada presencia las maestras que ya ejercían, y que, por sus prácticas innovadoras, fueron requeridas para exponer a sus futuros compañeros y compañeras sus maneras de hacer.

En tercer lugar, para la formación permanente del profesorado se organizaron Centros de Colaboración y se organizaron Semanas Pedagógicas, además de apoyar las ya existentes Escoles d'Estiu catalanas.

Los Centros de Colaboración reunían al magisterio de una zona con su inspector o inspectora responsable y decidían tanto los temas que deseaban tratar como quiénes de entre ellos iban a prepararlos y exponerlos, gozando, además, de una jornada de convivencia y conocimiento del medio natural y cultural de la población en la que se producía el encuentro. Fueron muchas las inspectoras responsables de la formación permanente de sus compañeros y compañeras, así como las maestras que, mediante la elaboración y exposición de temas, dieron vida a esta experiencia participativa.

Las Semanas Pedagógicas prolongaban durante una semana el trabajo. En ellas destaca la intervención de maestras, profesoras normalistas e inspectoras, quienes impartían clases prácticas o bien conferencias y ponencias de carácter teórico. Temas diversos y metodologías distintas nos muestran su capacitación. Así, analizando los programas de algunas de las realizadas, constatamos la intervención, en la de Cuenca, de las profesoras normalistas Mercedes Escribano de Aranda y Rosa García López y de la inspectora de primera enseñanza Rosa García Tapia (*Semana Pedagógica conquense*, 1934: 145); en la de Don Benito (Badajoz), las de Matilde Editha Mayor y López, inspectora de primera enseñanza, Estrella Cortichs Viñals, profesora de Normal y directora del grupo escolar Lope de Rueda (Madrid), África Ramírez de Arellano, directora del grupo escolar Menéndez y Pelayo (Madrid); y Carmen Peñalba, maestra en la escuela graduada de niñas de Don Benito (*Semana Pedagógica de D. Benito*, 1934); en la de Ontinyent (València), las de Rosario Bellvís, maestra de Albaida, María Fayos Martínez, maestra de La Pobla del Duc, la inspectora Ángela Sempere y la profesora normalista Angelina Carnicer (Agulló Díaz, 1999). Por último, en la de Ribadavia (Ourense), lo hicieron las maestras María Cid López y Sara Leirós Fernández y la inspectora Aurora Maceda López (Cid Fernández, 2010: 30).

Las trabajadoras de la enseñanza contribuyeron, pues, de manera importante a la formación y selección de nuevas maestras, así como al perfeccionamiento de las que ya ejercían, condiciones necesarias para que sus escuelas fueran "dignas de la República", en afortunada expresión de Rodolfo Llopis.

JARDINERAS Y NO ALFARERAS: LAS MAESTRAS LIBERTADORAS DE CONCIENCIAS

La construcción del Estado educador, defensa de la República, al que hemos aludido, hacía imprescindible el concurso de docentes comprometidos con la política educativa republicana, capaces de llevar a todos los rincones del país la buena nueva de la ciudadanía y de aplicar prácticas renovadoras en sus escuelas. Del total del magisterio femenino fueron ciertamente una minoría las maestras que formaron parte de este colectivo que intentó ser levadura de la nueva sociedad comprometiéndose en la defensa de una escuela laica, pacifista, democrática, solidaria, y con una clara función social, principios teóricos que trabajarán en el aula mediante una pedagogía activa, lo que supone utilizar nuevas metodologías que implicaban la participación de las alumnas en la construcción de su propio conocimiento.

Nos introducimos, así, en el segundo ámbito de trabajo al que fueron llamadas las maestras: difundir en las aulas las propuestas de la Constitución republicana. Ellas serían las encargadas de formar de manera crítica a sus alumnas, futuras ciudadanas y por ello encarnarían un nuevo modelo de maestra que ha de ser "jardinera y no alfarera", en afortunada metáfora de la profesora normalista Aurelia Gutiérrez Blanchard, quien explica que no se trata de modelar de forma convencional el barro, sino de hacer crecer a los niños, seres vivos: "Hacer trabajar intensa, eficazmente, con gusto, con alegría; proteger, presidir los ensayos de vida que realiza la infancia, tal es hoy el papel del maestro. A la escuela del alfarero ha seguido la del jardinero. No es barro inerte al que hay que dar forma convencional y petrificada; son seres vivientes que en lo físico y en lo espiritual han de crecer siguiendo sus leyes propias" (Gutiérrez Blanchard, 1931: 168).

Conocedoras y difusoras de las corrientes pedagógicas más innovadoras, se formaron, difundieron y practicaron los presupuestos de la Institución Libre de Enseñanza y de la Escuela Nueva, fueron miembros activos de colectivos y movimientos de renovación pedagógica y compartieron con sus colegas sus experiencias educativas mediante la publicación de artículos en revistas pedagógicas.

Desde su nacimiento en 1876, la Institución Libre de Enseñanza mostró una preocupación específica por mejorar la educación de las mujeres que se concretó en un primer momento en las conferencias dominicales de Fernando de Castro, y que conduciría a la creación y fomento de numerosos centros docentes que dependían de la Asociación para la Enseñanza de la Mujer. En sus establecimientos, en especial en el Instituto-Escuela, a pesar de las controversias que se produjeron en su seno alrededor de la conveniencia o no de la coeducación, se educaban a niños y niñas conjuntamente, ya que Giner de los Ríos fue uno de los más firmes defensores de la coeducación entre los pedagogos españoles. En estos centros, aconfesionales, en los que se practicaba una pedagogía activa, que promovía una educación integral, es decir, física, intelectual, ética y estética, se formaron alumnas que serían con posterioridad maestras republicanas y que intentarían reproducir en sus aulas las experiencias institucionistas.

Las becas proporcionadas por la Junta de Ampliación de Estudios, alentada por la Institución Libre de Enseñanza, completarían su aprendizaje al permitirles conocer, en diferentes países de Europa y América, experiencias pedagógicas innovadoras. Viajes al extranjero que supusieron además un contacto directo con otros modos de pensar y de vivir, que las favorecieron de manera especial al acceder a costumbres y modas que difícilmente podrían conocer en España. Repasando los datos proporcionados por Teresa Marín, encontramos un amplio listado entre el que se encuentran los nombres de Amparo Cebrián, Justa Freire, las hermanas Matilde y Pilar García del Real, Elisa López de Velasco, Pilar Oñate, Mercedes Rodrigo, Rosa Sensat... (Marín Eced, 1991). Las estancias en la Residencia de Señoritas[6], dirigida por María de Maeztu, completarían una educación moderna y europea, que tratarían de transmitir a sus alumnas.

Los presupuestos innovadores de la Escuela Nueva también fueron difundidos y practicados por las maestras. En la introducción del método Montessori en educación infantil fue decisiva la maestra Rosa Sensat, quien consiguió que fuera adoptado en las escuelas municipales de Barcelona. La inspectora Leonor Serrano se encargaría de continuar difundiendo, dentro y fuera de Cataluña, tanto a través de la traducción de los textos de la pedagoga italiana, como de los cursos que impartió para maestros y maestras. Por su parte, los centros de interés y la metodología globalizadora de Decroly fueron introducidos por la maestra de Barcelona Anna Rubiés Monjonell (Portell y Marqués, 2007: 93) y por Josefa Uriz, directora de la Normal de Lleida. Y entre las difusoras de las técnicas Freinet, con lo que comportan de escuela cooperativa, activa y solidaria, encontraremos a Josefina Castelló, Marianne Durá, Marina Fiol, Carmen Valero, María Escolà, Teresa Carné, Montserrat Parellada, Dolors Piera, Josefina Ferrándiz, María Verdaguer... (Jiménez Mier y Terán, 2011).

CARMEN VALERO Y MARINA FIOL (FOTOGRAFÍA CEDIDA POR JOSÉ LUIS FIOL VALERO).

Ellas formaron parte de colectivos y movimientos de renovación pedagógica como el grupo *Batec*, que declaraba "La nostra postura és clara. Un ideal: l'escola; un sentiment: el nen; un amor: la vida; un amic: el mestre; un company: el treballador; un delerdefinitiu: avançarsempre, dretament, procurant en tot momento que no sigui a paslent; si pot ser millor que caminar, córrer" (Marqués y Reguant, 2010: 25), y en el que, de sus 100 componentes, 17 eran mujeres de las comarcas de Lleida (Jiménez Mier y Terán, 2007: 35).

Las maestras difundieron sus conocimientos y experiencias a través de libros, artículos publicados en la prensa o en revistas pedagógicas. Aunque la nómina de pedagogas escritoras es reducida y está formada, mayoritariamente, por profesoras de Normal o inspectoras (Margarida Comas, Leonor Serrano, Justa Freire, Regina Lago, María Luisa Navarro...), algunas maestras también realizaron una aportación pedagógica importante, como Elisa López de Velasco (*Cervantes*, Madrid), Anna Rubiés, directora del grupo Ramon Llull (Barcelona), Rosa Sensat, directora de la Escola Municipal del Bosc y del grupo Milà i Fontanals en Barcelona, Concepción Sainz-Amor, directora de los grupos escolares Ramiro de Maeztu (Madrid) y Jacinto Verdaguer (Barcelona)...

Acción importante fue la desempeñada dentro de las aulas, en donde, además de metodologías renovadoras incluyeron la explicación de los derechos de las ciudadanas, convirtiéndolos en materia curricular, antes, incluso, de que se vieran reflejados en los textos escolares; incorporaron el laicismo en su vertiente de tolerancia y respeto a todas las creencias; difundieron temas de educación sexual, acompañados, en ocasiones, de la explicación de métodos anticonceptivos; e intentaron una organización de las aulas basada en la coeducación, a pesar de la falta de legislación que la hiciera obligatoria[7], porque, como afirmaba María Barbeito: "Igualdad de educación al varón, exceptuando las diferencias accidentales a que la diferencia de sexo obligue. Para ello se impone la coeducación, coco de pusilánimes y desconfiados, pero positivo acierto de la Pedagogía. No hace mal papel en ella la mujer, que sostiene honrosa competencia en todos los terrenos con el otro sexo, hasta en aptitudes intelectuales" (Barbeito, 1934: 26).

Cuando los manuales escolares, a pesar de la escasa visibilidad que, de manera mayoritaria, concedieron al nuevo modelo de ciudadana, lo incluyeron en sus textos y/o iconografía, fueron utilizados por las maestras como libros de lectura y fuente de discusión y comentario. Uno de los más conocidos, *El niño republicano*, explicaba:

> España es una de las primeras naciones del mundo que han llevado mujeres al Parlamento en calidad de Diputados de la Nación. La mujer que por su capacidad y por sus propios méritos ha sabido elevarse a las sublimes cumbres del Foro donde habla la Ley, que ha escalado las alturas médicas para ejercer el santo apostolado de la Medicina, que ha irrumpido en los campos de la administración civil para dar patentes muestras de capacidad en la vida de los negocios públicos; la mujer que, sin perder las bellezas, los encantos y delicadezas de su feminidad ha sabido ponerse al nivel del hombre en el ejercicio de todos los deportes y ha emulado las glorias del atrevimiento y de la ciencia en la navegación aérea y en cuantas manifestaciones hay que patentizar valor, serenidad, resistencia física y tenacidad, bien merece que se la rinda justicia cuando un pueblo rectifica sus pasados errores y comienza una nueva vida de Libertad y Derecho.
>
> (Seró Sabaté, 1932: 172)

De la exigua cuantía de manuales que pueden citarse como transmisores de la identidad femenina de mujer moderna, destacamos, por su difusión en las escuelas de niñas, *El libro de las niñas*, de Gregorio Sierra[8], y *Diana*, de Leonor Serrano.

En *El libro de las niñas*, Gregorio Sierra alude a las conquistas legales que afectan a las mujeres —el sufragio, el divorcio—, incluye textos que calificaríamos como feministas y visibiliza a mujeres que estudian y ejercen carreras universitarias —abogadas, profesoras de Universidad—, mostrándolas como modelos positivos en textos e ilustraciones: "Una catedrática sencilla y modesta. Guillermina es una joven inteligente y modesta que cursó los estudios del Bachiller y después estudió la carrera de Ciencias en la universidad. Es hija de una familia de industriales. Guillermina es doctora en Ciencias y continúa con la misma sencillez que en los años de su infancia, tiene las mismas amigas, ayuda a sus padres en las faenas de la casa y no abandona los estudios. Guillermina ha ganado por oposición una cátedra. Pero esto no le envanece, ni le hace perder su sencillez ni su naturalidad. Su vida se desliza serena y tranquila, laboriosa y modesta y es justamente elogiada su conducta de mujer virtuosa y ejemplar" (Sierra Monge, 1935: 48-49).

CUBIERTA DE LA OBRA *DIANA*.

Por su parte, *Diana, o la educación de una niña*[9] es un auténtico manual de educación de ciudadanas. Su protagonista es una niña, Diana, que vive en un medio rural, en contacto con la naturaleza. La elección del nombre no es casual: "Diana es el nombre de una antigua diosa, cazadora y mañanera; hija del alba, del bosque, de la lucha y del esfuerzo. [...] Así quisiera yo ser; vida joven, prometedora y animadora de otras esplendorosas y radiantes vidas. ¡Pero que me dejen moverme, que me dejen trabajar!... Que me dejen vivir mi propia vida de mujer nueva" (Serrano de Xandrí, 1933: 215-216).

A lo largo del libro, la autora nos describe su ideal de nueva educación femenina: combinar la educación familiar con la escolar, introducir la metodología científica en las aulas, en especial para facilitar el aprendizaje de materias domésticas, e incluir actividades manuales tradicionalmente masculinas. Máquinas de escribir y máquinas de coser son su apuesta para construir los cimientos de la mujer independiente que se prepara para poder desempeñar cualquier profesión pero sin descuidar su vertiente formativa femenina, que incluirá los últimos avances de la modernidad.

Las aulas no limitaron la acción educativa de las maestras republicanas porque, defensoras de la función social de la escuela, conscientes de la necesidad de abrirla a la sociedad, organizaron cantinas escolares, en las que se sustituía la antigua finalidad benéfico-asistencial por la educativa (por ejemplo la creada en el colegio Modesto Lafuente de Palencia por su directora Ubaldina García (García Colmenares, 2009: 42); fomentaron, colaboraron y dirigieron colonias escolares para aumentar el crecimiento físico y cultural de los asistentes; y potenciaron bibliotecas escolares que extendieron el hábito de la lectura a escolares y adultos, como Pilar Salvo Jiménez, directora de las escuelas Jimeno Rodrigo, quien creó en abril de 1936 una biblioteca escolar en la barriada de las Delicias (Zaragoza) (Illion, 2008: 154), o María Moliner, quien desempeñó una extraordinaria labor al frente de la sección de bibliotecas del Patronato de Misiones Pedagógicas en Valencia, distribuyéndolas por numerosas escuelas.

Una educación de las mujeres entendida en el sentido de permanente, continua, ilimitada, no reducida a la etapa escolar. Las maestras se pusieron al frente y colaboraron en las escuelas de adultas creadas por la República para combatir el amargo 47,51 por ciento de analfabetas heredado de los tiempos monárquicos y que, en una década, disminuiría hasta el 37,6 por ciento, a un ritmo que no se volvería a repetir en décadas posteriores. Porque en la batalla de la alfabetización no solo se combatía la ignorancia de letras sino, sobre todo, la de género, debida a la tradicional identificación entre incultura y feminidad, que provocaba el temor a que las estudiantes fueran calificadas de "locas" por su deseo de saber:

— ¿Sabes leer? [...]

— ¿Pa qué, señorita? [...]

— Eso de leer es cosa de hombres. [...]

— ¿No hay en la escuela clase de adultas? En cuatro o cinco meses, podéis aprender.

— Aprender..., sí..., aprender. Para que luego se rían de una —habla una joven. [...]

— Reírse. ¿Por qué?

—Para que digan —murmura otra— que es una, una "esvariá" ("esvariá" quiere decir desvariada, loca) (Martínez Sierra, 1989: 180-181).

Una señorita misionera recita versos ante las muchachas recogidas en un edificio de la Guindalera (Fots. Vidal)

Versos de Gabriela Mistral a las muchachas recogidas antes por religiosas

El maestro Torner y la señorita Mercedes Flores dando lección de canto popular a los chicos recogidos en la guardería de la Escuela Normal de Maestros

Una de los nuevos profesoras de una residencia, regida antes por religiosos, fraterniza con los muchachos

o versos sencillos, cuyo espíritu pueda llegar a los chiquitines. (Los versos, naturalmente, cambian según la edad media del auditorio; Gabriela Mistral y Juan Ramón Jiménez son acaso los poetas más recitados.) Un nuevo disco, más tarde. Y después, otra película; esta vez, cómica. Todo ello, vario y distinto, forma para los que lo presencian y lo escuchan un espectáculo maravilloso. Las dos horas se van de modo insensible. Cada vez que un cuento o unos versos acaban, las manos infantiles se juntan en un alegre aplauso. Y cuando los muchachos misioneros dejan cada residencia, un coro de palmadas y de vivas es la despedida de los pequeños, a los que les han alegrado esas dos horas.

—Los chiquillos nos han escuchado encantados en todas partes—dice una de estas muchachas misioneras—. Y en cuanto a auditorios de otra edad—muchachas mayores, recogidas antes por religiosas, por ejemplo—, la atención es la misma. Esas muchachas son tan niñas como las otras, como las de la edad escasa.

Desde luego, estas actuaciones no son sólo «flor de un día», atención accidental a los chiquillos que de pronto han visto cambiadas sus vidas. Hay bastantes equipos de este género, e irán aumentándose sucesivamente, a fin de que las visitas sean lo más frecuentes que se pueda. En muchas de las residencias infantiles ha habido ya dos y tres actuaciones de las Misiones Pedagógicas. Y esas visitas a los millares de chiquillos recogidos se intensificarán en estos días próximos.

Además, se quiere que las actuaciones sean cada vez más completas. Para ello, se intentará llevar equipos sonoros para la proyección de películas habladas y se formarán orquestinas que lleven la música de un modo directo a las residencias de los chiquillos. No sólo de pan vive el hombre, dicen las viejas palabras olvidadas de puro sabidas. Esta verdad lo es mucho más en el niño. Y eso que, además del pan, necesita el niño es lo que están llevando a las guarderías y residencias infantiles los muchachos de las Misiones.

LAS MISIONES PEDAGÓGICAS (FOTOGRAFÍA REPRODUCIDA DE LA REVISTA *CRÓNICA*).

Maestras, estudiantes de Magisterio, inspectoras, intelectuales… colaboraron asimismo en la magna obra desarrollada por el Patronato de Misiones Pedagógicas. Vocales del Patronato fueron la maestra Amparo Cebrián Fernández

Villegas y la inspectora María Luisa Navarro; y en todas sus secciones encontramos misioneras. Más de 100 maestras[10], como Enriqueta Agut, Guadalupe Badenes, Vicenta Calvo, Lucila de Frutos, Francisca Rico, Josefa Rivera o Dolors Piera, llevarían a los rincones más recónditos de nuestra geografía proyecciones cinematográficas, audiciones de gramófono, representaciones teatrales, retablos de guiñoles, museos circulantes, bibliotecas..., que empezarían a saciar la sed histórica de cultura que tenían los y las habitantes de nuestros pueblos.

LAS MAESTRAS REPUBLICANAS, CIUDADANAS DE PLENO DERECHO

A las maestras siempre se les ha exigido, de manera implícita o claramente explícita, que actúen como modelos de conducta. Sus comportamientos y valores, más que sus conocimientos, se han intentado controlar por las instancias políticas que detentaban el poder en cada momento histórico, fomentándose la transmisión de las identidades femeninas por ellos deseadas y castigándose las transgresoras.

El régimen republicano no fue distinto a los anteriores, y la ruptura política y social que comportó tuvo importantes consecuencias para las mujeres. El reconocimiento en su Carta Magna del sufragio universal que sí incluía a las mujeres, les permitía efectuar su ingreso en el espacio público y convertirse en figuras que irían familiarizando a la sociedad con su presencia.

La igualdad legal será la gran aportación de la República a la causa feminista. La sucesiva aprobación de un conjunto de leyes que permitieron el divorcio, reconocieron la igualdad legal y económica de los hijos naturales y de los legítimos, y facilitaron el acceso a la educación y al trabajo, hizo que se redefiniera el ideal de feminidad configurando un nuevo modelo, el de las *ciudadanas republicanas*, cuya meta era la independencia personal, conseguida a través de una autonomía económica fruto de una preparación previa que las capacitaba para su acceso al mundo laboral, sin perder la oportunidad de ser esposas y madres, si así lo deseaban. Ellas fueron las primeras en nuestra historia que pudieron dar respuesta a las preguntas que Virginia Wolf les formulaba, precisamente en 1931, cuando escribía: "Esta libertad es solo el principio; la habitación es vuestra, pero todavía está vacía. Debe ser amueblada; debe ser decorada; debe ser compartida. ¿Cómo la piensan amueblar, cómo la piensan decorar? ¿Con quién la piensan compartir, y cuáles serán las condiciones? Creo que estas son preguntas de la mayor importancia e interés. Por primera vez en la historia, ustedes pueden formularlas; por primera vez pueden decidir por ustedes mismas cuáles deberían ser las respuestas" (Wolf, 2010: 219).

El nuevo modelo de mujer republicana, que se corresponde con el de la ciudadana de pleno derecho, activa, culta, independiente económica y afectivamente, será fruto de la conquista de la igualdad, preparada por años de lucha, reivindicaciones y debates teóricos, y surgirá en los ambientes más progresistas, entre los círculos pioneros, reducidos pero influyentes. Las maestras serán perfectas representantes de esta identidad femenina que se transmitirá, más que por la educación formal, tan reacia a asumir novedades, por las conductas personales y cotidianas de sus protagonistas.

Entramos así en el tercer ámbito del papel que las maestras desempeñaron en la República: ser modelo de ciudadanas para sus alumnas y el conjunto de la sociedad.

Sus raíces deben buscarse en la propia historia del magisterio femenino porque las jóvenes maestras formadas en las premisas republicanas, supondrán un eslabón más en la línea de continuidad en las reivindicaciones feministas y en el acceso al espacio público que habían iniciado sus mayores, las maestras republicanas librepensadoras.

En el estado español, el movimiento sufragista se había nutrido de conocidas docentes de diversos niveles educativos, como Carmen de Burgos o María Martínez Sierra. Serían ellas también quienes, una vez reconocido su derecho al voto en la Constitución, ejercerían plenamente su ciudadanía, haciendo visible el acceso al poder de las mujeres mediante su participación activa en la administración pública. Así, desde los primeros momentos formaron parte de las mesas electorales en las distintas contiendas y, por su condición de funcionarias, formaron parte de las Comisiones Gestoras constituidas entre enero y abril de 1933, ejerciendo como concejalas o, en algunos casos, como alcaldesas. María Domínguez Remón, en Gallur (Zaragoza), fue la primera alcaldesa republicana. Igual que María Crespo Font, en Fontanars dels Alforins (València), y Pilar Pérez Leñero en Herrera de Pisuerga (Palencia).

Integradas en las listas de candidatas a diputadas a Cortes, su presencia en ellas alcanzaría un especial relieve ya que, aunque algunas, como Encarnación Fuyola, que se presentó en las del Partido Comunista en Huesca en 1933, no fueron elegidas, encontramos maestras diputadas en dos legislaturas, siendo la profesión que cuenta con una mayor representación. María Lejárraga (1933), Veneranda García-Blanco Manzano (1933) y Julia Álvarez Resano (1936), las tres pertenecientes al PSOE, ocuparon sus escaños en las Cortes republicanas. A ellas podríamos añadir una cuarta, también socialista, Matilde de la Torre Gutiérrez (1933-1936), que, aunque no había cursado Magisterio, fundó una institución docente, la Academia Torre en Cabezón de la Sal (De la Torre, 2007: 36-38). Cabe añadir que Josefina Bohigas, la única diputada de la derecha, miembro de Acción Agraria Leonesa, era inspectora.

Julia Álvarez Resano sería también la primera mujer que ejercería el cargo de gobernadora civil en España, en la provincia de Ciudad Libre —hoy Ciudad Real— (Pérez Nievas Borderas, 2007: 223).

Otras maestras, aunque no llegaron a ejercer el poder en la Administración del Estado, sí lo hicieron en las estructuras organizativas de los partidos en los que militaron. Su acceso a estos cargos visibiliza el aumento de su presencia en ellos, a pesar de su reciente incorporación al ámbito público. Especialmente importante fue su presencia en partidos como Izquierda Republicana, del que fue fundador el ministro de Instrucción Pública, Marcelino Domingo, y que contaba con un gran número de intelectuales entre sus filas; el Partido Socialista Obrero Español, al que pertenecieron la mayoría de las diputadas; el Partido Comunista de España, que contó con una incorporación mayoritaria en tiempos de guerra, debido a la radicalización social; Esquerra Republicana de Catalunya, Partit Valencianista d'Esquerres, Partido Republicano Radical-Socialista, Partido de Unión Republicana Autonomista (PURA).

ENRIQUETA AGUT Y GUILLERMINA MEDRANO (FOTOGRAFÍA CEDIDA POR LA FAMILIA GARCÍA AGUT).

Acostumbradas a la tribuna del aula y de los centros públicos, ocuparon también las de mítines y actos de propaganda. Algunas de las mejores oradoras fueron maestras: Enriqueta Agut, Guillermina Medrano (Agulló Díaz, 2008: 99), María Martínez Sierra, Julia Álvarez, Matilde de la Torre, Florinda Arjol Naudín... (Illion, 2008: 155). Tendrían un papel destacado en las campañas electorales y en toda clase de actos de carácter reivindicativo, cívico o propagandístico, acudiendo, asimismo, a los micrófonos de la radio y ocupando la calle en manifestaciones y concentraciones cívicas, en cuya finalización eran las encargadas de leer los comunicados.

Los sindicatos serían, ciertamente, un espacio en el que las mujeres no se habían hecho visibles, a pesar de su presencia mayoritaria en algunas secciones, en especial las relacionadas con la confección, el textil, las tabacaleras, y, en buena medida, el magisterio. La mirada androcéntrica que sobre la historia se ha proyectado, nos ha dificultado conocer la actividad reivindicativa en el terreno profesional de las maestras, profesoras y docentes que, sin embargo, no solo se afiliaron a los sindicatos, en especial FETE-UGT y la CNT, sino que también ocuparon cargos directivos en ellos e, incluso, formaron parte de los miembros fundacionales.

Victoria Zárate, Elisa López Velasco[11], Francisca Sanchis Ferrer, Carmen Valero Gimeno, Carmen García Moreno, Julia Álvarez Resano, Emilia Elías, Amparo Ruiz, Josefa Uriz, Dolors Piera, Veneranda García Blanco-Manzano, María Villén, Ángela Sempere... son algunas de las maestras, inspectoras o profesoras de Normal que fundaron FETE-UGT o desempeñaron una activa vida en ella, y que, en especial en tiempos de guerra, mantuvieron la estructura y actividades de la organización sindical.

Fieles representantes del principio "lo personal es político", su acceso, lento pero continuo, a los espacios públicos políticos y sindicales, se vio completado con los cambios en su vida íntima, provocados por sus ansias de independencia personal.

Radicalmente en contra de reproducir y perpetuar el tradicional *ángel del hogar* de mujeres dependientes, esposas sumisas y madres resignadas, se centran en conseguir un proyecto de vida individual, que les permita autonomía económica y afectiva, de manera que no se vean obligadas a casarse para sobrevivir. Desean ser personas, consideradas en su individualidad. En palabras de Alejandra Kollontai: "Esta nueva mujer trae consigo algo extraño [...] Lo miramos atentamente, buscando los rasgos conocidos y afables de los que nuestras madres y abuelas fueron portadoras. Pero el tipo que se halla ante nosotros ha roto con el pasado y alberga en su interior todo un mundo de nuevos sentimientos, experiencias y exigencias. La duda surge en nosotros, estamos casi decepcionados. ¿Dónde está el atractivo sometimiento femenino y la suavidad de antes? ¿Dónde está la acostumbrada capacidad de la mujer para adaptarse al matrimonio, para entregarse, incluso frente al marido insignificante, y ponerle siempre en primer lugar en la vida? [...] Ante nosotros ya no está la 'mujercita', la sombra del marido; ante nosotros está la individualidad, la mujer como ser humano" (Kollontai, 1980: 83).

Herederas de aquellas maestras librepensadoras, laicas, que desde el siglo XIX habían defendido el matrimonio civil, la anticoncepción o el divorcio, en su construcción de una nueva identidad femenina coinciden en el repudio al modelo tradicional, pero no así en las alternativas.

Mientras una minoría opta por reivindicar su individualidad defendiendo su acceso al mundo laboral y al de la educación, sin discriminaciones, y sin que ello suponga renuncia alguna para poder establecer relaciones personales con hombres u otras mujeres basadas en la igualdad pero sin esperar ni desear ser madres; la mayoría, sin embargo, aunque coincide en estos proyectos de vida, añade la posibilidad de la maternidad y exige una preparación específica para ser madre y ama de casa, que le permita compaginar profesión y maternidad. Se explica así que la coeducación, en la época republicana, no cuestione la exigencia de una instrucción complementaria específicamente femenina porque, se afirma, les permitirá una libre elección.

Las maestras, sin renunciar al espacio privado, inmersas en un ámbito público al que como ciudadanas han accedido, trabajan en las escuelas, mantienen un compromiso cívico, político y sindical pero no desean que su invasión de la *polis* se identifique con una masculinización, tema tantas veces motivo de ironía, escarnio y mofa no solo entre los conservadores sino también entre sus propios compañeros republicanos, por lo que intentan que los mejores valores adjudicados al género masculino o al femenino —inteligencia, sensibilidad, valor, ternura— se acrisolen en una nueva identidad femenina.

Frente a Marañón, Nóvoa Santos y otros ilustres médicos republicanos, que reivindican a la mujer-mujer, libre de todo rasgo de masculinidad (la inteligencia), autoras como Leonor Serrano sitúan en la mezcla de ambos la perfección y son conscientes de las críticas, incomprensiones, que comporta el hecho de ser pioneras: "Sumar lo mejor de todos los seres; ser el embrión, aunque doloroso e inadaptado, de una nueva etapa de perfección; no retroceder a lo material, sino recoger la energía humana pura, multiforme e insexuada para impulsar la corriente de vida hacia un nuevo tipo superior de individuo, de pueblo o de época, será tal vez lo más alto del humanismo [...] quien lo haga, hombre o mujer, sabe que se sacrifica ante la incomprensión, la extrañeza y hasta las luchas con su propia e inarmónica naturaleza, inadaptada a la clasificación hermética de su época" (Serrano de Xandrí, 2007: 187).

Transgresoras en sus comportamientos, reivindicarán una apariencia moderna que represente su nueva manera de ser y pensar, haciendo evidente su respuesta cuestionadora de la moral dominante y opresora, lo que hará que se convierta en una de sus señales de identidad. La moda se convierte en un campo de batalla simbólico, y muestran su estilo de ciudadana moderna luciendo cabellos y faldas cortas, alternando pantalones y vestidos sencillos que permiten libertad de movimientos y maquillándose suavemente, dando la razón a Luis de Zulueta cuando diferenciaba entre moda y estilo: "la moda responde solo a un capricho efímero. El estilo equivale a la fisonomía de toda una época. La nuestra es la época del feminismo" (Zulueta, 1926: 403).

La imagen personal forma parte del estilo de las ciudadanas independientes, porque cortarse el pelo al estilo *garçonne* evocaba un conjunto de transgresiones en el ámbito de las costumbres, asociadas a la mujer moderna: se creía que la liberación que señalaba una melena corta era un *continuum* que comenzaba por el pelo y la falda cortas, seguía por el maquillaje y terminaba en la entrada en las cafeterías, fumar... ocupar, en definitiva, una parte del ámbito público: "¿Hay que suponer que el pelo corto tiene realmente una relación con las *ideas largas*? Lo cierto es que la invasión de la universidad por la mujer coincide más menos con el sacrificio de muchas matas de pelo. Cortarse el pelo implica tener ideas atrevidas y, de momento, la sociedad tradicional rechaza esta moda. En los colegios, las monjas no permiten que las alumnas lleven el pelo corto. Algunos padres, algunos maridos especialmente celosos se oponen a que sus hijas y sus mujeres se corten el pelo. Las amas de casa solo admiten a su servicio muchachas con moño, símbolo de sensatez y buenas costumbres" (Laffite, 1964: 190).

Las maestras republicanas cuidaron su apariencia externa, conscientes de que encarnaban la imagen del nuevo modelo que transmitían, por lo que su aspecto cuidado y atractivo era su manera de demostrar que habían roto tanto con las convenciones sociales como con las rutinas pedagógicas, ya que, en contraposición a las docentes tradicionales, su imagen alegre era un símbolo de la Escuela Nueva que practicaban.

Imagen trasgresora, que representaba un ideal de libertad que se extendía a la vida cotidiana mediante la práctica de relaciones personales libres. Una apuesta por la libertad que las condujo a recibir el calificativo de inmorales, por su connotación de mujeres independientes, con vida propia y capaces de decidir sobre su propio destino, sustituyendo la tradicional abnegación por la valentía y la transgresión. "Si *abnegación* es el término principal atribuido a la vida de las mujeres a través de los siglos, la rebeldía en contra de las injusticias sociales es lo que animó a estas mujeres a buscar el 'instante de libertad', que experimentaron en la década de los treinta. La abnegación, la cualidad más valiosa que las mujeres podían poseer antes de la guerra, fue reemplazada por la valentía, aunque esta cualidad fue ignorada por la mayoría de los españoles durante y después de la guerra" (Mangini, 1997: 88).

Manuel Vázquez Montalbán escribía: "Nada quedó de abril" (Vázquez Montalbán, 1967: 13). Precisamente sería en otro día de abril, el primero de 1939, cuando *las rojas,* cautivas y desarmadas, fueron declaradas vencidas por el *Generalísimo* Franco. Comenzaba una larga noche de piedra de cuarenta años, presidida por el retorno a la sumisión, la abnegación y la obediencia. La valentía quedó condenada y aquellas que se habían atrevido a desafiar modelos tradicionales fueron sancionadas. Afirmaciones como "se la veía muy libre y atrevida" eran causa suficiente para ser sancionadas. De las más de 1.500 maestras que ejercían en la Valencia republicana, aproximadamente un 3 por ciento serían expulsadas. No se trata de una cifra demasiado elevada, alrededor de 70, cantidad que puede ser considerada insignificante desde un análisis cuantitativo pero que cobra una dimensión mayor si pensamos que este menos de un centenar eran las que conformaban el modelo de mujer independiente, transgresora, avanzada, que quedó sepultado por el franquismo.

Las maestras republicanas, ciudadanas de pleno derecho, tuvieron que exiliarse, convirtiéndose en auténticas transterradas. Las que se quedaron, condenadas al exilio interior, conocieron cárceles, juicios sumarísimos, algunas, pena de muerte, otras fueron paseadas... Y la escuela volvió a ser un lugar triste, antipedagógico, en donde se formaban, convenientemente separados, perfectas amas de casa y soldados defensores de una patria que ni era una, ni era grande ni era libre. Aquellas maestras que intentaron cambiar la escuela y la sociedad fueron silenciadas y denigradas. Hora es de recuperar su memoria: la personal y la pedagógica y recordar que ellas fueron las que pusieron los cimientos de esa escuela pública, laica, democrática y coeducativa que, en pleno siglo XXI, todavía no hemos podido materializar.

NOTAS

1. A través del *Plan Nacional de Cultura* (16/09/1931) que aprobó crear 27.000 escuelas en cinco años.
2. El Plan Profesional constaba de cuatro cursos. Los aspirantes al ingreso tenían que haber cumplido 16 años y tener el título de bachillerato universitario; el examen de acceso, con plazas limitadas, comprendía una prueba de letras y otra de ciencias; una vez superado se estudiaban tres cursos de didácticas, poniendo hincapié en las metodologías (de ahí el nombre de profesional), porque la preparación cultural venía ya dada por el bachillerato. Los estudios se organizaban de manera práctica, con trabajos de especialización y seminarios. Finalizados los tres cursos y superado un examen final de conjunto, los alumnos-maestros eran destinados, durante un curso escolar completo, a escuelas nacionales de la provincia en la que radicara la Normal. Su categoría de alumno-maestro llevaba implícita la correspondiente remuneración.
3. Escuela Normal Masculina. Correspondencia. Salidas. 1921. Arxiu Històric Universitat de València.
4. El acceso de las normalistas formadas en la Escuela Superior de Estudios del Magisterio coincidió con la implantación del Plan de 1914 o Plan Bergamín. También en 1913 se creó la Inspección Femenina, a la que accederían de manera directa las tituladas en dicho centro.
5. De la Escuela Superior de Estudios del Magisterio fueron alumnas Josefa Segovia, Josefina Álvarez de Cánovas, Sara Fernández, Carmen Cuesta, Francisca Montilla..., que ocuparían durante el franquismo lugares preeminentes en la formación de las maestras dentro del paradigma del nacional-catolicismo.
6. Véase de Antonio Molero Pintado y María del Mar del Pozo Andrés: *Escuela de Estudios Superiores del Magisterio (1909-1932). Un precedente histórico en la Formación Universitaria del Profesorado Español*, Departamento de Educación, Universidad de Alcalá de Henares, Madrid, 1989.
7. El gobierno republicano no decretó la obligatoriedad de la organización coeducativa en las escuelas hasta 1937 (decreto de Wenceslao Roces). El Consejo de la Escuela Nueva Unificada (CENU) la reconoció para Catalunya en agosto 1936.
8. Ejemplares de este libro de lectura para niñas nos han sido proporcionados por mujeres de diferentes poblaciones de Valencia, que los conservaban en sus casas como recuerdo de su infancia, lo que nos demuestra su éxito y utilización en las escuelas. En él se incluyen los clásicos modelos de mujeres como Isabel la Católica, Agustina de Aragón o Teresa de Jesús, pero añadiendo otros relacionados con el de ciudadana: Mariana Pineda, María Curie, Alicia Larrocha... Mayor valor tienen si tenemos en cuenta que muchos ejemplares fueron destruidos durante el franquismo precisamente por la ideología

de sus autores y por las ideas republicanas que exponían. Su autor, director del grupo Pablo Iglesias en Tortosa, se exilió a Francia y volvió a Aragón en los años cincuenta.

9. Entre 1934 y 1936 se realizó, por la misma editorial, una edición en catalán, titulada *Diana o l'educaciód'una nena*. La traducción fue realizada por su hijo Andrés Xandrí Serrano y los textos fueron adaptados a la historia, geografía y cultura catalanas. Leonor Serrano fue expulsada del cuerpo de inspectores en el franquismo y falleció en Madrid en 1942.
10. La relación completa de colaboradoras se halla en http: //cipres. residencia. csic. es/misiones/index. php
11. Los datos sobre afiliadas a FETE proceden de Francisco de Luis Martín y de Carmen García Colmenares. Los de FETE valenciana son de elaboración propia siguiendo la "Relación de afiliados a FETE con anterioridad al 18 julio 1936", firmada por el delegado de información del SEM. Arxiu Històric Universitat València. Puede ampliarse información en http: //maestrasrepublicafeteugt. blogspot. com/

BIBLIOGRAFÍA

AGULLÓ DÍAZ, María del Carmen (1994): *Escola i república a la Vall d'Albaida*, Diputación de Valencia, Valencia.

— (2008): *Mestres valencianes republicanes*, Universitat de València, Departament ECHE, València.

CID FERNÁNDEZ, Xosé Manuel (2010): *Educación e ideoloxía en Ourense na IIª Repúblic*, Andavira editora, Santiago de Compostela.

DE LA TORRE, Matilde [1940] (2007): *Mares en la sombra. Estampas de Asturias*, edición de J. R. Saiz Viadero, Ed. do Castro, Sada- A Coruña.

DE LUIS MARTÍN, Francisco (2002): *La FETE en la guerra civil española (1936-1939)*, Ariel, Barcelona.

— (2006): *Magisterio y sindicalismo en Cataluña, La Federación Catalana de Trabajadores de la Enseñanza (FCTE): de los orígenes a la guerra civil*, Serbal, Barcelona.

DOMINGO, Marcelino (1932): *La escuela en la República. La obra de ocho meses*, Aguilar, Madrid.

GARCÍA COLMENARES, Carmen (2009): *La represión del Magisterio en Palencia, Los hilos de la memoria*, Asociación para la Recuperación de la Memoria Histórica, Palencia.

GUTIÉRREZ BLANCHARD, Aurelia (1931): "La reorganización de la escuela primaria, Reflexiones fragmentarias II. El Telegrama del Rif", en SÁNCHEZ SUÁREZ, María Ángeles (2004): *Mujeres en Melilla*, SATE-STESs y Grupo Editorial Universitario, Melilla.

ILLION, Regine (2008): *Legislación republicana y mujeres en Aragón. El voto femenino en Huesca, el divorcio y la enseñanza en Aragón*, Gobierno de Aragón, Departamento de Educación, Cultura y Deporte, Zaragoza.

Jiménez Mier y Terán, Fernando (2007): *Batec. Historia de vida de un grupo de maestros*, Universitat de Lleida, Lleida.
— (2011): *¡Viva la imprenta! Orígenes de la educación Freinet en España. Libro de vida*, Tanteo, México.
Kollontai, Alejandra [1926] (1980): *Autobiografía de una mujer sexualmente emancipada*, Anagrama, Barcelona.
Laffite, María, Condesa de Campo Alange (1964): *La mujer en España. Cien años de su historia. 1860-1960*, Aguilar, Madrid.
Llopis, Rodolfo (1933): *La revolución en la escuela, Dos años en la dirección general de primera enseñanza*, Aguilar, Madrid.
Mangini, Shirley (1997): *Recuerdos de la resistencia. La voz de las mujeres de la guerra civil española*, Península, Barcelona.
Marín Eced, Teresa (1991): *Innovadores de la educación en España (Becarios de la Junta de Ampliación de Estudios)*, Servicio de Publicaciones de la Universidad de Castilla-La Mancha, Cuenca.
Marqués, Salomó y Reguant, Montserrat (2010): *Un poble, una escola, una revista. La revista Inquietud de l'escola de Menàrguens*, 1935-1936, Ajuntament de Menàrguens, Lleida.
Martínez Sierra, María (María de la O Lejárraga) [1952] (1989): *Una mujer por caminos de España*, Introducción de Alda Blanco, Castalia-Instituto de la Mujer, Madrid.
Nicholson, Virginia (2008): *Ellas solas. Un mundo sin hombres tras la Gran Guerra*, Turner Noema, Madrid.
Oyarzábal de Palencia, Isabel [1940] (2010): *He de tener libertad*, traducción y edición crítica de Nuria Capdevila-Argüelles, Horas y Horas, Madrid.
Pérez Nievas Borderas, Fermín (2007): *Julia Álvarez Resano. Memoria de una socialista navarra (1903-1948)*, Pamiela, Pamplona.
Portell, Raimon y Marqués, Salomó (2007): *Els Mestres de la República, en imatges*, Ara llibres, Badalona.
Sánchez Arbós, María (1977): "Recuerdos de una maestra", en AA. VV.: *En el centenario de la Institución Libre de Enseñanza*, Tecnos, Madrid.
Seró Sabaté, Joaquín (1932): *El Niño Republicano. Cuarto libro de lectura*, Librería Montserrat de Salvador Santomá, Barcelona.
Serrano de Xandrí, Leonor (1935): *Diana o la educación de una niña, Grado III. La Sociedad: Diana y su Patria*, Editorial Imprenta Elzeviriana y Librería Camí, Barcelona.
— (2007): *La educación de la mujer de mañana*, introducción de María del Carmen Agulló Díaz, Biblioteca Nueva, Madrid.
Sierra Monge, Gregorio (1935): *El libro de las niñas*, Ed. M. A. Salvatella, colección Escolar Salvatella, Pedagogía Activa, Barcelona.
Suárez, María (1931): "Más sobre la mujer ante la república", en *Mundo Gráfico*, 1 de julio.
Vázquez Montalbán, Manuel (1967): *Una educación sentimental*, Amelia Romero Ed., Barcelona.
Vinyes, Ricard (2004): *El daño y la memoria. Las prisiones de María Salvo*, Plaza&Janés, Barcelona.

WOLF, Virginia (2010): "Profesiones para mujeres", en EAD: *La muerte de la polilla y otros escritos*, Capitán Swing Libros, Madrid.
ZULUETA, Luis (1926): "Mujer de ley. La revolucionaria", en *El Noroeste*, 30 de diciembre de 1926, citado en GARCÍA GALÁN, Sonia (2009): *Mujeres modernas, madres conscientes y sufragistas exaltadas. Ideales de feminidad y debates feministas en Asturias (1919-1931)*, KRK Editorial, Oviedo.

RECURSOS ELECTRÓNICOS

BARBEITO CERVIÑO, María (1934): "La Mujer, antes, ahora y después", conferencia pronunciada en la Agrupación Republicana Femenina de A Coruña el 19 de mayo de 1934. http: //www. culturagalega. org/album/detalleextra. php?id=594.
GARCÍA COLMENARES, Carmen (coord.): "Las Maestras Republicanas: sororidad, militancia y compromiso" http: //www. educandoenigualdad. com/IMG/ pdf/Las_maestrasFETE_1_. pdf
Misiones Pedagógicas: http: //cipres. residencia. csic. es/misiones/index. php
Maestras de la FETE-UGT: http: //maestrasrepublicafeteugt. blogspot. com/

CAPÍTULO 3

LAS MAESTRAS RURALES

CARMEN MARÍA SÁNCHEZ MORILLAS

Siempre ha existido el tiempo en el que las mujeres amamantaban al mundo y a la par lo vigilaban, pues querían expresar su necesidad de asentarse en medio de él. La esencia más sutil de la naturaleza humana, ese toque que es artificio puro de lo más increíble del ser se depositó en las maestras, pero no en aquellas de la falda plisada y el eterno bisbiseo en los labios, cuyas oraciones determinaba si salvar almas o no; esas son imágenes lejanas y extrañas, que no podemos asociar a aquellas otras maestras rurales cuya arma más poderosa fue un sencillo lápiz. Y con un lápiz transformaron el mundo.

Son aquellas maestras, anónimas unas veces, otras conocidas, que esperaban a sus niñas al borde del camino. Posicionaban sus ojos en el horizonte y aguardaban, siempre con ansias y cariño, la llegada de sus alumnas; también anhelaban que no faltase, esta vez, ninguna, y que acudieran algunas nuevas. Así transcurrían sus mañanas de maestra. No temían a los hombres, porque, más bien, eran ellos los que les guardaban cierto recelo. Recelo por ser mujeres; recelo por tener estudios y, en definitiva, por saber y por conocer.

El concepto tradicional de *mujer*, en nuestra cultura y contexto español, al igual que en otras sociedades, se ha insertado en la memoria colectiva, sobre todo en las sociedades rurales, como el ente que trabaja sin cesar en actividades pesqueras, ganaderas y a las que se le sumaban las tareas que giran en torno al hogar. Frente a este modelo de mujer rural, las maestras, aquellas intrépidas muchachas, desmoronan, aunque sea poco a poco, el universo del hermetismo rural-masculino, y la imposición moral del *clero rural femenino*. Estas maestras son, y serán, elementos disgregadores en las microjerarquías de la sociedad rural.

Es difícil explicar con detalle la vida de estas mujeres porque, de momento, solo contamos con historias particulares o con investigaciones concretas sobre el magisterio rural en pequeñas poblaciones o en provincias. Somos conscientes de que mucha de la documentación que se pudiera haber aportado se destruyó en la Guerra Civil; además, muchos testimonios orales, de testigos directos o secundarios, todavía no están transcritos. Los que están escritos pueden ir encontrándose en la prensa y libros de la época republicana. Algunos han sido recopilados en obras actuales, como comentaremos más adelante. Pero, sin duda, no podemos obviar cómo desde el campo de la sociología y de la historia de la educación se está avanzado sobre la investigación del papel que ocupó la maestra rural en la educación.

Se ha definido y actualizado la significación del proceso de feminización docente, que surgió en el ámbito educativo desde las primeras décadas del siglo XX (San

Román Gallego, 2010: 367-387), y, por tanto, el papel de la mujer en el ámbito rural, sea como maestra, madre o alumna. Y en el caso que nos ocupa, el contexto de la Segunda República, desde el final de la década de los años veinte y comienzo de los años treinta, se observa cómo se insertan las mujeres docentes en el ámbito rural y hacen escuchar sus voces a través de la prensa. Desde este punto de partida, tampoco hemos de obviar las fuentes que se establecen gracias a los artículos de prensa o de investigación, escritos por maestras de primera enseñanza o por inspectoras de educación. Por tanto, creemos que las investigaciones futuras deben ampliarse considerando como primeras fuentes los diarios de las maestras o las experiencias transcritas que podrían recogerse de alumnas y maestras todavía vivas, además de los testimonios registrados en los medios de comunicación escritos de la época.

Durante la Segunda República se consolidó la idea de progreso para el país a través de la modernización de las aulas, y por ende, la modernización pasaba por la conquista de las zonas rurales, que en las elecciones de 1931 eran tendentes a ideologías de carácter tradicional. En la consolidación de esta idea trabajó Rodolfo Llopis (Agulló Díaz y Fernández Soria, 2004: 11). Rodolfo Llopis, director general de Primera Enseñanza entre 1931-1933, bajo la dirección del ministro de Instrucción Pública Marcelino Domingo, ideó un programa de formación para maestros y maestras que exigía la necesidad de estudios de bachillerato para entrar en las Escuelas Normales de Magisterio. Tras esta prueba, se pasaba a un proceso de selección y, una vez superado, se cursaban tres años de estudio, con un correspondiente año de prácticas. Pero dada la necesidad, además de urgencia, de poblar las escuelas de las zonas rurales, se diseñaron los cursillos del Magisterio. El Decreto de 23 de junio de 1931 acordaba la creación de unas 7.000 plazas que correspondían al cuerpo de maestros y maestras, por lo que el Cursillo de Selección Profesional no hacía necesaria la prueba de oposición (Molero Pintado, 1991: 144-147).

Por tanto, los educadores de la Segunda República quisieron rescatar a la escuela rural del gran desierto en el que se había adentrado hasta la fecha. Pero en esas mismas zonas rurales estaban insertas las conocidas clases populares, las bases del pueblo; y en aquellos pueblos, aquellas maestras rurales. Aquellas mujeres jóvenes, que habían estudiado en las Escuelas del Magisterio, ubicadas en las capitales de sus provincias, eran destinadas a espacios rurales desconocidos para ellas. Su situación personal se transformaba de forma absoluta: de la cooperación entre sus compañeros y compañeras, del ritmo especial de las clases, la toma de apuntes, pasarían a una situación nueva y desconsoladora: la soledad, el aislamiento, en un pueblo alejado de su familia, de su casa y, sobre todo, de sus anhelos más profundos.

Existe tradición histórica de escuela urbana, pero poca tradición histórica de escuela rural. Luis Bello, entre sus trabajos sobre el tema, como *Viaje por las escuelas de España* (Bello Trompeta, 1926-1927), destaca esta carencia o falta de reflexión en torno a la situación escuela urbana-escuela rural. Uno de estos textos es "La vida rural y la escuela" (Bello Trompeta, 1934: 3), donde expone su opinión sobre las escuelas rurales, que se ven sometidas a maestros y maestras interinos, que ejercen su docencia de forma temporal y que, por tanto, no desarrollan relaciones sociales o de amistad con las gentes de la zona rural. Como consecuencia de esta situación no alcanzaban a comprender cuáles eran las necesidades de los habitantes de pueblos y aldeas con escuelas. Por su parte, la Administración educativa y el mismo Estado se encargaban de legislar y diseñar currículos que estarán basados en alumnos y alumnas rurales de características idealizadas, y que nada tienen que ver con el contexto socioeducativo real. Ejemplo de este hecho es lo que revela Luis Bello en el artículo "Suances, caso típico": "Declararemos con toda lealtad que en muchas zonas españolas encontrará el terreno mal preparado. A nadie se le había ocurrido hasta ahora hacer un esfuerzo para que tuvieran una escuela suya los pescadores de Suances, y mucho menos para que hubieran llegado a juntarse ante los mismos pupitres todas las clases sociales de Suances en su representación infantil" (Bello Trompeta, 1932: 3).

Contexto que se ve delimitado por la necesidad de construir colegios, escuelas, que den cobijo a los niños y niñas del ámbito rural. Esto supondrá la urgente necesidad de la coeducación y el planteamiento que se deriva de quién sería el mejor educando a los niños y niñas más jóvenes, o lo que es lo mismo, el proceso de la organización de las escuelas rurales. Las soluciones son varias: dos escuelas unitarias, una para niñas y otra para niños; una única escuela graduada, con varios niveles, y separación de sexos en infantil y primera enseñanza; o bien concentración de tipo mixto tanto en género como en niveles educativos. Agulló Díaz y Fernández Soria (2004: 29) apuntan que, de forma definitiva, durante la República se mantuvo la diferencia entre escuelas de niños y de niñas, dándose el caso de escuelas rurales mixtas asignadas únicamente a maestras, por ser las que menos preferencia muestran por puestos de categoría jerárquica superior, aparte también de un estipendio menor. Sobre dicha situación ya habla el inspector Agustín Serrano de Haro meses antes de la constitución de la Segunda República en una conferencia titulada "Estudio especial de la escuela rural", pronunciada con motivo de una reunión general de inspectores. El autor denuncia que: "Los maestros de escuelas rurales deben recibir, aparte de la formación pedagógica general, una preparación especial agrícola. A los maestros rurales precisa otorgarles medios materiales que compensen las ventajas que actualmente encuentran los de la ciudad: sobresueldo, aumento proporcional del mismo por el tiempo servido en la misma escuela y participación en los beneficios de la explotación agrícola"[1].

En nuestra cultura escolar más inmediata, en nuestra mentes, corren, ancladas al devenir de la memoria, las historias y anécdotas que giran cercanas a la figura de la maestra, una imagen que desarrolla Gabriela Mistral en su poema "La maestra rural", que defiende a los más necesitados, o que pinta Diego Rivera en sus murales, y que es aquella que enseña en el campo, sentada con un libro en las manos, y alrededor suyo sus alumnos, que la escuchan atentamente. Y no es fácil olvidar a las maestras de *Corazón* de Edmundo de Amicis, o a Raselda, la protagonista de *La maestra normal: vida de provincias* (1915), de Manuel Gálvez. Acercándonos a nuestro tiempo, no nos abandona la magia de *Mujeres de negro*, de Josefina Aldecoa, o *Historia de una maestra*, de la misma autora. Pero la realidad supera a la ficción y estas imágenes literarias se concentran, se amplían en los trabajos de las inspectoras de educación primaria, como Josefa Segovia o Concepción Sainz de

Amor; trabajos que se concretan en las preocupaciones sobre la maestra rural y sus condiciones de trabajo. Pero ¿cuáles son los nombres de estas maestras rurales?, ¿quiénes eran?

En 2011, la Federación Nacional de la Mujer Rural (Femur), presidida por Juana Borrego, celebró un homenaje a las maestras rurales de la zona de Segovia. Algunos de los nombres de las homenajeadas eran Juana Garrido Velasco, maestra en La Lastrilla; María Fernández Fernández, en Villalba de los Barres; Reyes Mantilla Rozas, maestra nacional en Cantabria (López, 2011). Esta reunión, celebrada durante la exposición de fotografía "Mujer tejiendo caminos", deseaba rescatar la memoria de estas maestras rurales, además de ejemplificar las diferencias, y victorias de conciliación familiar, entre el pasado y el presente rural.

Desde el año 1999 los estudios sobre geografía del género (Feo Parrondo, 1999: 351) aumentaron, consiguiendo con esta labor que se recolectara la información necesaria para cubrir los vacíos documentales que existían sobre la historia de las mujeres en nuestro país, en concreto sobre la situación de la mujer en el mundo rural. Como indica Francisco Feo Parrondo, dos obras son fundamentales para conocer la extensión e importancia del tema: *Mujer, espacio y sociedad* (Sabaté Martínez, *et al.*, 1995) y *Mujer y agricultura en España. Género, trabajo y contexto regional* (García Ramón, *et al.*, 1995). Ambos estudios revelan la ausencia de fuentes, además de una intensa tarea de búsqueda de las mismas durante las dos últimas décadas, aunque estas circunstancias se están transformando a la luz de la investigación de Sonsoles San Román y su obra *Las primeras maestras. Los orígenes de la feminización docente en España*, o del trabajo de Consuelo Flecha García, titulado "La vida de las maestras en España" (Flecha García, 1997: 199-222). Hemos de prestar importancia a la historia de las maestras, pero sobre todo a la historia de la escuela rural española, pues reconozcamos que gran parte de los cambios y sucesos educativos de nuestro país se han desarrollado en tierras no urbanas.

Entre los diversos nombres de docentes republicanas que los investigadores están rescatando se conoce el caso de Julia García Fernández-Castañón, maestra desde el año 1921 hasta la década de los años cincuenta[2], que publicó sus memorias como maestra rural en *Diario de una maestrita*, editado en 1955. Dicho texto se inicia en su prólogo con la descripción siguiente de maestra rural: "Dado el régimen legal de provisión de estas Escuelas, se trata casi siempre de muchachas en la flor de la vida, que acaban de ganar una reñida oposición. Su juventud, su inexperiencia, por consiguiente; la incomprensión que las rodea, la ausencia del más elemental confort, y la tremenda soledad, sobre todo, en que viven, me impresionan hasta la compasión".

La autora describe cómo era su hogar —una habitación con una cama y una silla— y cómo tenía que acceder a la aldea: primero tomar un tren, después un autobús, caminar tres kilómetros cuesta arriba, pero montada a lomos de un hermoso corcel de la clase del borrico. En su testimonio nos indica cómo se identificó con las alumnas de su escuela, así como con las familias respectivas de cada una. Gracias al vínculo creado con sus alumnas, consiguió algunos logros, además de que el Ayuntamiento le acondicionase el lugar de la escuela, que en todos los testimonios recabados siempre se encuentra en un estado deplorable.

Como en otras ocasiones, esta maestra supera el tiempo de docencia y busca actividades alternativas, no solo para sus alumnas, sino también para los padres y madres de estas. Por ejemplo, habilita clases de música y círculos de lectura. En cuanto al respeto que en el pueblo le tienen la autora comenta: "En el pueblo, para la gente joven, soy la señorita; mas a la gente mayor esto les parece de poca categoría y me ponen el doña 'porque tengo título'. Pero como doña Teresa les parece demasiado solemne, dada mi juventud, lo han resuelto con el diminutivo, y soy para ellos doña Teresina"[3].

Es curioso confirmar que la imagen popular del *maestro*, que se identifica con los rasgos de pasar hambre o ser el centro de burla de los integrantes de una comunidad, en el caso de la mujer también pasa factura y denota cierto punto de desprecio. La preocupación por la *cosa* pedagógica ya se inicia, y se consolida, en la época de la Restauración española, y dicha preocupación se filtra en la literatura de aquellos tiempos. La figura de la maestra realista, en el campo literario, se rastrea en las obras de Benito Pérez Galdós en *La Primera República*, de 1911 (Ezpeleta Aguilar, 2008: 60), y ya en la literatura realista podemos encontrar un ejemplo claro de la maestra rural: *Doña Mesalina*, de 1910, de José López Pinillos[4], aunque se trate de un ejemplo de características despectivas. Más adelante, una vez que la mujer puede acceder a la Escuela Normal de Magisterio, es cuando nos adentramos en la imagen de la maestra intelectual y humanista, la de la Institución Libre de Enseñanza, como aquellas que dieron gran parte de su vida por la educación de los niños y las niñas de este país, en las condiciones más adversas para cualquier docente. En la memoria de la enseñanza, tampoco quiero olvidar el nombre de María Domínguez, quien fuera la primera alcaldesa de España, en 1932 en el Ayuntamiento de Gallur. Aunque nunca consiguió el título de maestra oficial, por su labor literaria y periodística le ofrecieron dirigir una escuela en la provincia de Navarra.

Otra maestra rural republicana fue Ángeles García Palacios (Yáñez Barnuevo-García, 2010), nacida en Guadalcanal (Sevilla), y que ganó su plaza en 1934 en Coria del Río (Sevilla). Poco tiempo después, en marzo de 1937, se llamará a Ángeles a un proceso de la Comisión Depuradora del Magisterio Primario. Su expediente ha aparecido hace unos años. Dicha maestra no fue restituida en su puesto hasta el año de 1977, cuando pudo acogerse a la Ley de Amnistía aprobada por las Cortes democráticas del mismo año. Ejerció hasta su jubilación y murió en 1982. Solo se dedicó a trabajar a través de la ideología de la Escuela Nueva, con las doctrinas de Montessori, Claparède, entre otros.

El caso de otra maestra ejemplar es el de Palmira Plá Pechovi, nacida en Cretas, comarca de Matarraña, provincia de Teruel (Escartín y Pinos, 2005: 2). Fue hija de un guardia civil, que sí quería que se valiese por sí misma, y era su madre la que no deseaba que estudiase, y se dedicara a coser con una *Singer*. Palmira Plá, desde que tuvo uso de razón, quiso ser maestra, y como nos comenta: "Poco a poco fui pensando que me gustaría ser maestra y todo lo que hacía era pensando en ser maestra, y yo decía: 'Cuando yo sea maestra haré esto… cuando yo sea maestra'… ¡Quería ser maestra! El subconsciente… pero el subconsciente se revela y un día dije de una manera ingenua: 'Yo seré maestra…'"[5].

Inició sus estudios con 13 años, y los terminó sin cumplir siquiera los 18. Su primera escuela fue la de Rubielos de

Mora, de varones[6]. Como ella misma cuenta: "[...] era una escuela de varones, pero que prepararon el último piso para los párvulos que yo iba a llevar y me prometí aplicar la metodología inductiva en seis meses. Y me fui allá, con más de cincuenta niños, de 3 a 5 años. [M]e esforcé mucho en la organización de clase, distribuir los niños por edades, los más pequeños cerca del baño y todo eso... y empecé a enseñar a leer y a escribir al grupo de mayores y la verdad es que aprendieron muy bien".

La inspectora jefe de enseñanza de la zona de Logroño, Dolores Marijuán, apunta en un diario de 1933 la situación de una escuela que visitó: "En mi Plan Profesional moderno me encontré con un local desastroso: largo, estrecho, con mesas alargadas, poca luz... El alcalde y el concejal de la cultura me trajeron a la escuela un palo para que castigara a los alumnos; esto me dejó perpleja pues no iba acorde con la pedagogía que había manejado" (Giró Miranda, 2009: 111).

Existe un testimonio curioso de una maestra, que firma con el nombre de María, que aporta información de su entorno diario y educativo. Así, sobre su escuela, apunta: "Un lugarejo sin templo, médico o farmacia. Tan oculto está por enhiestos picachos, que no se logra echarle la vista encima hasta después de dos horas penosas de ascensión por un estrecho sendero colgado sobre un precipicio [...]". Y continúa: "Hacia el final, sin embargo, el sendero se hacía más amplio, y casi desaparecía de la cuesta; al volver el recodo, descubrí la Escuela, destacando su dudosa blancura junto a tres casas de adobes, en un plazoleta fangosa, con rústica fuente a un lado".

La misma maestra también nos describe su habitación: "Bien triste era mi futuro hogar, sobre todo la cocina, que, con un minúsculo dormitorio, constituía la casa-habitación, y cuya única ventana daba al norte, hacia la plaza". Pero desde un punto de vista positivo, María nos confiesa sobre las clases: "[...] pongo en las clases todo mi entusiasmo; en mi ardor de novata, hasta empecé a formar, con aportaciones de mis pequeños, un museo escolar que voy aumentando con múltiples frascos, llenos de productos más o menos conocidos, que he traído de mi casa después de las vacaciones".

Más testimonios se han recopilado en algunos de los materiales específicos realizados sobre la figura de la maestra rural española. Nótese, por ejemplo, el capítulo 4 de la Unidad Didáctica Maestras de la República[7]. En este capítulo las autoras se acercan a la situación de la escuela rural en la República, al papel de las maestras en la sociedad rural, a la definición de su perfil, así como a las maestras como elementos de cambio en toda zona rural. Todo este análisis se completa con el artículo "La figura de la maestra rural en la Segunda República" (Sánchez Morillas, 2010: 119-128), trabajo centrado en el significativo rol de las maestras como entes de transformación durante dicho periodo histórico.

No tan alejado de nuestra realidad es el volumen *Escuela y República: cuaderno de una maestra rural* (Bresó Moreno, 2009), que testimonia las dificultades de esta maestra en su escuela.

Es interesante, enriquecedor, y en algunos momentos, por lo que se cuenta, desolador, el libro de María Antonia Iglesias *Los maestros de la República: otros mártires, otros santos* (2006). En este volumen se recogen los testimonios de familiares de maestros y maestras, de un signo político u otro, que fueron fusilados o depurados.

En la época republicana no faltan los trabajos de Concepción Sainz Amor sobre el tema "La escuela rural activa", en *Revista de Pedagogía* (1933); los de Mercedes Mejías, "En una escuela rural", en *Revista de Pedagogía*[8] (1933); el trabajo de Vicente Calpe Clemente, *Una escuela rural*[9] (1936); o la fundamental obra de Félix Martí Alpera sobre organización de las escuelas rurales, *Las escuelas rurales. Enseñanza. Organización*[10]. Menos conocida es la obra de María Josefa Segovia (1891-1956), escrita en forma de artículo y cartas[11]. La que fuera inspectora de Primera Enseñanza y directora general de la Institución Teresiana dedicó un número amplio de escritos a la defensa de la maestra rural. Entre ellos destaca *Simientes de apostolado de espigas de Ars*[12], una serie de artículos publicados en números sucesivos del *Boletín de la Institución Teresiana*, y que fueron recogidos por vez primera en formato de libro en el año 1936. Este texto es clave para entender la concepción de enseñanza que poseía su autora, aparte de ser uno de los primeros manifiestos legítimos de la feminización docente, pues en el analizaremos cómo se entiende que las mujeres, en su función de maestras rurales, son protagonistas de la acción social que logrará transformar a los habitantes de una localidad no urbana.

Como podemos observar, todo lo enunciado y comentado aquí son solo pequeñas pinceladas de la gran historia de la maestra rural, que todavía está por escribir. Puede que existan documentos testimoniales que, a simple vista, resulten anecdóticos, cuando no irrelevantes, pero, siendo deudores de estas mujeres, y si poseemos cierta ética profesional investigadora, todas estas fuentes, sean primarias o secundarias, conforman el entramado intrahistórico de experiencias vitales auténticas; experiencias de las maestras que persiguieron un solo objetivo en su trabajo: educar. Educar fuera de los prejuicios religiosos, fuera de los políticos. Únicamente educar, porque sus alumnos y alumnas se convirtieron en su más apreciada pasión.

NOTAS

1. Palabras de Agustín Serrano de Haro recogidas en la Sección de Información General, "Asamblea de Inspectores de Primera Enseñanza", en *La Vanguardia*, 28 de enero de 1931, p. 20.
2. Julia García Fernández Castañón, *Diario de una maestrita rural*, Madrid: Escuela Española, 1955. Información extraída de Francisco Feo Parrondo: "Mujer y medio rural en Asturias. Siglo XX", en *Lurralde investigación*, nº 22, 1999, p. 9.
3. Ibídem.
4. En la obra citada, Francisco Feo Parrondo se refiere a la novela de José López Pinillos: *Doña Mesalina*, edición de José Carlos-Mainer, Madrid, Turner (1975).
5. Testimonio recogido en el documento citado. Ibídem.
6. Ibídem, p. 5.
7. Unidad Didáctica Maestras de la República, 2011, www.sindicadas.es
8. Nº 139, pp. 304-305.
9. Vicente Calpe Clemente (1936): *Una escuela rural*, Gráficas Ortiz, Valencia.
10. Félix Martí Alpera (1934): *Las escuelas rurales. Enseñanza. Organización*, Dalmau Carles Pla, 1934.
11. Se han contabilizado alrededor de unas 18.000.
12. El comentario crítico de dicha obra se encuentra en Carmen María Sánchez Morillas (2011): *Mº Josefa Segovia Morón: una intelectual del siglo XX*, Universidad de Jaén, Jaén.

BIBLIOGRAFÍA

AGULLÓ DÍAZ, María del Carmen y FERNÁNDEZ SORIA, Juan Manuel (2004): *Una escuela rural republicana*, Universidad de Valencia, Departamento de Educación Comparada e Historia de la Educación, Valencia.

BELLO TROMPETA, Luis (1926-1927): *Viaje por las escuelas de España*, Magisterio Español, Madrid, 3 vols.

— (1932): "Suances, caso típico", en *Luz. Diario de la República*, 24 de octubre, p. 3.
— (1934): "La vida rural y la escuela", en *Revista de Pedagogía*, 145, p. 3.
Bresó Moreno, Francisca (2009): *Escuela y República: cuaderno de una maestra rural*, Universidad de Castilla-La Mancha, Ciudad Real.
Calpe Clemente, Vicente (1936): *Una escuela rural*, Gráficas Ortiz, Valencia.
Escartín, José y Pinos, Manuel (2005): "Palmira Plá Pechovi: ida y vuelta de una maestra del exilio", en *Encuentro en el espejo. Inmigrantes y Emigrantes en Aragón. Historia de vida*, Seminario de Investigación para la Paz, Zaragoza.
Ezpeleta Aguilar, Fermín (2008): "Leer y escribir en la narrativa realista española", en *Revista Ocnos*, nº 4, pp. 57-58.
Feo Parrondo, Francisco (1999): "Mujer y medio rural en Asturias. Siglo XX", en *Lurralde Investigación*, nº 22, pp. 351-366.
Flecha García, Consuelo (1997): "La vida de la maestras en España", en *Historia de la Educación. Revista Interuniversitaria*, nº 16, Universidad de Salamanca, pp. 199-222.
García Ramón, Mª Dolores, *et al.* (1995): *Mujer y agricultura en España. Género, trabajo y contexto regional*, Oikos-Tau, Barcelona.
Giró Miranda, José (2009): *Mujer y educación. Las maestras. Un análisis sobre la identidad de género y trabajo*, Instituto de Estudios Riojanos, Logroño.
Martí Alpera, Félix (1934): *Las escuelas rurales. Enseñanza. Organización*, Dalmau Carles Pla.
Molero Pintado, Antonio (1991): *Historia de la Educación en España. IV. La educación durante la Segunda República y la Guerra Civil (1936-1939)*, Breviarios de Educación, Ministerio de Educación y Ciencia, Madrid.
Sabaté Martínez, Ana, *et al.* (1995): *Mujer, espacio y sociedad*, Síntesis, Madrid.
San Román Gallego, Sonsoles (2010): "La feminización de la profesión docente: identidad de género de las maestras", en *Revista de la Asociación de Sociología de la Educación* (RASE), vol. 3, pp. 376-387.
Sánchez Morillas, Carmen María (2010): "La figura de la maestra rural en la Segunda República", en *Revista de Antropología Experimental*, nº 10, pp. 119-128.

RECURSOS ELECTRÓNICOS

López, M. A. (2011): "Las maestras rurales recibirán un homenaje en el teatro Juan Bravo de Segovia", en *El Norte de Castilla*, Noticias de Castilla, Noticias Segovia, en línea [01/11/2011], www.elnortedecastilla.es.
"Unidad Didáctica Las Maestras de la República" (2011): www.sindicadas.es
Yáñez Barnuevo-García, Luis (2010): "Historia de una maestra republicana", en Blog.elcorreoweb.es [07/12/2011].

CAPÍTULO 4

EDUCAR EN TIEMPOS DE GUERRA: MAESTRAS Y PSICÓLOGAS REPUBLICANAS EN LAS COLONIAS ESCOLARES

CARMEN GARCÍA COLMENARES

LA DEPURACIÓN DE LAS MAESTRAS REPUBLICANAS EN EL COMIENZO DE LA GUERRA CIVIL

Aunque hubo también depuración en el bando republicano, esta no alcanzó las cotas de ensañamiento que se dieron en la zona sublevada y un gran número de maestras y maestros fueron asesinados en los primeros días de la ocupación por las tropas franquistas. La Junta de Defensa Nacional y más tarde la Comisión de Cultura y Enseñanza de la Junta Técnica del Estado suprimieron las reformas republicanas relacionadas con el laicismo, la educación mixta y el bilingüismo, entre otras. Es difícil calcular actualmente el número de docentes depurados, pero se podrían señalar unos 60.000, de los que alrededor de 15.000 fueron sancionados. Dentro de esta cifra, los maestros lo fueron en mayor número (36,22 por ciento) frente a las maestras (16,92 por ciento) (Morente, 2001). Sin embargo, habría que resaltar el componente misógino que se ejerció en la represión de las maestras y profesoras republicanas, al encarnar un modelo de mujer culta e independiente. Eran profesionales con el triple compromiso de participación política, renovación pedagógica e independencia personal, como señala Carmen Agulló (2008). Durante la República pasaron de ser *las idénticas* para convertirse en las *iguales*, es decir, en ciudadanas de pleno derecho (Amorós, 1994).

Un claro ejemplo de lo anterior fue la ocupación de alcaldías y concejalías de un gran número de maestras rurales a partir de la creación de las Comisiones Gestoras de 1933. Llama la atención el caso de la provincia de Palencia, con 14 alcaldesas, mayoritariamente maestras, tal como señalaba la revista *Estampa*, que dedicará varios números a este tema[1]. Algunas de ellas, como las maestras Pilar Pérez Leñero y Fructuosa Tarrero Polo, alcaldesas de Herrera de Pisuerga y Villalaco, respectivamente, formarán parte de las 56 maestras palentinas represaliadas (García Colmenares y García Cuesta, 2009; Ortega, 2009). Cuatro de ellas serán asesinadas en los primeros meses de la sublevación militar. Sofía Polo Jiménez, de 33 años, militante de FETE, había participado en el III Congreso Nacional Ordinario de junio de 1936, donde: "[...] prodigó su entusiasmo, su nervio y su inteligencia", como la recuerda Josefa Uriz[2]. Ubaldina García Díaz, directora del colegio Modesto Lafuente, fue también asesinada y enterrada junto a Isabel Esteban Rodríguez, maestra de Brañosera. La más joven de todas, Consuelo Rodríguez Baranda, de 18 años, si bien no había llegado a ejercer, colaboraba con Sofía Polo en actividades relacionadas con las colonias escolares de verano. No se han encontrado los restos de ninguna de ellas a pesar de la intensa búsqueda por parte de la Asociación para la Recuperación de la Memoria Histórica de Palencia.

MAESTRAS Y PSICÓLOGAS REPUBLICANAS CON UNA CAUSA COMÚN: LAS COLONIAS ESCOLARES

En la zona republicana el desplazamiento de civiles hacia lugares alejados de la confrontación hizo necesaria la creación de un Comité de Refugiado (Orden de 5 de octubre de 1936) formado por representantes del Ministerio de Hacienda, Asistencia Social, Ayuntamiento de Madrid, partidos Comunista, Socialista, Unión de Izquierda Republicana, Unión General de Trabajadores, Confederación Nacional de Trabajadores. También participarán ayuntamientos, diputaciones y organizaciones como el Socorro Rojo Internacional (SRI), el Sindicato Internacional Anarquista (SIA) y la Agrupación de Mujeres Antifascistas (AMA).

Constituida la Junta de Defensa de Madrid y, dentro de ella, la Delegación de Evacuación, se creará el Comité de Auxilio al Niño (14 noviembre de 1936) para ayudar a la infancia desprotegida con la participación de los tres organismos que, en esos momentos, tenían competencias: el Consejo Superior de Protección de Menores, la Junta Provincial de Protección de Menores y el Tribunal Tutelar de Menores[3]. En estas instituciones desempeñarán un interesante papel un grupo de psicólogas, formadoras de maestras y sufragistas, que desarrollaron un importante papel en espacios de sociabilidad femenina como el Lyceum Club y la AMA; me estoy refiriendo a María Luisa Navarro, Mercedes Rodrigo y Matilde Huici (García Colmenares, 2011).

María Luisa Navarro, aunque será la primera de ellas en exiliarse, participará en los primeros días de la contienda como responsable del Consejo de Protección de Menores ocupándose de niñas huérfanas abandonadas a su suerte en centros religiosos, como relata Elena Fortún en la revista *Crónica*[4]. Le acompañarán maestras como Josefina Calandre, que colaboraba también con las Misiones Pedagógicas de las que María Luisa Navarro era vocal en el Patronato de las mismas. Durante el exilio en Inglaterra facilitará las primeras evacuaciones de niñas y niños españoles a ese país (Cotelo, 2000).

Mercedes Rodrigo desarrollará una interesante labor como psicóloga en tareas de diagnóstico desde la Clínica de la Conducta del Tribunal de Menores (Herrero, 2000). Después de pasar por el juez, las niñas y niños eran diagnosticados por un equipo formado por médicos, enfermeras y una psicóloga. Nombrada vocal del Comité de Auxilio al Niño en noviembre de 1936, animará a las familias para que envíen a sus hijos e hijas a las colonias infantiles, puesto que se había contabilizado la existencia de más de 100.000 menores necesitados de ayuda y distribuidas mayoritariamente en centros de acogida en unas condiciones críticas. Mercedes Rodrigo señalaba que de cada criatura: "[...] se guarda en este despacho una ficha, con su dirección, en la que van haciéndose anotaciones, según las noticias que de los mismos chiquillos recibimos regularmente. Con el cuidado que corresponde a la responsabilidad, que al tomar a nuestro cargo a los chiquillos, aceptamos. ¡Esa tremenda responsabilidad!... Porque, para nosotros, la evacuación no terminará cuando en Madrid ya no queden niños, sino el día en que, terminada la guerra, podamos decir a los padres que nos confiaron a sus hijos: ¡Sus chiquillos están aquí! Y los padres vean que cuando se los devolvemos están mejor que cuando nos los confiaron"[5].

También Matilde Huici, como vocal del Tribunal Tutelar de Menores, desarrollará un importante papel en el cuidado de niñas y niños acogidos en reformatorios, albergues y guarderías durante la Guerra Civil (García Colmenares, 2009, 2011; García Sanz, 2010). Por otra parte, la Consejería de Evacuación de Madrid en diciembre de 1936 convocará a las maestras y los maestros que no estuviesen adscritos a tareas militares para que participasen en la evacuación de la infancia en situación de riesgo[6].

En marzo de 1937, el Ministerio de Instrucción Pública (MIP) creará la Delegación Central de Colonias, que va a depender de la Dirección General de Primera Enseñanza y que estará formada por varias secciones, encargándose de la organización del Régimen Pedagógico la psicóloga Regina Lago García, que se encontraba en Valencia en aquellos momentos al haberse desplazado hasta allí con las últimas alumnas de la Residencia de Señoritas, así como con un grupo de niñas y niños evacuados[7]. En agosto del mismo año se constituirá la Delegación de la Infancia Evacuada en París, al comenzar las primeras salidas masivas de niñas y niños al extranjero. Por esas fechas también se reorganizará la Delegación Central de Colonias, que pasa a ser el Consejo Nacional Infancia Evacuada (CNIE), en el que encontramos como consejeras además de a Regina Lago, a las maestras y pedagogas Mercedes Comaposada Guillén y Amparo Poch Gascó, fundadoras de Mujeres Libres. Al contrario que la AMA, Mujeres Libres mantuvo una independencia y autonomía de los partidos políticos masculinos (Nash, 2006).

Una gran parte de las colonias escolares, creadas por el MIP, se asentarán en la zona de Levante, pero el avance del ejército sublevado hará que se vayan desplazando hacia Aragón y Cataluña, al tiempo que comienzan las primeras evacuaciones fuera del país (Crego, 1988).

En la Conferencia Nacional sobre Refugiados, convocada por el Comité Nacional del SRI y celebrada en Valencia el 13 de septiembre de 1937, Regina Lago, en representación del MIP y de Sanidad, presentó la relación de colonias escolares y el número de criaturas que albergaban. Señalará la existencia de 159 colonias con 12.027 niños y niñas y 406 en régimen familiar con 33.121 bajo supervisión docente, lo que hace un total de 45.148, siendo el propósito del MIP recoger en torno a 100.000[8]. Regina Lago, en abril de 1938, pasará a ocupar un puesto en la Delegación Española de la Infancia Evacuada en París. Posteriormente se incorporará a La Oficina Internacional de la Infancia, presidida por el psicólogo Henry Wallon.

Cada colonia acogía de 25 a 30 menores y era dirigida por un maestro-director, responsable administrativo, aunque en la mayoría de los casos realizaban esas funciones las maestras por estar ellos en el frente; junto a la dirección había una maestra encargada de la docencia, algunas veces la esposa del director, y el personal de limpieza. Con el aumento del número de evacuados se incluyó la figura del auxiliar. De algunas de estas colonias conocemos su ubicación y a sus responsables; por ejemplo, la dirección de la colonia San Juan de Alicante estaba a cargo de Elena Romo (Crego, 1988)[9]. Se consideraba que: "Las Colonias Escolares son a la vez familia y escuela y en ella ha de realizarse una obra de educación total [...]. La Colonia es una casa de educación, una familia eventual constituida con elementos de muchas familias naturales que las circunstancias han reunido y que el Ministerio de Instrucción Pública y Sanidad dirige con el fin de realizar una obra de educación tan completa como sea posible"[10].

La organización pedagógica de las colonias estaba basada en los presupuestos de la Escuela Nueva y de la Psicología Escolar. No hay que olvidar que Regina Lago estuvo formándose en el Instituto J. J. Rousseau de Ginebra (Suiza) como pensionada por la Junta de Ampliación de Estudios desde 1928 hasta 1930. Allí asiste a clases con Claparède, Bovet y Piaget (García Colmenares, 2011). A su vuelta escribe las *Repúblicas Juveniles* (1931), donde realiza un estudio detallado de diferentes experiencias educativas derivadas de los planteamientos del *self-government*, que potenciaban el desarrollo de la autonomía personal y el trabajo colaborativo. Las y los colonos más mayores trabajarán en los huertos escolares y en el cuidado de los animales, lo que permitirá el autoabastecimiento de algunos productos (Escrivá y Mestre, 2011).

La coeducación será otra de las señas de identidad de las colonias: "La pedagogía moderna está también de acuerdo en considerar a la coeducación (que no es lo mismo que la construcción) como uno de sus postulados. El niño debe ser adaptado al mundo tal como es. Una de las principales fases de esta adaptación, de orden psicosexual, es la adaptación al sexo opuesto. La coeducación es el único medio de llegar a ella" (Lago, 1931: 103).

Para que estos postulados pudieran cumplirse será necesario contar con un profesorado bien formado. En abril de 1937 se habían contabilizado 276 docentes y

31 auxiliares para 13 colonias colectivas y 37 familiares que acogían un total de 5.216 criaturas, cifra insuficiente, por lo que en septiembre del mismo año se convocarán 500 plazas de auxiliares. Se esperaba que después de la guerra las colonias sirviesen para "[...] trazar las líneas generales de la Nueva Escuela. La escuela abarcando toda la vida del niño o toda la vida del niño intervenida desde la escuela (colectiva o familiar)"[11]. También se solicitarán docentes para las primeras evacuaciones al extranjero que serán considerados como embajadores[12].

Regina Lago García, junto a Candelas Pascual Monje, responsable de la sección del Régimen Administrativo de las Colonias, señalarán el papel de las y los docentes en los siguientes términos: "Nosotros, los profesores, ante todo debemos atender... al desarrollo de 'la personalidad del niño'. Siempre debemos recordar que las Colonias no son lugares donde los niños son alimentados o más o menos bien cuidados, sino que deben ser 'hogares infantiles' en todos los sentidos de la palabra"[13].

Para la formación de maestras y maestros se contará con la inestimable colaboración de Ángel Llorca y de Justa Freire, que llevarán a cabo el proyecto de *Comunidades Familiares de Educación* en la zona del Perelló (Pozo Andrés, 2008). Gracias al diario de Justa Freire y a las entrevistas realizadas a antiguas y antiguos colonos podemos conocer el día a día en las colonias, el trabajo de las maestras, los problemas y dificultades que afectaban a la convivencia (Escrivá y Mestre, 2011; Pozo Andrés, 2008).

Justa Freire, como inspectora visitadora de las colonias del Perelló, tendrá un contacto directo con las maestras. Recogerá materiales escolares, dibujos y fotografías, que más tarde Regina Lago presentará en las jornadas organizadas en el Museo Pedagógico de París, y que contará con la presencia, entre otras, del presidente de la Oficina Internacional de la Infancia, el psicólogo Henri Wallon. Regina Lago analizó 614 dibujos de niñas y niños de 6 a 14 años, alojados en las colonias, a quienes se les había solicitado que expresaran acontecimientos relacionados con anterioridad a la guerra, durante la misma y al finalizar, para poner de manifiesto su visión del futuro (Lago, 1940)[14].

La maestra Justa Freire sustituirá a Regina Lago como encargada de la Organización Pedagógica de las colonias cuando esta se traslade a París. Le avalaban su experiencia en la dirección de las Comunidades Familiares de Educación, además de su participación en la formación del profesorado de las colonias.

Las siguientes palabras de Regina Lago resumen el modelo docente republicano: "Cada maestro en el momento actual no debería tener más que estas dos líneas de conducta: como antifascista la de ganar la guerra ya que el triunfo del enemigo supondría la negación de la cultura y como trabajador de la enseñanza dedicarse totalmente al cuidado de los pequeños. Para nosotras la mejor producción de guerra, en la que debemos poner toda nuestra capacidad y competencia, es la rendida al servicio de los niños en las Colonias para plasmar nuestra victoria en la realidad de un mañana venturoso y feliz, los niños necesitan hoy de ti, maestro, y te esperan en las Colonias Escolares"[15].

Finalizada la guerra, Justa Freire estuvo presa en la cárcel de Ventas durante seis años. Terminó sus días profesionales dando clase en el colegio Británico de Madrid. Cuando tuvo que defenderse de los cargos acusatorios acerca de su afección al régimen republicano respondió: "Yo tenía una misión que cumplir en relación con los niños, por mi cargo como directora de un grupo escolar y por maestra nacional y me di por completo a esta misión, tratando de realizar una obra de paz en la guerra"[16]. Otras maestras que colaboraron con ella en las colonias escolares fueron también represaliadas, como Josefina Calandre, que había estado comprometida con las Misiones Pedagógicas y con el Consejo de Protección de Menores, como se ha apuntado anteriormente. Después de la guerra y hasta su jubilación ejerció como profesora en el Colegio Estudio, donde se refugiará un importante grupo de docentes republicanos depurados.

A comienzos del año de 1939, Regina Lago regresará de París a Figueras para organizar la evacuación de las colonias reubicándoles en centros de acogida de Francia, para enviarles más tarde a diferentes países, tal como ella señala en su expediente de refugiada en México. También tuvieron que exiliarse Matilde Huici, que lo hizo a Chile, y Mercedes Rodrigo, a Colombia (García Colmenares, 2011).

Aunque el mayor éxodo se produjo en los últimos días de la guerra, la primera expedición salió en septiembre del 37 a la Unión Soviética, con 100 niños y niñas de Madrid y Valencia. Más tarde se realizarán otras a Francia, que acogió un total de 20.000; Bélgica a 5.000, Inglaterra a 4.000, la Unión Soviética a 2.900, México a 455, Suiza a 800 y Dinamarca a 100; un total de 33.000. Francia, Inglaterra y Bélgica colaboraron en el retorno y se opusieron México y la Unión Soviética (Alted, 2003).

Las expediciones iban acompañadas de docentes, mayoritariamente maestras y auxiliares, tal como podemos ver en las listas de las diferentes evacuaciones. Así, en la tercera expedición desde Gijón se especifica el lugar y fecha de nacimiento, la afiliación política y la actividad profesional, apareciendo solamente cuatro maestros, uno de ellos el director, frente a once maestras. Tanto ellas como ellos militaban en la Agrupación de Trabajadores de la Enseñanza de Asturias (ATEA). Llama la atención la adscripción de las auxiliares, todas mujeres, a la AMA (Alted, Nicolás y González, 1999).

FORMAR REDES, RECUPERAR GENEALOGÍAS

El ejercicio de la docencia por parte de las mujeres fue concebido, en un principio, como una suerte de prolongación de la maternidad, lo que supuso también la minusvaloración social de las mismas, al considerarlas meras transmisoras de conocimiento. Rescatar del olvido a las maestras republicanas permite recuperar su legado, ya que: "Sin memoria no tenemos futuro y la memoria es poder. La memoria se construye desde el presente, un presente activo, como sujetas de creatividad, como creadoras de significado del mundo en que vivimos, como portadoras de transformación, en definitiva como autoras del mismo" (Ballarín, 2005: 25).

Pero recuperar genealogías de mujeres no consiste en añadir nombres a una lista, sino en resituar su papel dentro del marco social y cultural en el que se desenvolvieron, no aplicando los mismos criterios normativos y universales que a sus coetáneos varones. Sigrid Weigel (1986) propone la doble mirada, una estrábica y otra periférica, con un ojo para esos indicios no canónicos y con el otro para aquello considerado dentro de la norma. En este sentido también se manifiesta Teresa de Lauretis al plantear la mirada desde otro lugar, en los márgenes y "[...] espacios sociales enclavados en los intersticios de las instituciones, en las fisuras y en las grietas de los aparatos del poder saber" (Lauretis, 2000: 62).

Ahora bien: "Un texto descubierto en algún archivo polvoriento no será bueno e interesante solo porque lo escribió una mujer. Es bueno e interesante porque nos permite llegar a nuevas conclusiones sobre la tradición literaria de las mujeres; saber más sobre cómo las mujeres se enfrentan en forma literaria a su situación actual, las expectativas vinculadas a su rol como mujeres, sus temores, deseos y fantasías y las estrategias que adoptan para expresarse públicamente a pesar de su confinamiento en lo personal y lo privado" (Weigel, 1986: 71).

Un ejemplo de lo anterior nos remite a la obra *Tres Guineas*, de Virginia Woolf, que la autora escribió en 1938 con motivo de la muerte de un sobrino que se había alistado en las Brigadas Internacionales, así como del horror que experimentó al ver las fotografías de cuerpos muertos en la contienda que el gobierno republicano español enviaba periódicamente a la prensa y a las instituciones internacionales.

Así pues, por lo que respecta a las maestras republicanas habría que destacar los pactos y alianzas que desde los comienzos del siglo XX se establecieron para conseguir derechos, como fue el voto, la coeducación y el trabajo remunerado, entre otros. El Consejo Supremo Feminista de España (1919), que integraba un buen número de asociaciones femeninas y feministas, es una buena prueba de ello. En su constitución tendrá un importante papel la maestra Benita Asas Manterola (Fagoaga, 1996), quien al final de la guerra será también represaliada. Otro espacio de sociabilidad femenina será el Lyceum Club, que estaba, a su vez, conectado con la Liga Internacional para la Paz y la Libertad a través de la Liga Femenina Española para la Paz, cuya presidenta era María Luisa Navarro y actuaba como vocal Matilde Huici. Desconocemos el tipo de relaciones, si es que las mantuvieron, con la Liga Internacional durante el periodo de la Guerra Civil.

Los fragmentos e indicios van creciendo, las voces de mujeres olvidadas en diferentes ámbitos del conocimiento van saliendo a la luz y el canon académico se tambalea puesto que: "La no recogida de las aportaciones de las mujeres a las disciplinas académicas cuestiona la pretensión de universalidad de las mismas poniendo en tela de juicio un determinado modelo histórico" (Rodríguez, 1997: 8).

Para finalizar me gustaría destacar que en los últimos años están surgiendo propuestas interesantes con la intención de rescatar la memoria de las maestras republicanas a través de proyectos como "Memoria de las Maestras Republicanas" (Secretaría de Políticas Sociales de FETE) y "Sindicadas: Educando en Igualdad", donde intervienen maestras y profesoras de diferentes sindicatos de enseñanza, que ha dado sus frutos con la elaboración de la unidad didáctica sobre "Las Maestras de la República"[17]. Redes y pactos que han atrapado también a investigadoras universitarias cambiando la mirada hacia el papel jugado por las maestras republicanas en el desarrollo de modelos pedagógicos innovadores que estaban encaminados a la formación de una ciudadanía democrática e igualitaria.

NOTAS

1. Eusterio Alario: "Las Alcaldesas españolas. Alcaldesas palentinas", *Estampa*, 1933, nº 269, pp. 10-12.
2. Recortes de prensa aportados por la familia sin referencias concretas al nombre del periódico.
3. *ABC*, 14 de septiembre de 1936, p. 13.
4. Elena Fortún: "El convento incautado y las niñas que vivían al margen de la vida", *Crónica*, 1936, nº 536, pp. 13-15. Isabel Luzuriaga, hija de María Luisa, fue testigo presencial, tal como me comentó en la entrevista concedida en Madrid el 24 de noviembre de 2008.
5. J. M. Arana: "Los niños, lejos del horror de la guerra. Cien mil chiquillos madrileños fuera de Madrid", *Crónica*, 1937, nº 386, p. 11.
6. Convocatoria de la Consejería de Evacuación aparecida en el diario *La Voz de Madrid* de 7 de diciembre de 1936.
7. Aurora Arnaiz me proporcionó datos muy interesantes de maestras y profesoras de la Agrupación de Mujeres Antifascistas de México en la entrevista concedida en su domicilio de la capital mexicana el 21 de marzo de 2006.
8. *LaVanguardia*, de Barcelona, de 14 septiembre de 1937, p. 5.
9. Elena Romo fue más tarde una de las fundadoras de la editorial Ruedo Ibérico.
10. Citado por Cristina Escrivá y Rafael Mestre en la obra *Els Horts Solidaris. Les Colònies Escolars de Picanaya (1937-1939)*, p. 61.
11. Véase *El Magisterio Español*, 10 de abril de 1937, nº 6896, p. 32.
12. Gaceta de 17 mayo de 1937, recogida en la revista *El Magisterio Español*, de 22 mayo de 1937, nº 6708, p. 353.
13. Documento del MIP: Spanish Delegation For Evacuated Children. 55 Avenue George V París-November 1937. Para conocimiento de los responsables de las colonias en el extranjero. *BN*. Fondo Comín.
14. También se hará eco de ello la prensa educativa francesa como puede verse en el artículo de Denise Alexandre (1939): "Chronique espagnole", *Pour l'Ere Nouvelle*, nº 145, pp. 81-83.
15. Fueron recogidas en el artículo escrito por Regina Lago "La labor de las colonias escolares: llamamiento a los maestros", *El Magisterio Español*, 23 de junio de 1937, nº 6717.
16. Declaración jurada sobre responsabilidades políticas, 13 de abril de 1939, citado por Cristina Escrivá y Rafael Mestre, *Els Horts Solidaris. Les Colònies Escolars de Picanya (1937-1939)*, Ajuntament de Picanya, 2011, p. 108.
17. En www.sindicadas.es

BIBLIOGRAFÍA

AGULLÓ, María del Carmen (2008): *Mestres valencianes republicanes*, PUV, Valencia.

ALTED, Alicia (2003): "Los niños y la guerra civil", en *Anales de Historia Contemporánea*, nº 19, pp. 43-58.

ALTED, Alicia, NICOLÁS, Encarna y GONZÁLEZ, Roger (1999): *Los niños de la guerra de España en la Unión Soviética. De la evacuación al retorno (1937-1999)*, Fundación Largo Caballero, Madrid.

AMORÓS, Celia (1994): "Igualdad e identidad", en VALCÁRCEL, Amelia (comp.): *El concepto de igualdad*, Editorial Pablo Iglesias, Madrid, pp. 29-48.

ARNAIZ, Aurora (1996): *Retrato hablado de Luisa Julián. Memorias de una guerra*, Compañía Literaria, Madrid.

BALLARÍN, Pilar (2005): "Historia de la educación y feminismo académico", en FLECHA, Consuelo, NÚÑEZ, Marina y REBOLLO, María José (dirs.): *Mujeres y educación. Saberes, prácticas y discursos en la historia*, Miño y Dávila, Buenos Aires, pp. 21-28.

COTELO, María Dolores (2000): "María Luisa Navarro, una vida anónima en el exilio europeo (1936-39)", en *Sarmiento. Anuario Galego da Educación*, nº 4, pp. 49-81.

CREGO, Rosalía (1988): "Las colonias escolares durante la guerra civil (1936-1939)", en *Espacio, Tiempo y Forma, Serie V, Historia Contemporánea*, nº 2, pp. 299-328.

ESCRIVÁ, Cristina y MESTRE, Rafael (2011): *Elshorts solidaris. Les Colònies Escolars de Picanya (1937-1939)*, Ajuntament de Picanya.

FAGOAGA, Concha (1996): "De la Libertad a la igualdad: laicistas y sufragistas", en SEGURA, Cristina y NIELFA, Gloria (eds.): *Entre la marginación y el desarrollo: Mujeres y hombres en la historia*, Instituto Investigaciones Feministas, Ediciones del Orto, Madrid, pp. 171-198.

GARCÍA COLMENARES, Carmen (2009): "Matilde Huici: una mirada desde la psicología correccional", en NASH, Mary (coord.): *Ciudadanas y protagonistas históricas. Mujeres republicanas en la II República y la guerra civil*, Cuadernos del Congreso de los Diputados, Madrid, pp. 116-128.

— (2010): "Regina Lago: una psicóloga comprometida con la infancia durante la guerra civil española", en *Revista Participación Educativa*, 14, pp. 211-220.

— (2011): *Las primeras psicólogas españolas. Itinerarios vitales y profesionales*, Instituto de Estudios de la Mujer, Universidad de Granada.

GARCÍA COLMENARES, Carmen y GARCÍA CUESTA, Cristina (2009): "Maestras asesinadas y depuradas", en GARCÍA COLMENARES, Carmen (coord.): *La represión del Magisterio en Palencia. Los Hilos de la Memoria*, Asociación para la Recuperación de la Memoria Histórica, Palencia, pp. 167-198.

GARCÍA-SANZ MARCOTEGUI, Ángel (2010): *Matilde Huici (1890-1965). Una "intelectual moderna" socialista*, Universidad Pública de Navarra, Pamplona.

HERRERO, Fania (2000): *Una pionera de la psicología aplicada en España y en Colombia*, Tesis doctoral, Universidad Complutense, Madrid.
LAGO, Regina (1931): "Las Repúblicas Juveniles", *Revista de Pedagogía*, Madrid.
— (1940): "La guerra a través de los dibujos infantiles", en *Educación y Cultura*, México, pp. 422-437.
LAURETIS, Teresa de (2000): "Sujetos excéntricos", en LAURETIS, Teresa de, *Diferencias*, Horas y Horas, Madrid, pp. 11-146.
MORENTE, Francisco (2001): "La muerte de una ilusión: el Magisterio Español en la Guerra Civil y el primer franquismo", en *Historia y Comunicación Social*, nº 6, pp. 187-201.
NASH, Mary (2006): *Rojas. Las mujeres republicanas en la guerra civil* (5ª ed.), Taurus, Madrid.
ORTEGA, Pedro (2009): "El largo brazo de la represión. Las sanciones y rehabilitaciones del profesorado palentino", en GARCÍA COLMENARES, Carmen (coord.): *La represión del Magisterio en Palencia. Los Hilos de la Memoria*, Asociación para la Recuperación de la Memoria Histórica, Palencia, pp. 103-165.
POZO ANDRÉS, María del Mar del (2008): "Estudio Introductorio", en *Comunidades Familiares de Educación. Un modelo de renovación pedagógica en la guerra civil*, Octaedro, Madrid.
RODRÍGUEZ MAGDA, Rosa María (1997): "Del olvido a la ficción", en RODRÍGUEZ MAGDA, Rosa María (ed.): *Mujeres en la historia del pensamiento*, Anthropos, Barcelona, pp. 33-59.
WEIGEL, Sigrid (1986): "La mirada bizca. Sobre la historia de la escritura de la mujeres", en ECKER, Gisela (ed.): *Estética Feminista*, Icaria, Barcelona, pp. 69-98.
WOOLF, Virginia [1938] (1983): *Tres Guineas*, Lumen, Barcelona.

CAPÍTULO 5

MAESTRAS SOCIALISTAS EN LA GUERRA CIVIL. EL CASO DE ARAGÓN

HERMINIO LAFOZ RABAZA

En Aragón, fracasado el golpe de Estado, el territorio quedó dividido de norte a sur configurando dos zonas enfrentadas. Mientras que en la zona donde los sublevados pudieron asentarse la represión contra los maestros se desató inmediata y fulminantemente, en la zona que permaneció leal a la República, la organización sindical vinculada a la UGT se convirtió en una organización de masas. En este contexto es en el que podemos analizar la aportación de las maestras republicanas, y, más concretamente, las afiliadas a FETE, al esfuerzo por mantener a la República.

En la zona leal, la tarea fundamental fue la reconstrucción de la administración educativa. Por lo que sabemos, desde septiembre de 1936 el control de la enseñanza, de las competencias del Ministerio de Instrucción Pública, en la provincia de Huesca (tal vez fue así también en las otras dos provincias, pero no tenemos datos que puedan confirmarlo) lo tuvo un comité que se denominó Comité

Provincial de Escuela Nueva Unificada (CENU)[1]. Este Comité, que se había constituido en una asamblea del magisterio provincial el día 2 de septiembre, estaba formado por tres representantes de cada uno de los sindicatos de la enseñanza que tenían presencia sindical: FETE y CNT. Los acuerdos tomados por el Comité posibilitaron el funcionamiento en los primeros momentos para cumplir con una prioridad que era la de comenzar el curso, al menos en los niveles primarios.

Tras la breve etapa del CENU, ambas fuerzas sindicales aceptaron las primeras disposiciones que emanaban del gobierno de Madrid, que intentaba por todos los medios recuperar el control de la zona leal. El gobierno de la nación, a través de la *Gaceta*, había dispuesto la constitución de una *Junta delegada* que, hasta que la provincia quedase normalizada, sería la encargada de dirigir y armonizar los problemas docentes. La Orden Ministerial de 16 de septiembre (*Gaceta* del 18) autorizó a la Dirección General de Primera Enseñanza para constituir Comisiones Escolares en aquellas provincias donde no hubiera sido reconquistada aún la capital, pero que gran parte de su territorio se hallase bajo el régimen legal de la República. En consecuencia, desde ese momento fue la *Comisión Escolar* de Barbastro[2] la que marcó las orientaciones a seguir y decidió en todo lo relativo a las escuelas. Esta Comisión estaba compuesta por el inspector jefe (que era el que ya lo fuera, Ildefonso Beltrán)[3], un representante de la Escuela Normal, designado por el Ministerio de Instrucción Pública (Manuel Latorre), y dos delegados de cada sindical: FETE (José Bellosta y Félix Artero) y SUPL (Jesús Salvatierra y Antonio Castro).

A las Comisiones Escolares les tocó una tarea difícil, con una comunicación bastante precaria con Madrid y constreñidas por las urgencias del comienzo de curso. Debían proceder a la depuración del personal de acuerdo con las instrucciones contenidas en el Decreto de 27 de septiembre que se refería al reingreso en el cuerpo; debían formar las estadísticas para saber qué escuelas contaban con maestro y cuáles no; debían resolver el problema del cobro de los haberes, etcétera.

Buenaventura Durruti, que se había convertido en el jefe indiscutible de las columnas de milicias, decidió convocar un pleno extraordinario de representantes sindicales de todos los pueblos liberados de la región; este pleno se reunió en Bujaraloz el 6 de octubre de 1936, y de él salió la decisión de construir un organismo regional, el Consejo Regional de Defensa de Aragón, aunque no sin polémica en lo que respecta a la amplitud de sus facultades. Por otra parte, el Comité Regional de la CNT, reunido en Alcañiz, decidió la composición y funcionamiento del Consejo; también fijó provisionalmente su residencia en Fraga. Se crearon siete departamentos en los que únicamente figuraban anarquistas. La composición monocolor y las primeras declaraciones, que tenían un claro matiz autónomo, molestaron a republicanos, socialistas y comunistas. Si se quería salir del enfrentamiento era preciso buscarle el reconocimiento oficial, lo que habría de pasar por la participación de todas las fuerzas políticas y sindicales. Tras duras negociaciones, los cenetistas aceptaron y unos días después el Consejo de Aragón era reconocido por el gobierno de la República, lo que se anunció en la *Gaceta de la República* del 25 de diciembre de 1936. La nueva composición fue de doce consejeros: seis de la CNT y dos de cada uno de los grupos republicanos, socialistas y comunistas, con el sindicalista independiente Benito Pabón como secretario y Joaquín Ascaso como presidente. El 15 de enero de 1937 se ordenaba la constitución de un Tribunal Popular que tendría su residencia en Caspe y para cuya presidencia se nombró a Florentín Ara Pétriz, profesor de Instituto y afiliado a FETE.

La Consejería de Cultura e Instrucción Pública quedó asignada al maestro socialista, afiliado a FETE, Manuel Latorre Salas. Su equipo de asesores técnicos también pertenecía al sindicato[4]. Por el momento, la Consejería de Cultura, mientras no terminara de organizarse, decidía que continuasen en sus funciones las Comisiones Escolares, con las mismas atribuciones que tenían. Así permanecerían las cosas hasta que unos días después, el Ministerio de Instrucción Pública publicaba una OM con fecha 27 de enero de 1937 suprimiendo las Comisiones Escolares en Aragón y delegando en el Consejero de Cultura las atribuciones de estas y todo lo concerniente a enseñanza secundaria y escuelas especiales.

LA DELEGACIÓN DE COLONIAS ESCOLARES

FETE, como ocurrió en otros casos, se entregó con decisión a la tarea de apoyar a la administración en la atención a la infancia. Los primeros meses de la guerra trajeron consigo la preocupación por la recogida de los huérfanos de los milicianos caídos. Por un Decreto de 9 de septiembre de 1936 (*Gaceta* del 10), se concedía un crédito extraordinario de 300.000 pesetas para la Junta

Protectora que se había creado el 4 de agosto, con objeto de organizar internados y guarderías infantiles. En Aragón, para los niños refugiados procedentes de pueblos liberados de las garras del fascio, FETE aragonesa, en colaboración con la de Cataluña y la comisión llamada "Ayuda Infantil de Retaguardia", había tenido acceso a un lugar de reposo, tranquilidad y alegría[5]. Se trataba del hotel Términus, de Puigcerdá, lugar de recreo de la aristocracia española que había pasado a ser el refugio de la infancia, de los niños necesitados. El hotel 36 habitaciones, teléfono, calefacción central, baños, duchas, campo de deportes y dos camas individuales por habitación. También contaba con una clase, al frente de la cual se pondrá un maestro. De momento, este hotel podría recibir 30 niños varones comprendidos entre los 8 y los 14 años.

Diversas organizaciones antifascistas fueron creando establecimientos de acogida dedicados a los niños evacuados[6], sobre todo a los procedentes de Madrid. El sindicato socialista pidió ayuda a sus afiliados para estos niños. La colectividad de transportes de la provincia de Huesca había enviado varios camiones para traer el mayor número de personas posible, la mayoría niños. Era imprescindible —seguía FETE— que los pueblos ayudaran en la medida de sus posibilidades en el alojamiento y alimentación de los evacuados. Cada maestro tenía que hacer las gestiones en su pueblo para conseguir que mantuviesen y alojasen a los niños. Los donativos empezaron a llegar[7], y también los ofrecimientos incondicionales de los pueblos para recoger niños refugiados de Madrid. En febrero de 1937 se creó la Dirección General de Colonias, que dirigió Dionisio Fernández Prieto, en el ámbito de la Dirección General de Primera Enseñanza. En Aragón, FETE se movilizó, colaborando con el Comité de Ayuda Infantil de Madrid. El sindicato había solicitado 170 niños que pensaba instalar en la mansión de Monte Julia (Bellver de Cinca). Pero la Consejería de Cultura del Gobierno de Caspe anunció su intención de elaborar un plan de colonias escolares, a través de la recién creada Sección de Colonias Escolares, a cuyo frente colocó a la joven maestra socialista turolense Palmira Plá Pechovierto[8], y el sindicato ofreció su compromiso a la Consejería. Primero el Estado, después FETE como colaboradora para cuando el Estado no alcanzase una solución total. Efectivamente, a comienzos del mes de febrero de 1937, el Consejo de Aragón hacía público su deseo de recoger a 700 niños entre los evacuados y los más necesitados de Aragón: huérfanos, hijos de milicianos, etc. El Consejero Latorre señalaba en una entrevista de prensa[9] la paradoja de que mientras Cataluña cuidaba de los niños aragoneses, en Aragón había bastantes niños refugiados de Madrid, en casas particulares. Este era un asunto que —decía el Consejero— le preocupaba extraordinariamente. El Ministerio de Instrucción Pública había dado al gobierno de Aragón 25.000 pesetas para la instalación de colonias y guarderías. Con esta cantidad se iba a iniciar la organización de una guardería infantil en Monte Julia, que comenzaría a funcionar en breve.

A su regreso de una gira por varias localidades, el Consejero informó de que se había ocupado activamente en la organización de las colonias escolares y que había encontrado por todas partes apoyo moral y material. Prueba de ello, las adhesiones recibidas en las poblaciones de

Morilla, Benasque, Graus y Estadilla. Para el alojamiento de estos niños se destinarían locales como torres, casas de campo, chalets u hoteles entre aquellos que reuniesen mejores condiciones. La responsable de colonias del Consejo de Aragón no tardó mucho en movilizarse; como ejemplo, veamos esta circular[10]:

CIRCULAR nº. 1
CONSEJO DE ARAGÓN

Departamento de Instrucción Pública
Sección Colonias Escolares

Habiéndose propuesto esta Consejería resolver en cuanto le sea posible las necesidades de todos los niños residentes en las zonas liberadas de las tres provincias aragonesas se dirige a todos los Consejos Municipales de la región para que en el plazo máximo de diez días envíen a esta Consejería —Sección Colonias Escolares— una relación con los siguientes datos:

1º. Niños refugiados que existen en la localidad con expresión de sus nombres y apellidos, edad, procedencia, domicilio actual y advirtiendo si son huérfanos o no.
2º. Niños huérfanos del pueblo.
3º. Niños que por la proximidad del frente sea preciso evacuar.
4º. Niños de Aragón evacuados ya a otras provincias.

Caspe, 4 de febrero de 1937
La Delegada de Colonias Escolares

Algún tiempo después, la Delegada de Colonias explicaba en la prensa la génesis y el desarrollo de lo practicado en Aragón en este sector[11]:

A LA OPINIÓN PÚBLICA

La Delegación de Colonias Escolares quiere dirigirse a la opinión pública por medio de este suelto periodístico para expresarle, aun cuando sea en términos generales, lo que se propone llevar a cabo dentro de su radio de acción.

Ante todo, nuestro trabajo está animado en principio de un gran entusiasmo, producido por el deseo ferviente y sentido de querer conocer al niño, por formar al hombre del mañana; de amarle, poniendo en vigor todos sus derechos, de querer construir una nueva sociedad, tratando de "incubar" la nueva generación.

Por si este nuestro pensar dijese poco en pro de nuestros proyectos, está como aglutinante la imperiosa necesidad, ocasionada por la guerra, de crear Hogares, Colonias, Guarderías, Casas del Niño, donde se le pueda formar sano de cuerpo y espíritu.

Queremos que los huérfanos, aquellos pequeñuelos en los que cifraban su ilusión y por los que lucharon con bravura extraordinaria los héroes del Ejército de la Libertad, no carezcan del calor, cariño, cuidados y atenciones, de la educación e instrucción que necesitan y a la que tienen derecho.

Queremos cumplir en la medida de nuestras posibilidades, con estos problemas primordiales y de vital interés para la nueva sociedad.

Pero, además, queremos que esta acción no se encierre tan sólo en los estrechos límites de procurar por los huérfanos; es nuestro deseo hacerla mucho más extensa. Todos sabéis que en la actualidad, en la inquietud de los mil problemas sociales que se plantean, está el dc evitar la degeneración de la raza.

Estamos rodeados de niños y adolescentes que, sometidos hasta el actual momento revolucionario a unas condiciones de vida deplorables en todos sus aspectos, faltos de la higiene indispensable, de alimento en sus hogares, cosas propias del régimen capitalista que fenece, y sometidos a un trabajo intelectual o físico superior a sus fuerzas, ha hecho que estos niños sean enclenques, débiles y enfermizos, caricaturas de lo que debían ser.

¡Hay que evitar por todos los medios a nuestro alcance el que los estragos fisio-psicológicos latentes en un número extraordinario de niños lleguen a tomar forma!; hay que arrancarlos de las garras de esta plaga tenebrosa que amenaza nublar u obscurecer la nueva sociedad que amanece.

Soñamos con poder contemplar la carita simpática del infante, toda alegría, brillo en los ojos, color rosáceo en la piel, rojo en los labios, más centímetros en su estatura, vigor en los músculos, más kilogramos en su peso, más energía en la inteligencia y voluntad.

Queremos, en fin, con estas instituciones preventivas, salvar a cientos de niños que tal vez morirían o enfermarían, como tributo a la ignorancia demostrada, si esta labor, si estos proyectos no pudieran realizarse por encontrar obstáculos o por no haberlos comprendido.

Confiamos que la opinión toda, sabrá apreciar este interesante problema prestándole todo el apoyo y atención que merece y que sus posibilidades le permitan.

Teníamos ante nosotros un problema planteado: el de procurar un medio de vida física e intelectual lo más perfecta posible para los niños huérfanos necesitados y niños que fuera preciso evacuar del territorio aragonés, comprendidos dentro de la edad escolar.

Para esto, pensamos, siguiendo las orientaciones de la Dirección General y las que señala una sana organización de vida colectiva infantil, colocar en el territorio aragonés, allá donde por las garantías de seguridad y lejanía del frente lo permitieran, Colonias Escolares, Hogares, Residencias en donde los niños disfrutaran de una vida feliz que les haga olvidar, que les ahorre en lo posible las huellas producidas en su espíritu por las impresiones recibidas de hechos crueles, producto de una guerra sin cuartel, y que, al persistir, darían origen a ciertas desviaciones psíquicas, consiguiendo con esto la constitución de seres desequilibrados en lugar de ciudadanos conscientes.

Necesitábamos para ello una leal y pronta colaboración. Podemos decir que la hemos conseguido. Las organizaciones políticas, sindicales y juveniles han sabido darse cuenta de esta necesidad inmediata, ofreciéndonos su apoyo; los Consejos Locales siguen con atención cuantos trabajos se les indican y procuran buscar, en la medida de sus posibilidades, cuantas cosas y medios creen pertinentes entre estas ayudas recibidas.

Nosotros queremos hacer resaltar entre estas ayudas recibidas, las de los pueblos de Graus, Benasque y Estadilla, los que inmediatamente supieron acoger nuestra iniciativa y la ayuda de Orden Público, que de una manera decidida y eficaz contribuye a la realización de nuestra obra.

Tampoco queremos olvidar el apoyo prestado y ofrecimientos de los jefes de columna que operan en el frente de Aragón y que juntamente con Asistencia Social y el Socorro Rojo nos facilitan la evacuación de los niños de zonas de guerra de mayor peligro.

Todo esto, unido a la subvención inicial de 25.000 pesetas del Ministerio de Instrucción Pública, la de 5.000 del Consejo de Aragón y otros medios económicos que se consiguen a través de las Juntas Pro-Colonias, creadas al efecto, y el entusiasmo que nace en todos los pueblos y en cada ciudadano consciente, hace suponer que esta necesidad de procurar, por los niños indefensos y desvalidos, irá despertando el interés de todos, contribuyendo con ello a dar un mayor incremento a esta obra.

Hoy tenemos conseguido, con esta sincera y leal colaboración, el engranaje que debe existir entre todos los medios y organismos necesarios a nuestro fin. Y el fruto empieza a verse; en Graus ha empezado a funcionar la primera Colonia con la primera expedición de niños evacuados.

Esperamos en breve ir exponiendo la vida de esta y de otras colonias, en donde los hijos del pueblo disfrutarán de una vida feliz.

La financiación de las colonias escolares se atendió por varios caminos. En primer lugar, con la emisión de un sello Pro-Colonias. Con la consigna: "En el franqueo de vuestras cartas no debe faltar el sello Pro-Colonias", la Consejería de Cultura de Aragón editó 300.000 sellos que, vendidos a 10 céntimos, debían constituir un ingreso importante para las colonias[12]. Se remitieron a las Juntas locales Pro-Colonias que se fueron estableciendo en todo Aragón para que los pusieran a la venta de acuerdo con sus iniciativas y posibilidades. Palmira Plá se dirigió también a los maestros y maestras de Aragón para recabar su ayuda en la venta de sellos[13]:

Compañeros: Quiero ponerme en contacto con vosotros, con todos los maestros de esta región aragonesa, para interesaros en la necesidad que existe de proporcionar por todos los medios que podamos emplear la mayor cantidad posible de recursos económicos, a fin de contribuir al sostenimiento de las Colonias escolares.

Hoy podemos emplear entre otros medios el de la venta del "sello Pro-Colonias", de gran aceptación en cuantos pueblos se han enviado ya. Con esto, pueden conseguirse ingresos bastantes para cubrir las necesidades referentes a instalación y ropitas para los niños, cosas para las que no hay consignación.

Con un poco de actividad lograréis expender gran cantidad de sellos y procuréis, por este medio, popularizar estas instituciones infantiles escolares.

Nadie mejor y más indicado que el maestro para laborar por los problemas del niño. El profundo y constante vivir de los hechos infantiles hace que le amemos y que nos desvivamos por su máximo bienestar. No os canséis nunca, nunca, de explicar a los padres lo que son y el fin que se persigue con estas concentraciones escolares; la ignorancia da lugar a ligeros y continuos errores que vosotros podéis subsanar. Vuestra actividad despertará a los pueblos y pronto nos ayudarán económicamente con creces, y los espíritus de todos los padres vibrarán emocionados a la voz de "Colonia Escolar".

¡Adelante, pues, compañeros! La Delegación de Colonias Escolares os proporcionará la cantidad de sellos que, con arreglo a las posibilidades de vuestros pueblos podáis vender, para lo cual deberéis solicitarlos.

Se constituyó una Junta Regional Pro-Colonias[14], para la que se designaron militantes de FETE de cada provincia que habrían de encargarse de activar este aspecto de la labor de la Consejería. Conocemos a los de la provincia de Huesca, entre los que hay bastantes maestras: por Barbastro, Calleja y Lacoma; por Sariñena, Basola y Lana; por Binéfar, Pérez Mancho y Baquer; por Graus, Zúñiga y Bail; por Benabarre, Badenes; por Monzón, Terés y Lamana. Casi al mismo tiempo se establecieron también Juntas Pro-Colonias de carácter local: en Teruel, Camarillas, Alcañiz, Albalate Luchador, Manzanera, Castelserás; en Zaragoza, Sástago, Caspe, Fabara, Maella, Mequinenza. En Huesca, Benabarre, Graus, Sariñena, Binéfar, Monzón y Barbastro.

La Delegada agradeció también la colaboración de las maestras y mujeres antifascistas que en diversos pueblos habían organizado talleres y grupos en los que se confeccionaba ropa destinada a los niños de las colonias[15]. La sección de Teruel de FETE, respondiendo a la consigna que se había lanzado en la prensa sindical[16], trabajó intensamente en la confección de prendas para estos niños. Todas las maestras de la localidad trabajaban en el taller montado por FETE de Alcañiz con abundantes máquinas de coser. En los demás pueblos, se señaló a todas las maestras el mismo trabajo con la cooperación de las niñas de la escuela. La sección de FETE de Zaragoza, en su asamblea general ordinaria del 11 de julio de 1937, acordó donar un día mensual de haber con destino a asistencia social y colonias escolares. Contribuyeron también al mantenimiento de las colonias los donativos espontáneos de los maestros y sus alumnos.

Otra vía de financiación la constituyó la aportación institucional. El gobierno de la República, en febrero de 1937, contribuyó con 25.000 pesetas. El Consejo de Aragón dio 5.000. La Delegada provincial se dirigió a los maestros y maestras de la provincia para pedir ropas para los niños que iban a establecerse en las colonias. Se hicieron también campañas de donación de juguetes ("juguetes Pro-Colonias"), en las llamadas Semanas del Niño. Y se recogió ayuda también de columnas, unidades militares, como la 130ª Brigada Mixta, y del Socorro Rojo Internacional.

El personal que atendía a las colonias estaba formado fundamentalmente por maestros de los que tenían destino en terreno faccioso. La colonia de Benasque[17], que alojó a aproximadamente 120 niños procedentes de los frentes del Gállego y Teruel, estaba dirigida por Luis Ruiz Casanovas, de Barbastro[18]. El resto del equipo pedagógico estaba formado por Carmina, maestra valenciana que se ocupaba de la música y las dramatizaciones; Manolita, otra maestra que había ejercido en Otal, y Victoriano, un madrileño impedido de un brazo[19]. La colonia escolar "Joaquín Costa", de Graus, ubicada en la Torre Pentineta, la dirigió el maestro zaragozano Manuel Ventura. Acogió a casi 100 niños procedentes, casi todos, de Vivel de Río, Portalrubio, Pancrudo, Hoz, Cuevas de Portalrubio y otros pueblos de la provincia de Teruel castigados por la aviación alemana[20]. También había seis chicos de Madrid, casi todos huérfanos del magisterio, y de la zona de Sobremonte, cerca de Biescas. Completaban el equipo pedagógico Aurora Ballarín, Concha Esteve, Carmen Puértolas (a la que la memoria colectiva recordaba como maestra soltera de Almudévar, que había ejercido en Aso de Sobremonte) y Victoriano Perero, todos militantes de FETE.

La colonia de Benabarre la dirigía "Don Mariano", un maestro que no era de la zona. Acogió a unos 50 niños que procedían de Madrid, Sobremonte y Grañén. Otros miembros del equipo pedagógico eran "Doña Victoriana", que era de Lanaja, y Amparito, una muchacha joven y rubia que se ocupaba de enseñar labores de hogar a las niñas. La colonia de Estadilla, que acogió niños procedentes de Sobremonte (Gavín y Yésero) y otros lugares, hasta febrero de 1938 estuvo dirigida por Josefa ("Pepita") Facerías, de Benabarre, militante de FETE. Se habla también de una maestra llamada Asunción.

La colonia de Tamarite[21] se ubicaba en la calle Caballeros. Se encomendó la creación de la colonia a Cándido Puyal Blecua (tuvo que superar el campo de Argelés y siete años de prisión en Huesca), de Villanueva de Sijena, que sería el director, y a Benita Castelló. Luego se incorporaron las maestras recién liberadas de la zona franquista Pilar Ponzán y Caridad Olalquiaga. Acogió a medio centenar de niños entre los 6 y los 14 años que llegaron en la primavera de 1937 procedentes sobre todo de Madrid. "Como el resto de las colonias de la provincia, la de Tamarite combinaba el tiempo pedagógico de la mañana con el asueto dirigido de la tarde. Se regía por la coeducación, la enseñanza activa y estaba nutrida por la abundante biblioteca escolar que a la localidad había llevado el Patronato de las Misiones Pedagógicas." La vida de la colonia, como la de las otras cinco, concluyó con la ofensiva franquista de la primavera del 38 sobre Aragón. Los niños emprendieron, con su director, el éxodo hacia Cataluña, salvando los terribles bombardeos de Lérida. Pasaron la frontera y emprendieron un largo periplo que les llevó por media Francia hasta un albergue próximo a la frontera y no lejos de Bagnéres de Bigorre.

La colonia de las Vilas del Turbón se creó en el mes de septiembre por la 130ª Brigada Mixta, expresamente para los niños, cerca de 90, de la recién liberada Biescas. Su equipo pedagógico estaba compuesto por el director, Clemente Alcubierre, dos maestras viudas: "Doña Maximina" (Máxima Jordán Cutié), maestra de Biescas, y "Doña Eusebia" (Eusebia Pomar Guillén), esposa del maestro Ángel García, asesinado en los primeros días de la guerra. Finalmente, "Doña Patrocinio", que se ocupaba de la música. También hubo colonias en la provincia de Teruel, aunque tenemos menos noticia de ellas. Sabemos que en enero de 1937 llegaron a Alcorisa 30 niños procedentes de Madrid y sus alrededores[22].

Además, había personal auxiliar en las colonias escolares. A comienzos de septiembre de 1937, el Ministerio de Instrucción Pública convocó 500 plazas de auxiliares de colonias escolares[23]. Podían solicitarlo los maestros que no desempeñasen escuela nacional, puericultoras, bachilleres, titulados de enseñanzas profesionales o con años de carrera aprobados y, en general, toda persona comprendida entre los 18 y los 40 años que se hallase capacitada para la instrucción primaria. Una vez examinadas las peticiones y con los antecedentes a la vista, se formará una lista de los considerados aptos que irán siendo destinados a medida que las necesidades lo exijan. Además de su estancia gratis en las colonias, recibirán 125 pesetas mensuales. Finalmente, si el servivio prestado era bueno y se realizaba en un periodo continuado de más de seis meses sería considerado como meritorio a todos los efectos posteriores.

Pero la labor de colonias no siempre fue fácil ante la negativa de algunas madres (por ejemplo las de Utrillas y Montalbán) a que se llevaran a sus hijos. En un artículo sin firma[24] se habla de la visita a Montalbán a buscar niños para las colonias; pero los niños habían escapado "por miedo... ¡a nosotros!", dice el articulista. "A tanto ha llegado la cínica desvergüenza de ciertos elementos que, con el deseo insano de entorpecer una buena obra han conseguido con patrañas y cuentos de miedo exacerbar la sensibilidad del cariño maternal, enajenando la confianza que las madres habían depositado en los organizadores de las Colonias, hasta el punto de preferir —como ha dicho alguna de ellas— que mueran allí sus hijos aplastados por la metralla, antes que confiarlos a la protección del Estado." Esta situación preocupó al gobierno de Aragón y a la Delegación de Colonias. Guadalupe Badenes llegó a hacer una proclama[25] en la que atribuía esta situación a la propaganda fascista. Sin duda que para contrarrestar estas opiniones se publicaron en la prensa del sindicato varios artículos informando positivamente de la acción de las colonias. Es el caso, en primer lugar, del extenso texto firmado por Rollano[26], titulado "Prosigue la obra de la Consejería de Cultura de Aragón. Impresiones alcanzadas durante mi visita a la Colonia Escolar establecida en

Graus". Mariano Ripoll escribió otro artículo: "Colonias Escolares. Las madres de los colonos: antes y ahora", en el que decía que, pese a las dudas, algunas madres de la zona minera de Escucha consintieron en mandar a sus hijos a la Colonia de Benasque. Las madres habían ido a Benasque a ver por sus propios ojos la Colonia. Al regreso, el pueblo de Escucha decidió contribuir con 1.000 pesetas mensuales al sostenimiento de esta colonia.

Las colonias escolares funcionaron hasta el mes de marzo de 1938, en que, con la ofensiva del ejército rebelde, se tuvieron que disolver (Benasque, Las Vilas y Benabarre) o fueron evacuadas hacia Cataluña (Graus y Estadilla).

MILICIAS DE FETE

El levantamiento de julio de 1936 y la subsiguiente represión en la zona que cayó en manos de los rebeldes causaron la desbandada de todos los maestros comprometidos con la República y con el Frente Popular que pudieron escapar hacia la zona leal. Muchos de los que lograron alcanzar el territorio republicano, así como los que estaban en él, se enrolaron muy pronto en las milicias que se acercaron hasta Huesca. A finales de octubre, la Comisión Ejecutiva de la UGT de Huesca tomó el acuerdo de organizar el reclutamiento entre sus afiliados para formar las Milicias Aragonesas y movilizar a todos sus sindicatos. En sintonía con esta decisión, la directiva de la sección provincial de FETE acordó la creación de una centuria. Desde el mes de noviembre, en Barbastro se organizaba el reclutamiento de maestros y estudiantes. En los medios de prensa controlados por el sindicato, una sola consigna: "Alistaos a la centuria FETE"[27].

FETE no se olvidaba de sus afiliadas: "También necesitamos a nuestras camaradas las maestras. Ellas mejor que nadie pueden ser las enfermeras de nuestras ambulancias". Concluía: "Cada camarada en el puesto que pueda ocupar"[28]. Desde este momento, la prioridad es la guerra. A finales de noviembre había 82 alistados entre los que, al parecer y al menos al principio, también había maestras[29]. Nada más sabemos y el rastro de estas posibles combatientes se pierde en la documentación.

Además de la contribución militar con el alistamiento de sus afiliados en diversas unidades del Ejército Popular, FETE aragonesa participó de otras maneras en el esfuerzo de guerra: aportaciones económicas por medio de suscripciones colectas y donativos (tanto de dinero como de ropa para los combatientes).

A las maestras se las dedicó especialmente a la organización de talleres de confección de prendas de vestir para los milicianos que luchaban en el frente. Así, la sección de Huesca insertaba en el semanario FETE un "Aviso importante a las maestras"[30], anunciándoles que el sindicato disponía de gran cantidad de lana que ofrecía gratis a las compañeras para que con ella confeccionasen jerseys, guantes, calcetines y otras prendas de abrigo. A comienzos de noviembre se había recibido peticiones de las escuelas siguientes[31]: Albelda, Sariñena, Huerto, Gerbe, Güel, Boltaña, San Juan de Plan, Castejón del Puente, Benasque, Labuerda, Navarri, Lastanosa, Santa María de Buil, Caladrones, Monzón, Sanjuste, Castilsabás, Tamarite de Litera, Bielsa, Lafortunada, Mediano, Boltaña, Aínsa, Jánovas, La Puebla de Castro, Broto, Seira, Binéfar, Capella, Pozán de Vero, Zaidín, Rocafort, Conchel, Azara y Fanlo. Fueron tantas las peticiones que la lana se agotó y hubo que esperar nuevas remesas para cubrir las demandas que seguían llegando. Desde el semanario se orientaba a las maestras que se dedicaban a la confección de prendas de vestir, indicándoles las necesidades de cada momento. Así, por ejemplo, que hicieran los jerseys, la mitad con mangas y la mitad sin ellas, o que tejieran también calcetines de lana bruta (peducos) para combatir el frío de la alta montaña. Las maestras de la sección de Teruel, a finales de marzo de 1937, dejaron de hacer prendas para las milicias, orientando su trabajo hacia los niños de las colonias.

LA REPRESIÓN

Desde luego, la represión llegó de forma especial a las maestras. En los días inmediatos al 18 de julio, en los pueblos y las capitales aragonesas actuaron "por su cuenta" grupos de falangistas, requetés y guardias civiles, que se dedicaron a la eliminación física de personas de izquierda, entre ellos maestros y maestras. Entre julio y diciembre de 1936, fueron asesinadas en Aragón ocho maestras: María Domínguez, que había sido alcaldesa de Gallur, la primera de España; Florinda Arjol Naudin, activista y militante de las Juventudes de Izquierda Republicana, que fue asesinada con solo 19 años el 10 de septiembre de 1936. Cándida Bueno Iso, natural y residente en Castiliscar, fue asesinada el 16 de septiembre de 1936 cuando tenía 23 años. Pilar Salvo Jiménez, socialista, vicesecretaria de la junta de la sección de Zaragoza de FETE en 1935; también en la de 1936. En un artículo publicado el 16 de abril de 1932 en el semanario *Vida Nueva* se expresaba en los siguientes términos, en cuanto al primer año de funcionamiento de la Segunda República: "Y tú, mujer, sal de tu letargo, si no amas aún a la República como ideal sentido, tienes la obligación de amarla por gratitud". El 4 de mayo de 1933 pronunció una conferencia titulada: "Consideraciones sobre los derechos ciudadanos que la mujer ha recibido de la República", en el Casino Republicano del Arrabal. En abril de 1936, Pilar Salvo, entonces directora de las Escuelas "Jimeno Rodrigo", creó una biblioteca escolar en el populoso barrio de las Delicias de Zaragoza. Asesinada el 22 de agosto de 1936. Cecilia Álvarez Calvo, navarra, maestra de Villalangua (Huesca), solicitó ser interventora en las elecciones de febrero de 1936. Se suicidó junto con su hermana, en la cárcel, el 13 de septiembre de 1936. Pilar Beltrán Pueyo, natural de Jaca y maestra de Sabiñánigo. Se le acusó de haber bordado una bandera republicana. Asesinada a los 26 años. Pilar Escribano Iglesias era profesora de la escuela Normal de Teruel y vocal de los Tribunales de Magisterio Primario. Fue asesinada el 22 de diciembre de 1936, a los 37 años. Carmen Ovejero Coiduras, vivía en Ayerbe. Aunque no ejercía el magisterio fue asesinada en Plasencia del Monte el 18 de octubre de 1936. María Palacios Ciprés, maestra de Peralta de la Sal, al parecer se suicidó en la cárcel. Nótese qué grado de vejaciones y humillaciones, seguramente por ser mujeres además de maestras, tuvieron que sufrir para suicidarse.

Pasados los primeros días, las detenciones se llevaron a cabo sobre todo entre agosto y septiembre de 1936 por orden de los gobernadores civiles. La caza del maestro seguiría hasta diciembre de 1936 con una virulencia inusitada, como podemos ver por el siguiente listado, que no es más que una muestra: Trinidad Latorre Urruchi, Elisa Arcas Cruellas, María Jesús Capdevila, Justina Estaún Camon, Concepción Esteve Aige, Genoveva Mir Garanto, Caridad Olalquiaga Labay, detenida en la cárcel de Jaca; Pilar Ponzán, detenida en la cárcel de Jaca; Benita Paules Burrial, Soledad Dobón Cantín, en la prisión de Santurrán (Motrico).

Otro medio de represión masivo contra el magisterio republicano fue la depuración, que en Aragón se produjo en varias fases. Una primera, que se caracterizó por la simplicidad y rapidez del procedimiento[32], comenzaba a partir de la publicación de una Orden de la Junta de Defensa Nacional de 19 de agosto de 1936[33] por la que, además de dar instrucciones para el comienzo del curso, se establecía la obligación que los alcaldes tenían de informar al rectorado del Distrito Universitario sobre la conducta de los maestros. Según el Rectorado de Zaragoza, eran maestros poco recomendables:

> Los maestros socialistas, o con concomitancias con las casas del pueblo y con organizaciones marxistas, los que hacían propaganda socialista, los que obligaban a los niños a hacer manifestaciones con los puños en alto, o a cantar canciones internacionalistas, o dar gritos subversivos antiespañoles; maestros que hicieron escarnio a las creencias religiosas del país, médula del alma nacional, son maestros que han ocasionado, en buena parte con su criminal conducta, la terrible convulsión a la que estamos asistiendo. Maestros que, con su conducta, moral desarreglada, son un ejemplo pernicioso en los pueblos; maestros que, quizá con sus predicaciones o enseñanzas, han pervertido a los niños, son también, maestros indignos.

Se establecía como único castigo la separación del cargo. La intervención del interesado para refutar las acusaciones no estaba prevista y no se admitieron reclamaciones. La segunda fase, la auténtica y definitiva depuración, se realizó a partir de noviembre de 1936 por medio de Comisiones Depuradoras que impusieron sanciones como el traslado forzoso con prohibición de solicitar cargos vacantes durante un periodo de uno a cinco años; suspensión de empleo y sueldo de un mes a dos años; postergación desde uno a cinco años; inhabilitación para el desempeño de cargos directivos o de confianza o separación definitiva del servicio. Tras el final de la guerra, nuevas depuraciones, prisiones, exilios. El salario terrible para quienes habían creído en una enseñanza liberadora y en un régimen político más justo.

NOTAS

1. El 29 de julio de 1936, el *Diario Oficial de la Generalitat* publicaba un Decreto de creación del CENU.
2. Creada por la OM de 17 de septiembre de 1936 (*Gaceta* del 22); en Barbastro radicará provisionalmente la capitalidad de la provincia.
3. Orden de la Dirección General del 17 de septiembre (*Gaceta* del 18).
4. *Boletín Oficial del Consejo Regional de Defensa de Aragón*. Caspe, nº. 16, 23 de febrero de 1937. En el Departamento de Instrucción Pública, se nombran cargos: delegado de primera enseñanza del Consejo de Aragón: a Víctor Marzo Pascual; subsecretario de Cultura: Rafael López Amador; delegado general de Cultura en la provincia de Zaragoza: Julio Grañén Masía; delegada de Colonias Escolares: Palmira Plá Pechovierto; delegado general de Cultura en la provincia de Teruel: Feliciano Garcés Marín; delegado de Cultura en la provincia de Huesca: Félix Artero Bernad; delegado de Cultura Popular del Consejo de Aragón: Federico Salinas Sanz. Firma: El presidente, J. Ascaso, y el consejero. El órgano oficioso del Consejo, *Nuevo Aragón*, daba la noticia de los nombramientos unos días antes que el *Boletín Oficial* (13 de febrero de 1937, p. 7).
5. FETE, *6, 16* de noviembre de 1936, p. 7.

6. En octubre de 1936 se constituyó el Comité Central d'Ajut als Refugiats de Catalunya, que, en opinión de Enrique Satué, imprimiría su estrategia en Aragón. Para los establecimientos dependientes del movimiento libertario, véase Alejandro Tiana Ferrer. *Educación libertaria y revolución social (España, 1936-1939).* Madrid, 1987.
7. En el semanario FETE se hacen públicas las ayudas. Véanse los números 13 (4 de enero de 1937), 14 (11 de enero de 1937) y 15 (18 de enero de 1937). Hay también artículos de apoyo, como el Cipriana Aventín: "Cuidad de los niños" (FETE, 14, 11 de enero de 1937, p. 8).
8. Véase el *Boletín Oficial del Consejo*, Caspe, 23 de febrero de 1937. Al mismo tiempo se publicaron en el semanario FETE dos artículos sobre el tema de las colonias, uno de Palmira Plá ("Pensad en los niños"), y otro, "Una llamada a la ayuda infantil en retaguardia". Véase Palmira Plá Pechovierto: *Momentos de una vida*, Fundación Bernardo Aladrén, Zaragoza, 2004.
9. "Por la cultura de Aragón" (F. Garcipeón. FETE, 17, 1 de febrero de 1937, pp. 4-5).
10. *Boletín del Consejo Regional de Defensa de Aragón*, 12 de febrero de 1937. Véase también FETE, 18, 8 de febrero de 1937.
11. El primer texto en el *Boletín del Consejo Regional de Defensa de Aragón*, 12 de febrero de 1937. El segundo, en FETE, 27, 17 de abril de 1937. El artículo se titula: "Colonias escolares. Móviles que nos llevaron a realizar estos trabajos, medios encontrados y resultados obtenidos". También en *Nuevo Aragón*, 9 de marzo de 1937, p. 7.
12. En la portada del nº 25 (3 de abril de 1937) de FETE se editó el sello Pro-Colonias. El sello tuvo una excelente acogida. El Batallón Juventud de Aragón, que operaba en el frente de Jaca, solicitó una remesa de 5.000 sellos y a los pocos días hicieron un nuevo pedido de otros tantos. En la prensa se reconocía o se subrayaba el éxito de la campaña al decir que se estaba vendiendo en grandes proporciones, hasta el punto de que era posible que se recaudase un total superior a la cantidad que se había editado (*Nuevo Aragón*, 11 de abril de 1937, p. 6).
13. *Nuevo Aragón*, 18 de abril de 1937, p. 6.
14. FETE, 20, 22 de febrero de 1937.
15. FETE, 15, 26 de junio de 1937. Las niñas de las escuelas 1 y 2 de Altorricón hicieron una colecta de ropa para los niños de colonias, respondiendo a la llamada que se había hecho desde FETE. Compraron tela y confeccionaron 3 equipos para niños y 9 para niñas (FETE, 12, 5 de julio de 1937).
16. "La ayuda a los niños evacuados ha de ser en estos momentos uno de nuestros primeros deberes. Lee las orientaciones que da la Delegación Provincial de Colonias. ¿En qué vas a contribuir?" (FETE, 21, 1 de marzo de 1937).
17. Benasque había cedido el Gran Hotel, que se había reparado, y había aprobado una contribución diaria de 55 litros de leche y cuanta leña se necesitara (FETE, 21, 1 marzo de 1937).

18. Luis Ruiz Casanovas, nacido en Huerto, era maestro de Plasencia al comenzar la guerra (Enrique Satué Oliván: *Los niños del frente*, Huesca, Museo Pedagógico de Aragón, 2007, p. 103).
19. Ibídem. Los datos del personal los obtuvo Satué mediante el método de la encuesta con los alumnos supervivientes. Sin embargo, en *Nuevo Aragón* de 10 de marzo de 1937, página 6, se habla del nombramiento de maestros de zona evacuada para la colonia de Benasque: Manuel Muñoz Carbó, director de la colonia, y a Francisca Martínez y María del Carmen Villariz.
20. Se dan estos datos en un artículo titulado "La obra de la Consejería de Cultura vista por la prensa de Barcelona. En el frente de Aragón. La Colonia Escolar Joaquín Costa. Ochenta niños salvados de la metralla fascista". Reportaje de Máximo Silvio en *El Noticiero Universal* (FETE, 33, 29 de mayo de 1937). Ya en el semanario FETE de mes de marzo (22, 20 de marzo de 1937), se había dado la noticia de que la Delegación de Colonias había establecido un grupo de niños del frente de Teruel en la Colonia Escolar de Pentineta en Graus.
21. Enrique Satué: "La colonia escolar de Tamarite durante la Guerra Civil", *Diario del Alto Aragón*, martes, 10 de agosto de 2004, p. 19 (Especial San Lorenzo). Véase también Carlos Bravo Suárez: "Las colonias infantiles en Ribagorza durante la Guerra Civil", *Diario del Alto Aragón*, domingo, 11 de abril de 2004, p. 4.
22. David Alloza y Roberto Alquézar: "Los niños de Madrid", *Balcei*, Alcorisa, marzo 2005, pp. 61 y 62.
23. Valencia, 18 de septiembre de 1937 (FETE, 29, 2 de octubre de 1937).
24. FETE, 27, 17 de abril de 1937.
25. Titulada "Colonias escolares. Madres aragonesas, escuchad", *Nuevo Aragón*, 6 de mayo de 1937, p. 7.
26. FETE, 27, 17 de abril de 1937.
27. FETE, 5, 9 de noviembre de 1936.
28. Y así era cómo se manifestaban en una carta de los dos maestros de La Puebla de Castro, Margarita Pueyo y Francisco Fillat, publicada en FETE, en la que comunicaban su deseo de ser llamados para cumplir con su misión.
29. Cipriana Aventín, en un artículo titulado "Actualidad", dice: "Son muchos los compañeros maestros que ya figuran en la lista. Van también compañeras maestras. Sensible la mujer por excelencia, ha sentido en su pecho la llamada del deber y va allá donde este la necesita; consciente del peligro y provista de una decisión admirable para enfrentarlo" (FETE, 6, 16 de noviembre de 1936, p. 7). Otra maestra, Natividad Callizo, escribía un artículo de aliento a los alistados en la Centuria en el semanario FETE (nº 9, 7 de diciembre de 1936) titulado: "Cumpliendo un deber": "Poniéndose a la altura de las circunstancias que marcan las horas trágicas y sublimes que vivimos; un puñado de compañeros que sienten palpitar dentro de su pecho el ferviente anhelo de un mundo mejor, han tenido un rasgo de heroísmo y abnegación...".

30. FETE, 3, 26 de octubre de 1936. Los pedidos debían hacerse a Manuel Latorre en la casa del Pueblo de Barbastro.
31. FETE, 4, 2 de noviembre de 1936, p. 8.
32. Puesto que decidía una persona, el rector, con los informes remitidos por otra, el alcalde.
33. *B.O. Junta de Defensa Nacional de España* de 21 de agosto de 1936.

CAPÍTULO 6

UN EJERCICIO DE INTERVENCIÓN DE LA MEMORIA: LA REPRESIÓN DE LAS MAESTRAS DE LA SEGUNDA REPÚBLICA

SARA RAMOS ZAMORA

INTRODUCCIÓN

Recuperar la memoria de las mujeres es muy importante para poder entender un presente que "nos visibiliza formalmente como iguales mientras pervive la violencia de género" (Ballarín Domingo, 2011: 77). Este capítulo girará en torno al recuerdo de aquellas mujeres que vivieron la Segunda República y para las que su profesión como educadoras y maestras se convirtió en una forma de vida, y las posteriores consecuencias que esto tuvo a nivel profesional, social y personal, una vez finalizada la Guerra Civil española. La depuración que sufrieron las maestras y maestros iniciada la guerra es una de esas sombras que arrastra la historia del colectivo docente español durante el periodo franquista. Hasta no hace demasiado tiempo, los historiadores de la educación coincidíamos en señalar que era un tema poco investigado, pero en la actualidad, se puede afirmar que los estudios sobre este tipo de represión[1] son cada vez más numerosos y que en su mayoría persiguen reconstruir "la otra" historia, la "otra" memoria[2] como un acto de re-historiar la memoria colectiva de todos los maestros y maestras que sufrieron la represión franquista.

La Segunda República mostró una gran preocupación por mejorar la educación en nuestro país y un gran esfuerzo por revalorizar la figura del maestro y la maestra por su papel relevante en la sociedad. Se les otorgó el rol de agentes de socialización de las futuras generaciones bajo unos principios ideológicos y culturales muy distintos a los que posteriormente defendería el régimen franquista, siendo la escuela el principal aparato de control ideológico. La España que se rebeló el 18 de julio de 1936 estaba muy alejada del proyecto republicano de 1931. A partir de esa fecha nos encontramos con dos Españas que fueron protagonistas de destacadas transformaciones políticas, sociales, culturales, educativas, etc. El terror empleado por las autoridades franquistas fue utilizado sistemáticamente con el objeto de *depurar* a la sociedad, depuración que solo pudo tener lugar en un contexto de aislamiento de España. Y es que el gobierno de Franco pretendía derrotar política y militarmente al adversario para crear una nueva sociedad y, como medida profiláctica, erradicar y neutralizar definitivamente todo aquello procedente del extranjero y todo lo que supusiera avance en el progreso social y cultural del país, asegurándose así la imposibilidad de cualquier regeneración ideológica contraria (Heine, 1983: 310).

Este estado de opinión apuntó directamente a los maestros y maestras como los auténticos "envenenadores de la conciencia de los niños"[3] o como el "organismo vivo tiranizado por el mal"[4], incluso los culpables directos del desenlace final de la contienda bélica. La formación que el magisterio recibió durante la Segunda República, basada en unos principios pedagógicos y culturales modernos, en unas corrientes de pensamiento liberales y europeístas, junto a la aplicación que tuvieron que realizar —fuera o no con convencimiento— del modelo educativo republicano, propició que el gobierno franquista considerara que la República había dado un mimo especial al maestro, razón por la que quedaba contaminado de los ideales republicanos y por ello había que evaluar su idoneidad ideológica, ¿cómo?, depurándolos con intenciones represivas pero también preventivas.

En síntesis, el proceso depurativo se puede resumir en una experiencia traumática y dramática por la que tuvieron que pasar todos los maestros y maestras. Fueron separados de sus puestos de trabajo al objeto de ser estudiados para su reingreso en el cargo que venían desempeñando antes de la Guerra Civil. Para ello, el proceso fue largo, duro y con un sinfin de contradicciones. Tras una solicitud de reingreso del docente y una Declaración Jurada, las Comisiones Depuradoras extraían información a través de unos *informes preceptivos* elaborados principalmente por el comandante de puesto de la Guardia Civil, el alcalde, el cura o párroco y una persona estimada de gran solvencia moral. A partir de estos, las Comisiones podían articular un conjunto de acusaciones referentes al comportamiento de los maestros y maestras a través de un *pliego de cargos*, del que en el plazo de unos diez días, los docentes debían defenderse con un *pliego de descargos* al que solían adjuntar cualquier documentación o *aval acreditativo* que desvirtuase tales acusaciones. Con todos estos informes y avales, la Comisión Depuradora Provincial determinaba una propuesta de resolución del expediente de depuración acordando si el maestro o maestra debía ser rehabilitado en el cargo, o por el contrario castigado con alguna de las sanciones previstas, que podían ir desde la suspensión temporal de empleo y sueldo, hasta la sanción más grave, la separación definitiva del servicio y baja en el escalafón. Finalmente la Comisión Superior Dictaminadora de Expedientes de Depuración, dependiente del Ministerio de Educación Nacional, aprobaba definitivamente la resolución del expediente (Ramos Zamora, 2009).

Este tipo de represión es un claro ejemplo de incautación de la memoria disidente, de aquella memoria que permanecería alejada de los discursos de legitimación del nuevo régimen, pero también es un buen ejemplo de cómo el Nuevo Estado puso en marcha distintos criterios y mecanismos a la hora de evaluar, valorar y decidir finalmente sobre el futuro profesional de los docentes en función del género de estos. Esta categoría sirvió a los represores para efectuar clara y rotundamente unos procesos de desigualdad social y política en el imaginario colectivo de las maestras y los maestros. Por tanto, podemos adelantar que las docentes fueron doblemente depuradas: por un lado, por su condición de maestras, pero por otro lado, por su condición de mujeres. Antes de profundizar en algunos aspectos que aluden específicamente a la represión ejercida contra las maestras, reviste interés dar algunas pinceladas del perfil de maestra que en la dictadura, principalmente en el primer franquismo, se impuso.

DE PROFESIÓN: MAESTRA DE LA ESCUELA DEL NACIONAL-CATOLICISMO

Finalizada la contienda bélica, el establecimiento del nuevo orden social implicaba la regeneración del país a través de la regeneración de la familia. En esta línea, la escuela era considerada como una prolongación de la familia, lo que influía directamente en la forma de conceptuar al docente, especialmente al magisterio femenino, al que se le otorgaba "una misión histórica" por atribuírsele directamente la tarea de regeneración de la sociedad, realizando una prolongación del rol de madre desempeñado dentro del hogar, dirigido ahora hacia la escuela. Por tanto, la concepción franquista sobre la mujer quedaba ligada y limitada a su misión como madre bajo la premisa de que: "siempre que se pretende educar a los hombres de una generación para una tarea distinta de la actual, se llama a la mujer, a la madre, para interesarla en esa tarea de creación de valores morales, que habrán de constituir la esencia del hombre nuevo" (Bohigas, 1941: 9-10). Esto no era otra cosa que la reintroducción de un sistema de género tradicional para garantizar la permanencia del Nuevo Estado como un instrumento para frenar cualquier iniciativa que tuviera como *leitmotiv* la democratización de la sociedad española de aquel momento (Yuste Rodrigo, 2005: 13).

En comparación con la Segunda República, la profesión de maestra sufrió un retroceso claro volviendo a una imagen de *maestra maternal* en la que primarían los valores religiosos y patrióticos por encima de los conocimientos (Rabazas Romero, 2001: 132). De esta forma la figura de maestra y de madre aparecían unificadas en una misma mujer. Muchos son los argumentos de la época que lo defienden en este sentido:

> Las maestras a quienes se encomienda esta tarea, no son las mismas de antes de 1936. [...] La niña ha nacido para el hogar. Como educáis a futuras madres, no debemos perder de vista que toda nuestra acción escolar va encaminada a dotar a la niña de los recursos necesarios para gobernar, moral y económicamente, el hogar. La educación específica de la mujer para esposa, madre y educadora de los hijos, debe, iniciarse en la escuela primaria. Es preciso que vosotras, maestras nacionales, estéis orientadas acerca de cómo puede gobernarse un hogar, para, así guiar a vuestras alumnas[5].

A partir de los principios doctrinales del Nuevo Estado, se fue configurando un nuevo modelo de escuela, que junto a la crítica y eliminación de todo el aparato que sustentó la escuela republicana dibujarían un nuevo modelo pedagógico basado en el nacional-catolicismo. La escuela que nace lo hará bajo una concepción educativa muy ideologizada política y religiosamente, al considerar que "la educación no es obra incompleta, puramente mecánica sino obra de base y fruto del esfuerzo aunado de las tres sociedades necesarias en cuyo seno nace el hombre, sociedades distintas, es verdad, pero armónicamente unidas por Dios, la familia y la sociedad civil en el orden natural, y en el sobrenatural, la Iglesia" (Carballo, 1937: 1).

Las nuevas maestras (y maestros) debían tener una formación cultural que favoreciera por encima de todo la *recristianización y renacionalización* de los españoles, lo que implicaba que *apostolado y milicia sería el doble honor y misión* del nuevo magisterio, es decir, docentes con una vocación que entrañase un espíritu de servicio a Dios y a la Patria. Estas bases en las que se apoyó el concepto de educación del Nuevo Estado reflejaban un modelo educativo claramente diferenciado para niños y niñas, modelo de educación acorde con la postura católica y falangista. En tal sentido, la Sección Femenina contribuiría de forma significativa con esa acción educadora del Estado, defendiendo con rotundidad la separación definitiva de sexos en la escuela, priorizando una educación basada en la feminidad y las enseñanzas del hogar, de manera que las niñas interiorizaran una situación subordinada en la sociedad, y su misión como pilar fundamental de la familia, la otra importante agencia de socialización (Gervilla, 1990: 139).

LAS MAESTRAS DEPURADAS. UN EJEMPLO MÁS DE REPRESIÓN SEXUADA[6]

El estudio de la depuración del magisterio primario alberga una doble lectura. Desde un punto de vista cuantitativo, se puede afirmar que el colectivo de maestros fue el más castigado, como lo demuestran los diferentes estudios realizados. A modo de muestra podemos recordar cómo en el muestreo realizado por Morente de algunas provincias españolas, el promedio de maestros sancionados es del 36,22 por ciento frente al 16,92 por ciento de las maestras, ascendiendo al doble de maestros que de maestras los sancionados y siendo en algunos casos más del doble, como en Asturias, Huesca o Sevilla (Morente, 1997: 358). Asimismo, se ha comprobado cómo en la ciudad de Málaga el 27 por ciento de maestros serían sancionados frente al

7 por ciento de maestras (Pozo, 2001: 161), o en la provincia de Valencia, en la que un 34,47 por ciento de maestros valencianos fueron sancionados frente al 22,10 por ciento de maestras (Fernández y Agulló, 1999: 214), o en Cataluña, en la que igualmente aparece más represaliado el magisterio masculino que el femenino, siendo uno de cada cuatro los maestros apartados de la enseñanza (González-Agàpito y Marqués i Sureda, 1996: 73), configurando más del doble de maestros que de maestras expulsados del magisterio nacional. La región de Castilla-La Mancha conforma otro claro ejemplo. Contó con más de 4.000 docentes entre sus cinco provincias —Albacete, Ciudad Real, Cuenca, Guadalajara y Toledo— repitiéndose esta misma situación. Concretamente, uno de cada tres maestros (31,49 por ciento) fueron sancionados por las autoridades franquistas, mientras que en el sector femenino afectaría a una de cada seis maestras (16,68 por ciento) (Ramos Zamora, 2006: 213), es decir, el doble de maestros que de maestras.

Al avanzar en nivel de enseñanza, comprobamos que se vuelve a repetir con el profesorado de segunda enseñanza de toda España, en el que el 25,32 por ciento del profesorado masculino fue sancionado frente al 15,42 por ciento del colectivo femenino (Grana Gil, Martín Zúñiga, Pozo Fernández y Sanchidrián Blanco, 2005: 37), aunque no hay que olvidar que el porcentaje de mujeres que ejercieron en este nivel de enseñanza fue muy inferior al de hombres.

Si a estos resultados comparativos entre maestros y maestras unimos que el tipo de sanciones más graves recayeron en el magisterio masculino, como la separación definitiva del servicio y baja en el escalafón, o el traslado forzoso fuera o dentro de la provincia, entre otras, podemos decir en una primera lectura que los maestros salieron peor parados en el proceso depurativo. Pero, si nos adentramos en el alcance de las sanciones dentro de cada colectivo docente encontramos que algunas de estas sanciones tuvieron más peso y repercusión dentro del colectivo femenino, como ocurrió en las provincias castellano-manchegas, en las que, aunque el grupo de docentes más numeroso que fue trasladado dentro de la provincia fue el de maestros, dentro del colectivo femenino esta sanción albergó mayor alcance entre las maestras, al igual que la sanción de suspensión de empleo y sueldo (Ramos Zamora, 2006: 219).

FUENTE: EXPEDIENTE DE DEPURACIÓN DE LA MAESTRA Dª. TERESA MAS BROTED (ARCHIVO GENERAL DE LA ADMINISTRACIÓN. LEG. 32/12354).

Como se puede observar, aunque los docentes varones fueron más castigados si hablamos en términos cuantitativos, desde una óptica cualitativa, no se puede obviar cómo el gobierno franquista impulsó una legitimación de los roles sociales más tradicionales, y la proyección social de la mujer volvió a estar mediatizada por su propia biología (Agulló Díaz, 1996: 11). Esto influyó directamente en las actuaciones de las Comisiones Depuradoras franquistas, quienes acusaron y valoraron las conductas y comportamientos de los docentes —que podían ser de carácter político, sindical, profesional, moral, religioso, etc.— en función del género de estos.

El acusar a una maestra de "*ser entusiasta de la causa roja y tendencia izquierdista*" tuvo mayor repercusión cualitativa entre las mujeres que entre el colectivo de maestros. Las Comisiones veían más grave que las maestras tuvieran ideas de izquierdas que si eran maestros, como muestran las reflexiones de un miembro de una de estas Comisiones: "que, tratándose de un maestro, sería intolerable los escándalos de una conducta cristiana, izquierdista y que convierte la escuela en semillero de comunistas; pero en una maestra, sube de punto lo pernicioso de tales escándalos"[7]. Igualmente ocurriría en el tipo acusaciones de carácter sindical, que afectaron a más maestros que a maestras. Pero, si bien es cierto que la participación de las maestras en los sindicatos fue mucho menor que la de los maestros, incluso en el sindicato al cual obligatoriamente debían pertenecer para poder ejercer la enseñanza, como era la Federación Española de Trabajadores de la Enseñanza —FETE—, el valor alcanzado dentro de cada colectivo difiere de manera visible a nivel cualitativo y cuantitativo. Aquellas maestras acusadas de pertenecer a FETE fueron calificadas de ser "un caso perdido". Recordemos el testimonio de la Comisión de Toledo al respecto: "ya se rebasa el límite señalado por el más tolerante y llega a ser repulsiva la conducta de esa maestra, de veintisiete años de edad, en plena juventud ya pervertida"[8].

Por tanto, la implicación activa de aquellas maestras que se atrevieron a participar en cuestiones políticas fue más duramente valorada que en los maestros, quienes tradicionalmente y por excelencia llevaban décadas acaparando todo el protagonismo en la esfera pública. No debe extrañar que las maestras sufrieran una doble depuración, por un lado, se las juzgaba por haberse posicionado políticamente a favor de algún partido de izquierdas, oponiéndose a la tarea "purificadora" del nuevo régimen, pero, sobre todo y por otro lado, por haber trasgredido un campo que no les pertenecía, traicionando su condición femenina por haberse distanciado de su papel de esposas y madres y haber aprovechado las oportunidades que les había brindado la Segunda República convirtiéndose en "mujeres modernas, ciudadanas republicanas, independientes, críticas, activas, con autonomía y capacidad de decidir sobre su propia vida" (Agulló Díaz, 2008: 11).

Pero esa dimensión de culpabilidad desde un sentido político y moral incluía el ser culpables y posteriormente castigadas no solo por sus actos sino también por los realizados por sus propios familiares, fundamentalmente por el marido e hijos, en definitiva por los delitos de los hombres de su familia (Yuste Rodrigo, 2005: 14). No es extraño encontrar expedientes de depuración de maestras que han sido acusadas de que sus maridos eran de tendencia marcadamente izquierdista por lo cual ellas también lo eran, con acusaciones como ser "de ideología izquierdista que se exalta al contraer matrimonio civil durante el periodo marxista con un teniente voluntario del ejército rojo y activo propagandista". O esta otra maestra a la que se le acusa de "haber cambiado por completo sus ideas políticas pasando desde Presidenta de la Asociación del Sagrado Corazón de Jesús, a ser una marxista de las de mayor significación del pueblo, no relacionándose más que con los izquierdistas y comunistas libertarios"[9]. Conscientes de esta situación, las mujeres utilizaron ese criterio de culpabilidad en su propia defensa, intentando demostrar, por ejemplo, no haber pertenecido a ningún partido político, defendiéndose a través de la conducta política de su marido, dado que, siguiendo el modelo ejemplar de mujer de la época, sería el mismo que el de ella.

Si hablamos de los cargos profesionales, nuevamente la cantidad de cargos de esta índole fue superior entre el colectivo de maestros que en el de maestras, pero la mayoría de las conductas profesionales que fueron motivo de acusación y posteriormente de sanción, tanto para los maestros como para las maestras, hacían mención especial a los mismos puntos clave del programa franquista, como eran la religión, la patria y la moral católica y, por ello, los cargos, tanto para los maestros como para las maestras, se centraron en confirmar si habían llevado a cabo una enseñanza laica, y no religiosa, haber introducido ideas izquierdistas en la escuela, haber puesto en práctica la coeducación, etc. Lo que corrobora la idea de que lo educativo y pedagógico quedará relegado en un segundo plano en *pro* de lo ideológico y político.

Diferencias más claras aparecen cuando analizamos aquellas acusaciones que tienen que ver con la conducta religiosa del docente. Conducta que se perfilaría claramente en el nuevo modelo ideal de docente, aunque con diferente matiz en función del género, mostrando más preocupación por la actuación religiosa de las maestras que la de los maestros, en un afán por garantizar la limpieza en sus escuelas de cualquier elemento contrario a la Iglesia católica. Y en este sentido, solo autorizaría a una mujer en la que volviera a brillar una actitud religiosa y devota de la religión católica, puesto que, además, iba a servir como patrón educativo para las futuras madres, esposas y amas de casa, es decir, como modelo a imitar por sus alumnas, que algún día tendrían que ejercer esos roles sociales. En este sentido, encontramos que las Comisiones Depuradoras estuvieron más preocupadas por las conductas catalogadas como políticas de los maestros, mientras que entre las maestras harían una evaluación más escrupulosa de sus convicciones religiosas.

Muy relacionadas con las conductas religiosas, aparecen aquellas que tienen que ver con la moralidad, que también afectaron en mayor medida a las maestras. Las autoridades franquistas realizaron una intromisión descarada en la vida personal de las maestras, vida que sería más puesta en entredicho que la de los maestros por no seguir una conducta moral ejemplar que cumpliera con el modelo más tradicional de mujer defendido por el Nuevo Estado. Por esta razón aparecen más maestras acusadas de mantener un "matrimonio civil", "vivir separada de su esposo e hijos"[10], de "profesar el amor libre"[11], de "observar mala conducta moral alentando a su esposo a bajas pasiones siendo entusiasta del amor libre, la coeducación y de acabar con los viejos prejuicios"[12], e incluso de "ofrecer ejemplos repugnantes con su conducta moral, social y religiosa". En definitiva, se estaba persiguiendo y castigando nuevamente a aquellas maestras que aprovecharon las posibilidades que la Segunda República les brindó puesto que suponían una fuente inspiradora de peligro para la implantación efectiva de ese modelo decimonónico de mujer.

REFLEXIÓN

Este breve repaso por lo que supuso la depuración del magisterio primario en España nos plantea la siguiente reflexión: si las maestras fueron el grupo valorado cualitativamente con mayor escrúpulo, ¿por qué luego resultaron ser el colectivo menos castigado? Quizá, una posible explicación por la cual el sector masculino fue más castigado que el femenino hace referencia a planteamientos pedagógicos (González-Agàpito y Marques i Sureda, 1996: 73-74), *a priori* poco visibles en las decisiones de los represores. La mentalidad de los vencedores respecto a las mujeres, y el papel predominante que los maestros tuvieron en el movimiento de renovación pedagógica, reflejaron las pautas sociales sexistas de la época, al otorgar mayor protagonismo a las acciones del colectivo de maestros, razón por la que estos fueron castigados con sanciones más duras que las maestras.

Otro interrogante hace referencia a ¿qué motivó a las autoridades franquistas para seguir manteniendo en sus puestos de trabajo en mayor medida al colectivo femenino frente al masculino, ya que estos últimos fueron más castigados con la inhabilitación para ocupar cargos directivos y de confianza en instituciones culturales y educativas? La clave puede estar en que la concepción del propio modelo de mujer defendido por el Nuevo Estado, en el que se encontraban actitudes como la obediencia y la sumisión, entre otras, favoreció que estas —las maestras— fueran consideradas menos peligrosas que los maestros; y, en esa misma dirección, no hay que olvidar que la dificultad de las maestras para acceder en el organigrama educativo a puestos de responsabilidad, confinados a los maestros casi en exclusividad, limitaba sus posibilidades de influencia para promover actuaciones profesionales, pedagógicas, políticas y religiosas contrarias a los principios del nacional-catolicismo.

En conclusión, entre el sector femenino del magisterio primario se ejerció una represión con un carácter más preventivo y ejemplarizante (Fernández y Agulló, 1999: 214-223) que entre los maestros, sometiéndolas a una mayor presión ética y moral durante todo el proceso por parte de los represores y, aún peor, después de este, por parte de toda la sociedad, cuestionándose no tanto su profesión, que también, sino algo peor, su dignidad como personas.

NOTAS

1. Destacamos algunas publicaciones sobre depuración del magisterio: José Luis Hernández Huerta y Laura Sánchez Blanco: "La represión franquista de la enseñanza. Fuentes y bibliografía (1975-2007) para el estudio de la depuración del magisterio", *Papeles Salmantinos de Educación*, 3, pp. 231-266; María del Carmen Agulló Díaz: *Mestres valencianes republicanes*, Universitat de València, Valencia, 2008; Ángel Serafín Porto Ucha: *Mestras e mestres pontevedreses depurados polo franquismo*, Alen Miño Ponteareas, 2008; Sara Ramos Zamora: "Protagonistas de una des-memoria impuesta. Los maestros y sus relatos de vida", en Víctor Juan Borroy (ed.): *Museos Pedagógicos. La memoria recuperada*, Museo Pedagógico de Aragón y Gobierno de Aragón, Huesca, 2008, pp. 19-54; Hilario Murua Cartón: "El magisterio guipuzcoano durante el franquismo", *Sarmiento, Anuario Galego de Historia da Educación*, 11, 2007, pp. 93-116; Sara Ramos Zamora:

"Maestros represaliados en Castilla-La Mancha", en Mª del Mar Del Pozo Andrés: *La educación en Castilla-La Mancha en el siglo XX (1900-1975)*, Almud, Ciudad Real, 2007, pp. 141-168; Olegario Negrín Fajardo: "La depuración franquista del profesorado en los Institutos de Segunda Enseñanza de España (1937-1943). Estudio cuantitativo para Galicia", *Sarmiento, Anuario Galego de Historia da Educación*, 10, 2006, pp. 59-100; Mª Soledad Benito Santos: *La depuración del magisterio en la provincia de Ciudad Real*, Universidad de Castilla-La Mancha, Ciudad Real, 2006; Sara Ramos Zamora: *La represión del magisterio: Castilla-La Mancha, 1936-1945*, Almud, Ciudad Real, 2006; Isabel Grana Gil, Francisco Martín Zúñiga, Mª del Campo Pozo Fernández y Carmen Sanchidrián Blanco: *Controlar, seleccionar y reprimir: la depuración del profesorado de Instituto en España durante el franquismo*, Instituto de la Mujer, Madrid, 2005; Carlos Dueñas Díez y Luis Grimau Martínez: *La represión franquista de la enseñanza en Segovia*, Ámbito, Valladolid, 2005; Amparo Pont Sastre: *El magisterio de la provincia de Guadalajara (1931-1940). Depuración y Represión*, Universidad de Alcalá, Alcalá de Henares, 2005; Mª del Campo Pozo Fernández y Fernando Ventajas Dote: "La represión franquista del Magisterio malagueño a través de los expedientes de depuración", en Paulí Dávila P. y Luis M. Naya: *La infancia en la historia: espacios y representaciones*, Universidad del País Vasco, San Sebastián, 2005, pp. 748-762; Sara Ramos Zamora: "Maestras represaliadas por el gobierno franquista", *Arenal, Revista de Historia de las Mujeres*, 1 (12), 2005, enero-junio, pp. 113-145; Sara Ramos Zamora: "Acusaciones profesionales vertidas contra el magisterio primario por el gobierno franquista en el proceso depurativo. El caso de Castilla-La Mancha", *Historia de la Educación Revista interuniversitaria*, 24, 2005, pp. 343-369; Víctor Juan Borroy: *La tarea de Penélope. Cien años de escuela pública en Aragón*, Biblioteca Aragonesa de Cultura, Zaragoza, 2004; José Luis Hernández Huerta: "La depuración franquista de los maestros freinetianos españoles de la década de 1930", *Papeles Salmantinos de Educación*, 3, pp. 59-95.

2. Historia y memoria; memoria e historia, dos términos que albergan mucha reflexión y debate. Destacamos algunas publicaciones interesantes en torno a dicha temática: Paloma Aguilar: *Políticas de la memoria. Memorias de la política*, Alianza Editorial, Madrid, 2008; Pablo Sánchez León y Jesús Izquierdo Martín (eds.): *El fin de los historiadores. Pensar históricamente en el siglo XXI*, Siglo XXI, Madrid, 2008; José Ignacio Álvarez Fernández: *Memoria y trauma en los testimonios de la represión franquista*, Anthropos, Barcelona, 2007; J. F. Colmeiro: *Memoria histórica e identidad cultural. De la postguerra a la postmodernidad*, Anthropos, Barcelona, 2005; Fernando Gómez Isa (dir.): *El derecho a la memoria*, Giza Eskibideak Derechos Humanos, Zarautz, 2006; Paul Ricoeur: *La memoria, la historia, el olvido*, Trotta, Madrid, 2003; M. Lavabre: "Entre histoire et mémoire, á la recherche d'un méthode", en

Martín, J. C.: *La guerre civile entre Hisoire et mémoire*, Ouest Éditons, Nantes, 1995, pp. 39-48; Josefina Cuesta: *Historia del presente*, Eudema, Madrid, 2003.

3. Palabras de Romualdo de Toledo pronunciadas durante la guerra civil en el periódico *El Correo Catalán*, en Alberto Reig Tapia: *Franco "Caudillo": Mito y realidad*, Tecnos, Madrid, 1996, p. 235.
4. Declaraciones del ministro de Educación Nacional José Ibáñez Martín expuestas en: José Ibáñez Martín: *El sentido político de la cultura en la hora presente*, Madrid, 1942, p. 19. Cfr. en Sara Ramos Zamora: "Maestras represaliadas por el gobierno franquista", *op. cit*, p. 115.
5. Francisca Bohigas: "Orientación pedagógica. Consignas de trabajo escolar", *Consigna*, 9, 1941, pp. 9-10.
6. Término empleado por Mercedes Yuste Rodrigo y que adoptamos aquí por representar de forma muy acertada y clara el carácter ejercido en el proceso depurativo contra los docentes. Cfr. en Mercedes Yuste: "Mujeres en el franquismo", *Arenal, Revista de Historia de las mujeres*, 1 (12), 2005, enero-junio, 5-34, p. 13.
7. Expediente de depuración de Adoración Galán Fernández, maestra en la Escuela graduada de niñas de Almorox (AGA, Sección Educación, legajo 394/9388).
8. Expediente de depuración de María Josefa Castellanos Vigo, maestra en la Escuela Nacional de niñas nº 1 de Fuensalida (AGA, Sección Educación, legajo 394/9398).
9. Expediente de depuración de Antonia Ballestero Fernández, maestra interina en la Escuela Nacional de niñas nº 2 de Higueruela (AGA, Sección Educación, leg. 9/45897).
10. Expediente de depuración de Esperanza Codes Cardete, maestra de Altarejos (AGA, Sección Educación, legajo 159/52787).
11. Expediente de depuración de Laura Bustillo Molero, maestra de Altarejos (AGA, Sección Educación, legajo 159/53760).
12. Expediente de depuración Mª del Carmen Ochoa Barriocanal, maestra de la escuela unitaria nº 2 de Rodas (AGA, Sección Educación, legajo 9/45926).

BIBLIOGRAFÍA

AGUILAR, Paloma (2008): *Políticas de la memoria. Memorias de la política*, Alianza Editorial, Madrid.

AGULLÓ DÍAZ, María del Carmen (1996): "La educación sentimental: una mirada diferente sobre la educación de las mujeres", en AA. VV.: *El currículo: historia de una mediación social y cultural*, Universidad de Granada, Granada, pp. 9-20.

— (2008): *Mestres valencianes republicanes*, Universitat de València, Valencia.

ÁLVAREZ FERNÁNDEZ, José Ignacio (2007): *Memoria y trauma en los testimonios de la represión franquista*, Anthropos, Barcelona.

BALLARÍN DOMINGO, Pilar (2011): "Memoria de la educación de las mujeres", en COLMEIRO, José F. (2005), *Memoria histórica e identidad cultural. De la postguerra a la postmodernidad*, Anthropos, Barcelona.

BENITO SANTOS, Mª Sol (2006): *La depuración del magisterio en la provincia de Ciudad Real*, Universidad de Castilla-La Mancha, Ciudad Real.

CARBALLO, José (1937): "El pensamiento tradicionalista y la enseñanza. El Maestro", *Boletín Escolar. Revista semanal de primera enseñanza*, julio, p. 1.

CUESTA, Josefina (1993): *Historia del presente*, Eudema, Madrid.

DUEÑAS DÍEZ, Carlos y GRIMAU MARTÍNEZ, Lola (2005): *La represión franquista de la enseñanza en Segovia*, Ámbito, Valladolid.

FERNÁNDEZ SORIA, Juan Manuel y AGULLÓ DÍAZ, María del Carmen (1999): *Maestros valencianos bajo el franquismo: la depuración del magisterio, 1939-1944*, Diputació de València, Institució Alfons el Magnànim, València.

GERVILLA, Enrique (1990): *La escuela del nacional-catolicismo. Ideología y educación religiosa*, Impredisur, Granada.

GÓMEZ ISA, Felipe (dir.) (2006): *El derecho a la memoria*, Giza Eskibideak Derechos Humano, Zarautz.

GONZÁLEZ-AGÀPITO, Josep y MARQUÉS I SUREDA, Salomó (1996): *La repressió del profesorat a Catalunya sota el Franquisme (1939-1943)*, Institut d'Estudis Catalans, Barcelona.

GRANA GIL, Isabel, MARTÍN ZÚÑIGA, Francisco, POZO FERNÁNDEZ, Mª del Campo y SANCHIDRIÁN BLANCO, Carmen (2005): *Controlar, seleccionar y reprimir: la depuración del profesorado de Instituto en España durante el franquismo*, Instituto de la Mujer, Madrid.

HEINE, Hartmut (1983): *La oposición al franquismo*, Grijalbo, Barcelona.

HERNÁNDEZ HUERTA, José Luis (2004): "La depuración franquista de los maestros freinetianos españoles de la década de 1930", *Papeles Salmantinos de Educación, 3*, pp. 59-95.

HERNÁNDEZ HUERTA, José Luis y SÁNCHEZ BLANCO, Laura (2008): "La represión franquista de la enseñanza. Fuentes y bibliografía (1975-2007) para el estudio de la depuración del magisterio", *Papeles Salmantinos de Educación, 3*, pp. 231-266.

JUAN BORROY, Víctor (2004): *La tarea de Penélope. Cien años de escuela pública en Aragón*, Biblioteca Aragonesa de Cultura, Zaragoza.

LAVABRE, Marie-Claire (1995): "Entre histoire et mémoire, á la rechersche d'un méthode", en MARTÍN, Jean-Clément: *La guerre civile entre Hisoire et mémoire*, Ouest Éditons, Nantes, pp. 39-48.

LOMAS, Carlos (coord.) (2011): *Lecciones contra el olvido. Memoria de la educación y educación de la memoria*, Octaedro, Barcelona.

MORENTE VALERO, Francisco (1997): *La depuración del Magisterio Nacional (1936-1943). La Escuela y el Estado Nuevo*, Ámbito, Bardelona.

MURUA CARTÓN, Hilario (2007): "El magisterio guipuzcoano durante el franquismo", *Sarmiento, Anuario Galego de Historia da Educación*, 11, 2007, pp. 93-116.

NEGRÍN FAJARDO, Olegario (2006): "La depuración franquista del profesorado en los Institutos de Segunda Enseñanza de España (1937-1943). Estudio

cuantitativo para Galicia", *Sarmiento, Anuario Galego de Historia da Educación*, 10, pp. 59-100.
PONT SASTRE, Amparo (2005): *El magisterio de la provincia de Guadalajara (1931-1940). Depuración y Represión*, Universidad de Alcalá, Alcalá de Henares.
PORTO UCHA, Anxo Serafín (2008): *Mestras e mestres pontevedreses depurados polo franquismo*, Ponteareas, Alen Miño.
POZO FERNÁNDEZ, Mª del Campo (2001): *La depuración del magisterio nacional en la ciudad de Málaga, 1936-1942*, Servicio de Publicaciones, Diputación Provincial de Málaga.
POZO FERNÁNDEZ, Mª del Campo y VENTAJAS DOTE, Fernando (2005): "La represión franquista del Magisterio malagueño a través de los expedientes de depuración", en DÁVILA, Pauli y NAYA, Luis M.: *La infancia en la historia: espacios y representaciones*, Universidad del País Vasco, San Sebastián, pp. 748-762.
RABAZAS ROMERO, Teresa (2001): "El papel de la maestra en el franquismo", en SAN ROMÁN GAGO, Sonsoles (dir.): *La maestra en el proceso de cambio social de transición democráctica: espacios histórico generacionales*, Instituto de la Mujer, Madrid, pp. 127-208.
RAMOS ZAMORA, Sara (2005): "Acusaciones profesionales vertidas contra el magisterio primario por el gobierno franquista en el proceso depurativo. El caso de Castilla-La Mancha", *Historia de la Educación Revista Interuniversitaria*, 24, pp. 343-369.
— (2005): "Maestras represaliadas por el gobierno franquista", *Arenal, Revista de Historia de las Mujeres*, 1 (12), enero-junio, pp. 113-145.
— (2006): *La represión del magisterio: Castilla-La Mancha, 1936-1945*, Almud, Ciudad Real.
— (2007): "Maestros represaliados en Castilla-La Mancha", en POZO ANDRÉS, María del Mar de: *La educación en Castilla-La Mancha en el siglo XX (1900-1975)*, Almud, Ciudad Real, pp. 141-168.
— (2008): "Protagonistas de una des-memoria impuesta. Los maestros y sus relatos de vida", en JUAN BORROY, Víctor (ed.): *Museos Pedagógicos. La memoria recuperada*, Museo Pedagógico de Aragón y Gobierno de Aragón, Huesca, pp. 19-54.
— (2009): "Maestros y maestras de primera enseñanza bajo la dictadura franquista. Depuración y represión", en CUESTA, Josefina: *La depuración de funcionarios bajo la dictadura franquista (1936-1975)*, Fundación Francisco Largo Caballero, Madrid, pp. 52-63.
REIG TAPIA, Alberto (1996): *Franco "Caudillo": Mito y realidad*, Tecnos, Madrid.
RICOEUR, Paul (2003): *La memoria, la historia, el olvido*, Trotta, Madrid.
SÁNCHEZ LEÓN, Pablo e IZQUIERDO MARTÍN, Jesús (eds.) (2008): *El fin de los historiadores. Pensar históricamente en el siglo XXI*, Madrid, Siglo XXI.
YUSTE RODRIGO, Mercedes (2005): "Mujeres en el franquismo", en *Arenal*, 1 (12), enero-junio, pp. 5-34.

CAPÍTULO 7

LA REPRESIÓN DE MAESTRAS REPUBLICANAS EN LA PROVINCIA DE LAS PALMAS DURANTE LA GUERRA CIVIL. ESTUDIO DE CASOS

OLEGARIO NEGRÍN FAJARDO

Hace poco tiempo se publicaba nuestro libro *Memoria y educación. La depuración y represión del Magisterio en la provincia de Las Palmas*[1], después de un largo periodo de investigación, especialmente de la documentación conservada en el Archivo General de la Administración de Alcalá de Henares y de la existente en diversas instituciones canarias[2]. De esta manera se cubría la laguna existente en el conocimiento de la represión franquista del magisterio en la provincia oriental de las Canarias[3].

En la citada obra, además del contexto histórico y la evolución de la normativa represora, estudiamos una amplia lista de maestros y maestras republicanos que fueron especialmente castigados por la represión que se desató contra ellos desde el comienzo de la Guerra Civil al ser Canarias territorio franquista desde un principio. De entre ellos, destacamos los expedientes de las siguientes maestras, a los que nos referiremos enseguida en este capítulo[4]:

- Francisco Bautista de León.
- Juana González Monzón.
- María del Socorro Hernández Galván.
- Petra Hernández Rodríguez.

FRANCISCA BAUTISTA DE LEÓN

Esta maestra, que había comenzado sus estudios en 1929, recibe el pliego de cargo en diciembre de 1938[5] elaborado a partir de los informes de las autoridades locales[6]. En su escrito de respuesta[7], niega pertenecer a ningún partido político, que no ha tenido ni tiempo ni interés en ello y se muestra indignada con quien le había acusado falsamente: "Aspiraba tan sólo a terminar mi carrera y, cuando lo veo logrado, surgen detractores calumniosos que me la truncan en afán tan poco cristiano como criminal". Ironiza respecto al trabajo de la Comisión a la hora de establecer los cargos, para negar su cercanía al comunismo: "Es de señalar que ni la misma Comisión Depuradora se ha puesto de acuerdo para pasar los cargos. Mientras en el primero se me considera socialista aparezco como comunista en el nº 7. ¿Es lo mismo?". También en el ámbito de lo político, se refiere al cargo cuarto en el que se la acusa de haber colaborado con el Frente Popular, al igual que lo había hecho otro miembro de su familia y la maestra inculpada no puede contenderse y afirma: "Yo no tengo que ver con mi familia ni a nadie creo se le pueda juzgar por actos personales de otro o sus sentimientos políticos perfectamente desligados del de tercera persona. ¿A alguien se le ocurriría decir que D. Juan Negrín es un acendrado propagandista religioso por tener un hermano Misionero? [...] No, señores de la Comisión Depuradora, no. Las deducciones suelen ser falsas y es malo deducir que toda una familia padece una enfermedad contagiosa porque uno de sus miembros haya podido contraerla [...]".

El otro aspecto que indigna a la maestra Bautista son los cargos que están relacionados con su vida privada. Cuando la acusan de haberse casado con un anarquista afirma: "Cuando me enamore del que hoy es mi marido, no le hice preguntas relativas a sus tendencias políticas, y es hoy en día que no sé si las tuvo [...]". Para recordar a la Comisión que su marido nunca fue encontrado culpable de nada y que en ese momento "combate en los frentes, mientras preciso es afirmarlo, sus detractores, los perseguidores de su esposa, lo insultan y me insultan en la retaguardia. Lo único que puedo afirmar es que nunca se metió con nadie, que nos casamos por la Iglesia, que jamás se mezcló en el cumplimiento de mis deberes religiosos ni faltó a los suyos y cumple los militares con la dignidad de buen español".

Niega también los tres cargos restantes. Por una parte, afirma que está casada católicamente y que va a misa, "aunque algún sacerdote lleno de malas intenciones propias de quien respira más en el mundo de sombras de su conciencia que en el de la luz de la verdad escueta quiera desmentirlo amañada o resueltamente". De otra parte, recuerda que el propio director del Instituto, que es también el presidente de la Comisión Depuradora, el profesor Manuel Socorro, sabía perfectamente que la beca no se la dio ningún grupo de partidos sino el Estado en función de sus méritos y que la tiene desde septiembre de 1932 para seguir sus estudios de Magisterio en la Escuela Normal. Finalmente, niega también recibir con desagrado el alzamiento militar: "No recibí con desagrado el Movimiento Nacional, sino con susto. Con susto, por la sencilla razón que como mujer no acostumbrada a ver al ejército en la calle, el aparato guerrero en marcha, mas que desagrado me causó sorpresa, asombro, ya lo dije".

De lo que venimos afirmando hasta aquí, en relación con el escrito de respuesta de la maestra Bautista, se deduce que es una persona segura de sí misma, incomodada con la situación que tiene que afrontar después de un golpe militar que rompe con la normalidad democrática en la que se vivía, se encuentra que debe contestar a una serie de cargos, a partir de informes elaborados por personas que desconoce, aunque da la impresión de que sus sugerencias, condenando comportamientos calumniosos, son atinadas. A pesar de que su marido está en el frente de batalla y tiene problemas familiares importantes, se muestra valiente y contundente a la hora de responder a las acusaciones. Si bien, es posible que la Comisión Depuradora la percibiera como agresiva e impertinente, por el estilo empleado de atacar para defenderse en vez de lo esperado y acostumbrado, en la mayor parte de los casos, que era la respuesta humilde a las cuestiones planteadas. La Comisión, aunque reconoce que queda desvirtuado el cargo que hace alusión a cómo obtuvo su beca y el relativo a su conducta privada, cree que "subsiste plenamente la convicción de la tendencia e ideario marcadamente izquierdista de la expedientada, circunstancia cuya gravedad es notoria", decide proponer "la inhabilitación perpetua para el ejercicio del magisterio"[8].

JUANA GONZÁLEZ MONZÓN

Según informa el cura Abrahán González Arencibia[9], la maestra Juana González Monzón era hermana del líder Félix González, lo cual ya traía aparejado ser considerada sospechosa de adversaria del alzamiento. Era la maestra propietaria del Lomo San Pedro, en San Lorenzo, aunque residía en Las Palmas. Es entonces cuando se le suspende de empleo y sueldo en septiembre de 1936[10], por orden de la autoridad militar de la plaza, trasmitida a través del Gobierno Civil. Unos días después[11] le llega otro oficio en el que se le recuerda que había sido suspendida de sueldo pero no de empleo "hasta tanto se hayan emitido los informes correspondientes de su actuación en el cargo que desempeñaba". Finalmente, en abril de 1937 se le envía el pliego de cargos[12].

El cura Abrahán González, que fue uno de los principales informantes de la conducta política, sindical y religiosa de la maestra Monzón, advertía que se debía recabar información de sus actividades en el Puerto de la Luz porque allí estaba su domicilio, aunque advertía: "Sí hago constar que era de extrema izquierda" y "perturbadora de las conciencias por el hecho de decir a las niñas que no había Dios".

La defensa en esta primera instancia de Juana González Monzón fue sencilla, corta, limitándose a negar o aceptar, según el caso, el cargo que se le adjudicaba[13]. Frente al estilo reivindicativo de otros escritos de descargo, esta maestra se limita a contestar sin más lo que se le pregunta, sin extenderse ni intentar convencer con argumentos contundentes. Niega que perteneciera al Frente Popular ni que participara a favor del mismo en las últimas elecciones por estar enferma, para lo que adjunta certificado del médico Rafael O'Shanahan y de un vecino. Reconoce, por el contrario, haber formado parte de "las directivas de la Asociación Profesional de Trabajadores de la Enseñanza, por estimar que dicha asociación era de carácter meramente profesional, sin actividad alguna que se relacionase con la política".

Niega también haber hablado en contra de la existencia de Dios, para cuya comprobación sugiere se le pregunte a los padres de las niñas que asistían a su escuela de San Lorenzo y acompaña escrito de apoyo del maestro de la misma población Francisco González Artiles "acreditativo de que jamás he hecho propaganda alguna contra la Religión ni contra la existencia de Dios, como se dice en el pliego de cargos. Antes por el contrario me he casado por la Iglesia según certificado adjunto, si hubiera sido contraria a las creencias católicas me hubieses casado por lo Civil exclusivamente". Rechaza también, finalmente, ser contraria al "Glorioso Movimiento Nacional" ya que desde el primer momento firmó un documento de adhesión al mismo "que debe figurar en la Inspección del Magisterio o en la Habilitación de Pagos".

No sabemos si González Monzón estaba convencida de que su escrito y los avales y certificados enviados eran suficientes para convencer a la Comisión Depuradora Provincial de su inocencia en las acusaciones que se le hacían, pero de ser así estaba bastante equivocada, porque en la propuesta de la Comisión se puede leer: "Considerando que reconoce que fue directiva de los Trabajadores de la Enseñanza, no pudiendo ignorar que fuesen afectos a la UGT, ni sus actividades político-profesionales, públicas y notorias, como instrumento de la política izquierdista del magisterio en esta provincia; que era significada izquierdista y que hablaba a las masas obreras haciendo propaganda socialista, y en la Escuela combatía la existencia de Dios y que es desafecta al Movimiento Nacional". Es decir, que de nada le habían valido a la maestra sus explicaciones y avales porque ninguno de los cargos quedaba desvanecido sino que, por el contrario, las acusaciones se consideraban probadas. Una vez más se observa que la asociación a los Trabajadores de la Enseñanza y a la Casa del Maestro eran motivos más que suficientes para depurar a un maestro y dejarle fuera de la profesión. De hecho, en este caso, la Comisión Depuradora propondrá al Ministerio "la separación definitiva de la carrera con baja en el Escalafón" en mayo de 1937[14].

MARÍA DEL SOCORRO HERNÁNDEZ GALVÁN

María del Socorro Hernández Galván, natural de Santa Cruz de La Palma, era maestra propietaria de La Atalaya, perteneciente a la ciudad de Guía, y llevaba nueve años de servicio en ella, en el momento del golpe de Estado de los militares contra la legalidad republicana. Nada sospecharía la maestra en días anteriores, mientras llevaba a cabo sus actividades escolares, de la tragedia que se le venía encima al abrírsele un proceso de depuración que podía acabar con su carrera docente y que empezó cuando fue suspendida de empleo y sueldo a partir del 22 de septiembre de 1936, cuando entregó su escuela e hizo el inventario[15].

De este pliego de cargo se desprende, en una primera lectura, y teniendo en cuenta la experiencia de muchos otros expedientes semejantes que difícilmente va a conseguir librarse la maestra depurada de una importante sanción; la duda puede estar en saber si es, como parece presumible, separación del cuerpo y baja en el escalafón o la siguiente sanción que consiste en bastantes años de suspensión de empleo y sueldo y traslado forzoso fuera de la provincia. Pero, adelantamos que en este caso va a interferir, por suerte para la maestra, el apoyo de una persona influyente en el nuevo régimen, concretamente una Primo de Rivera, que va a cambiar lo que parecía su destino, al margen de la carrera docente.

María del Socorro Hernández va negando en su escrito de descargo todas las acusaciones que le habían hecho. Dice ser falso que haya pertenecido al Frente Popular, y acompaña certificación del Gobierno Civil que lo acredita. Que ha sido ajena a toda política y que no participó nada en las elecciones de 1936. Qué difícilmente podía ser propagandista de las ideas marxistas porque ni siquiera las conocía, "sólo conozco y practico, desde mi infancia, las doctrinas cristianas. Es una calumnia más, como la que se me hizo por tener instituido en la Escuela el grupo 'Pestalozzi' de la Cruz Roja Juvenil Española, llegando al extremo de pedírseme las láminas y documentos de la misma. No sé con qué objeto, quizá de acusarme de tener instituido en la escuela el socorro rojo".

Acepta que perteneció a Trabajadores de la Enseñanza, por considerarla "una de las tantas Asociaciones de Maestros", de la que, al parecer, pidió la baja en enero de 1935. Pero niega haber mostrado en su profesión "ideario perturbador de las conciencias infantiles", para lo cual adjunta certificaciones positivas del alcalde, cura párroco y Guardia Civil, que acreditan su buena conducta, "siendo la mayor falsedad, calumniosa en extremo, lo referente al ideario perturbador en sus tres aspectos, que no se puede concebir en ser humano alguno que me conozca". Sugiere que se compruebe tales extremos en los trabajos de sus alumnas que figuran en las 150 libretas que dejó en la escuela y que se interrogue a las niñas matriculadas para comprobar, además, "si yo le enseñé a cantar otro himno que el de Riego (por estar así mandado) ni saludar con el puño en alto jamás".

Sigue explicando en su respuesta a los cargos que era falso que hubiese cooperado económicamente al sostenimiento de prensa o centros de extrema izquierda y que recibía *El Magisterio español*, la revista pedagógica *Avante* de Salvatella, la *Obra Máxima* de las misiones carmelitas y *La mujer en su casa*. Igualmente niega el cargo de arengar a las masas obreras desde su escuela y afirma que se solidarizó desde el principio con el movimiento nacional; como ejemplo de su adhesión a las nuevas autoridades explica que repuso el crucifijo "el que yo conservaba archivado en mi escuela, junto con la Bandera nacional (bicolor) y el retrato del glorioso Generalísimo Franco".

Sin embargo, "considerando la notoria gravedad de los cargos que se consideran probados", se acordó por unanimidad proponer "sea separada definitivamente del magisterio, con baja en el Escalafón". La ya exmaestra de La Atalaya, ante lo que consideraba una injusticia, en junio de 1938 dirige en tal sentido un escrito a Burgos, al "Jefe de Estado y Generalísimo de los Ejércitos Nacionales"[16].

En junio de 1941, María del Socorro Hernández, que ya ejercía, por sanción[17], de propietaria en la escuela mixta de La Hoya, en San Bartolomé de Tirajana, dirigía un escrito de revisión al ministro de Educación Nacional en el que vuelve a reiterar sus argumentos en contra de cada uno de los cargos "estimando injusta la sanción que se le impuso por fallo de expediente de depuración, cargos a todas luces apasionados y llenos de calumnias". Va rebatiendo de nuevo uno a uno los cargos, señalando los avales del las autoridades locales a través de certificaciones expresamente realizadas para ella y termina solicitando la reposición en su cargo, recordando los múltiples escritos de apoyo recibidos del pueblo y expresamente un escrito con las firmas de los padres de familia "rogando encarecidamente su vuelta".

¿Qué surtiría más efecto, la carta de la maestra palmera o el escrito que envía María del Carmen Primo de Rivera a Romualdo de Toledo? En su carta, Primo de Rivera hace alusión a una carta anterior en la que ya le habló de este asunto, y ahora le comenta: "De acuerdo con su carta de fecha 18 de abril, que le envío para más aclaración del asunto que por haber pasado tantos días ha podido olvidar, mando al mismo tiempo los papeles que hoy mismo recibo de Canarias. Yo no conozco de nada a la Maestra por la que me intereso, la familia que me la recomienda con tanto interés (educados los niños por ella) es religiosísima e incapaz de engaño y falacia, por lo tanto tendría grandísima satisfacción de verla complacida. Dios guarde a V. E. Muchos años y cuente con la gratitud y las oraciones de esta perpetua rezadora"[18].

¿Quién podía negarse, o estaba en condiciones de hacerlo, a una carta tan contundente que, además, ofrecía gratitud y algo tan querido para Romualdo como eran las oraciones? Eso puede explicar que en octubre el Ministerio dé el visto bueno a la revisión de su expediente y el

13 de noviembre está ya firmada la resolución de la Comisión Superior Dictaminadora de Expedientes de Depuración, en la que se recordaba que los cargos "que ya en el expediente aparecían basados, más en públicos rumores, vagos y pocos concretos, que en imputaciones precisas y terminantes, hallándose hoy plenamente desvirtuados los más y atenuados los restantes [...]".

Termina el presidente de la Comisión proponiendo se dejase sin efecto la orden de 14 de diciembre de 1940 que conocemos y se sustituyan las sanciones que allí aparecen por la "pérdida de los haberes dejados de percibir e inhabilitación para cargos directivos y de confianza, dejándose sin efecto el traslado del pueblo de Atalaya ya que parece no tener ambiente desfavorable en el mismo"[19].

PETRA HERNÁNDEZ RODRÍGUEZ

Petra Hernández Rodríguez era la maestra propietaria de las escuelas de Caserones, en Telde, cuando en 1937 recibe el pliego de cargos con gravísimas acusaciones que no auguraban nada bueno para su futuro al frente de su escuela[20]. El informe del cura de Telde, Pedro Hernández, fue decisivo en la elaboración del pliego de cargos[21]; según él, la voz del pueblo decía que la maestra Petra Hernández era comunista y que esta doctrina la predicaba en sus particulares conversaciones. Que era propagandista entusiasta del Frente Popular y aconsejaba a todos en víspera de las elecciones que votaran aquella candidatura. Cuando se le pregunta si apoyó abiertamente al Frente Popular, afirma que sí se significó. La acusa también de celebrar "frecuentes reuniones con los maestros marxistas donde trataban de la marcha de sus aspiraciones comunes a la implantación del Comunismo, no perdonando oportunidad para hablar de lo que constituía su obsesión 'EL COMUNISMO'".

El cura en su cuestionario sigue inculpando a la maestra ahora de haber pertenecido a Trabajadores de la Enseñanza y recaudar sus cuotas y la relacionaba con los líderes marxistas: "Ha sostenido intimidad con los más destacados dirigentes, ayudándoles en cuanto ha podido". En el aspecto religioso la acusa de negar la existencia de Dios ante los niños a los que decía que "eso de Dios no se usa ya" y que no existía el infierno, pues Dios no tenía olivos donde hacer tanto aceite, para quemar a los hombres, etc.". Sobre su conducta y sus sentimientos religiosos afirmaba: "antes del advenimiento de la República era muy adicta a la Iglesia después ha dado pruebas de una impiedad notoria y hasta satánica, mofándose de personas religiosas en coches que se santiguaban cuando iban de viaje". Según sus informaciones, la maestra "al hincarse las niñas en la escuela para rezar, poco antes de retirarse el Crucifijo de las escuelas, las reprendía diciéndoles que 'a rezar se va a la iglesia o a sus casas'". Finaliza su informe afirmando que era de suponer que recibió con desagrado el Movimiento Nacional y que, hablando de él, "decía en la puerta del Ayuntamiento que el Gobierno lo sofocaría prontamente".

Dice ser "falso de toda falsedad, y faltará al octavo mandamiento de la Ley de Dios, a sabiendas, quien asegure que besó y abrazó a don Marcelino Domingo, al desembarcar en su visita a esta isla". Sin embargo, no sólo reconoce que lo saludó en el hotel, sino que además justifica su actitud elogiando al ministro socialista por sus medidas en pro de la dignificación del magisterio: "porque a ello estaba obligada por un alto deber de gratitud. Marcelino Domingo la redimió del irritante y bochornoso mote de Maestra de derechos limitados, elevándola a la categoría de Maestra de plenos derechos y del asimismo irrisorio sueldo de hambre de dos mil pesetas al de tres mil. Para demostrarle su gratitud, ¿qué menos podía hacer, Sr. Presidente, que asistir a su llegada y saludarle con el calor que saben sentir las que llevamos en el pecho un corazón agradecido?". Por si fuera poca la valentía y sinceridad mostrada hasta el momento, aún dice más en su escrito: "Si esto constituye un pecado, no me declaro arrepentida, Sr. Presidente, y espero tranquila el fallo de la Comisión que su alta dignidad preside".

Visto el expediente instruido a la maestra propietaria de Caserones, de Telde, la Comisión Depuradora Provincial "considerando que de los informes se deduce plenamente la verdad de los cargos todos, cuya gravedad es notoria", acuerda por unanimidad proponer la separación definitiva y baja en el escalafón[22]. La Comisión Superior Dictaminadora[23] hizo suya la propuesta grancanaria y la eleva a las autoridades del Ministerio que confirman la sanción.

ALGUNAS CONCLUSIONES

Del análisis de los expedientes abiertos a las maestras estudiadas se puede deducir una serie de consideraciones que tienen que ver con la represión de las maestras republicanas durante la Guerra Civil española y que continuará durante el primer franquismo hasta alrededor de 1943, aunque en algunos casos los expedientes se extendieron hasta la década siguiente.

Como hemos visto en este capítulo, la actitud de algunas docentes es de denuncia del sistema depurador basado en la delación; pero no siempre actúan las maestras de la misma manera y en ocasiones optan por negar los cargos y mostrarse sumisas o, al menos, escasamente críticas. Admiramos mucho a las primeras, pero entendemos también a las otras, que pensaban que con su actitud podían huir de la represión que afectaría también a sus familias.

En muchos aspectos, la represión de las maestras fue bastante semejante a la de los maestros de la Segunda República. Pero el número de maestros depurados fue bastante superior al de maestras, a pesar de que estas eran más en número al comienzo de la contienda militar. También se advierten condenas superiores a los hombres para cargos semejantes.

El resto del proceso es similar y se advierte la misma actitud agresiva y despiadada hacia las maestras, por parte de la Comisión de Depuración, que en el caso de los maestros. La mayoría de los cargos de que habían de defenderse provenían de los informes de las fuerzas vivas del momento: los curas, la Guardia Civil, el alcalde del pueblo y padres de familia franquistas. Estos informes estaban cargados de calumnias, mentiras y mucho "se dice que". En este aspecto hay que resaltar el importante papel represor que el clero católico tuvo en los procesos de depuración.

Los maestros reciben más cargos relacionados con la pertenencia a partidos políticos del Frente Popular, mientras que las maestras son acusadas con frecuencia de ser irreligiosas o de atentar contra las buenas costumbres sociales y personales. Un cargo común a hombres y mujeres fue la pertenencia a FETE.

Para las maestras depuradas y sus familiares fue una tragedia de dimensiones importantes porque con frecuencia eran separadas del servicio o dadas de baja en el escalafón arruinando así el futuro que cada una de ellas había construido con su estudio y trabajo. Además, la presión social era muy fuerte y las maestras depuradas acababan siendo marginadas en una situación tan complicada como la que se vivía. Por eso, nos gustaría finalizar dejando una pregunta en el aire con la esperanza de que pueda tener respuesta en investigaciones posteriores: ¿qué fue de las maestras depuradas y sancionadas después de la Guerra Civil?, ¿pudieron desempeñar alguna actividad relacionada o no con la enseñanza?

NOTAS

1. Las Palmas de Gran Canaria, Ediciones del Cabildo Insular de Gran Canaria, 2010.
2. A lo largo de la última década hemos venido dando a conocer una serie de estudios en torno a la depuración y represión del magisterio de la provincia de Las Palmas y de los profesores de los institutos de ambas provincias. Podemos señalar entre otros los siguientes: "El maestro lanzaroteño Doreste Betancor, la Escuela Nueva, y la Junta para la Ampliación de Estudios", en *IX Jornadas de Estudios sobre Fuerteventura y Lanzarote*, Puerto Rosario, Cabildo Insular de Fuerteventura y Lanzarote, tomo I, 2000, pp. 347-365. "El proceso de depuración franquista del profesorado en los institutos de segunda enseñanza en la provincia de Santa Cruz de Tenerife (1936-1943)", en *Revista de Ciencias de la Educación*, Madrid, 2004, nº 198-199, abril-septiembre, 2004, pp. 171-194. "Federico Doreste Betancor, un maestro renovador en Cataluña", en *XVI Jornades d'Historia de l'Educació als Països Catalans*, Figueras, 2003, pp. 113-124. "La depuración de los profesores de los Institutos de la provincia de Las Palmas", en *XVI Coloquio de Historia*

Canario-Americana, Las Palmas de Gran Canaria, Casa de Colón, publicado en 2006 en CD, pp. 923-941. "La depuración de los maestros de Fuerteventura (1936-1942)", en *XI Jornadas de Estudios sobre Fuerteventura y Lanzarote*, Fuerteventura, septiembre de 2003. Puerto del Rosario, Cabildo de Fuerteventura, 2004, pp. 385-409. "La depuración franquista del profesorado de los institutos de segunda enseñanza de la provincia de Santa Cruz de Tenerife", en *XV Coloquio de Historia Canario-Americana*, Las Palmas de Gran Canaria, Casa de Colón, 2004, edición en CD, pp. 1067-1087. "La depuración del magisterio en la provincia de Las Palmas (1936-1942). Estado de la cuestión y valoración cuantitativa", en *XVII Coloquio de Historia Canario- Americana*, Las Palmas de Gran Canaria, Casa de Colón, 2006, publicado en CD, Las Palmas de Gran Canaria, Cabildo Insular de Gran Canaria, 2008, pp. 2053-2064. "La posición del clero de la provincia de Las Palmas durante la Guerra Civil y la primera etapa del franquismo", en *XVIII Coloquio de Historia Canario-Americana*, Las Palmas de Gran Canaria, 13 a 17 de octubre de 2008, Las Palmas, Casa de Colón, 2010.

3. Aunque ya existían algunas aportaciones como la de L.A., Anaya Hernández, J. Alcaraz Abellán, S. Millares Cantero, A. Orihuela Suárez y M. Suárez Bosa: "La represión franquista en la enseñanza en la provincia de Las Palmas. 1936-1939", *Revista Guiniguada*, Universidad de La Laguna, nº 3, 1987, pp. 203-221, y la de J. Medina: *Isleta/ Puerto de la Luz. Educadores*. Las Palmas, s. e., 1998.
4. Bastante más información sobre los expedientes de estas maestras se encuentra en nuestra obra: *Memoria y educación en Canarias. Depuración y represión del Magisterio en la provincia de Las Palmas*, Las Palmas de Gran Canaria, Cabildo de Gran Canaria, 2010, capítulo VI, p. 185 y ss.
5. AGA, caja 12875. El pliego de cargos lleva fecha de 2 de diciembre de 1938. "Primero. Diga si es cierto que ha pertenecido al partido socialista. Segundo. Diga si es cierto que hizo la carrera del Magisterio porque la conjunción republicano-socialista del Cabildo Insular de Gran Canaria le dio una beca. Tercero. Diga si es cierto que hace poco casó con un individuo perteneciente al partido anarquista. Cuarto. Diga si es cierto que, habiendo intervenido a favor del Frente Popular su familia, incluso un tío suyo que está condenado a treinta años de presidio como propagandista, intervino, también, la expedientada, a favor de dicho Frente en las últimas elecciones. Quinto. Diga si es cierto que es de conducta poco ejemplar Sexto. Diga si es cierto que es anticatólica y no va a Misa. Séptimo. Diga si es cierto que, frecuentemente, en público y en privado, ha hecho ostentación de tendencias e ideas comunistas. Octavo. Diga si es cierto recibió al Movimiento Nacional con desagrado."
6. Los informes de la Guardia Civil, el padre de familia, el cura párroco, la alcaldía y la Falange coinciden en sus tendencias políticas de izquierda, en la ideología de su marido y en haber recibido con desagrado el alzamiento.

7. Escrito de 12 de diciembre de 1938 dirigido a la Comisión Depuradora Provincial de Las Palmas.
8. Cuando se refiere a la duda sobre su conducta, utiliza las palabras más duras contra sus anónimos acusadores: "Siento un enorme asco al tener que calificar de bajo, ruin, canalla y criminal al o a los que tal afirmación hagan de mi conducta y a quien, sin más prueba que lo dicho por cualquier ente de deprimida moral, pueda hacerse eco de la calumnia o admitirla [...]. Acompaño la certificación consiguiente de ser persona decente, y como mujer calumniada mi repulsa y desprecio más profundo para los anónimos falsarios que desearía ver comparecer ante los Tribunales competentes para responder de la infamia".
9. La propuesta de las Comisión Depuradora de Las Palmas es de 28 de agosto de 1939. Al tratarse de una maestra interina no se le podía dar de baja en el escalafón porque no pertenecía a él, así que se le inhabilitaba de forma permanente para el desempeño de la enseñanza.
10. AGA, caja 12871. Cuestionario cumplimentado por el cura González Arencibia desde San Lorenzo, con fecha 11 de marzo de 1937.
11. Oficio nº 620 de la Sección Administrativa de Primera Enseñanza de Las Palmas, de 22 de septiembre de 1936.
12. Este nuevo oficio, el nº 640, de primero de octubre le llegó a la maestra al mediodía, así que sólo se pudo reincorporar el día 2 a su escuela.
13. El escrito de cargos debió de ser enviado a la maestra Juana González Monzón a principios de abril de 1937, teniendo en cuenta la fecha de su escrito de respuesta y el plazo de diez días para contestar que se les daba en esos casos a los maestros inculpados. "Primero. Como es cierto que pertenecía al Frente Popular. Segundo. Como es cierto que actuó a favor del Frente Popular en el Puerto de la Luz en las últimas elecciones. Tercero. Como es cierto que ha sido propagandista de ideales socialistas entre las masas obreras, dirigiéndoles la palabra frente al Colegio de los Salesianos de esta capital, con motivo de la concesión de un solar para la Casa del Pueblo. Cuarto. Como es cierto que ha sido directivo de los Trabajadores de la Enseñanza, afectos a la UGT. Quinto. Como es cierto que hablaba en la escuela contra la existencia de Dios. Sexto. Como es cierto que ha sido y es contraria al Movimiento Nacional."
14. Escrito de descargo de 16 de abril de 1937.
15. La fecha exacta de la propuesta es de 19 de mayo de 1937.
16. AGA, caja 12872. Lo afirma así la interesada en su respuesta a los cargos que se le hicieron. Escrito de 24 de abril de 1937. "Primero. Como es cierto que pertenecía al Frente Popular. Segundo. Como es cierto que actuó de propagandista y organizadora en la barriada de la Atalaya, a favor del Frente Popular en las elecciones del 16 de febrero y 26 de mayo. Tercero. Como es cierto que era constante propagandista, entre las mujeres de la barriada, de las doctrinas marxistas. Cuarto. Como es cierto que pertenecía a los Trabajadores de la Enseñanza, afectos a la UGT. Quinto. Como es cierto que ha mostrado en el ejercicio de su

profesión ideario perturbador de las conciencias infantiles, tanto en el aspecto patriótico como en el moral y religioso, cantando dentro de la escuela himnos internacionales y saludando con el puño en alto. Sexto. Como es cierto que ha cooperado económicamente al sostenimiento de centros, periódicos y suscripciones marxistas de extrema izquierda. Séptimo. Como es cierto que ha sido de oposición su actitud ante el Movimiento Nacional, arengando a la gente obrera en contra, desde las ventanas de la escuela." El pliego de cargos lleva fecha de 15 de abril de 1937 y figura manuscrita la firma del recibí de la maestra María del Socorro Hernández Galván.

17. El escrito lleva la fecha de 2 de junio de 1938, y tiene sello de entrada de la vicepresidencia del Gobierno de 16 de junio de 1938.
18. La fecha oficial de la sanción es la de 14 de diciembre de 1940
19. Es una carta manuscrita, con una letra elegante y muy esmerada, que lleva fecha de 24 de junio de 1941.
20. Escrito de la Comisión Superior Dictaminadora de 13 de noviembre de 1941.
21. AGA, caja 12873. Pliego de cargos enviado el 3 de junio de 1937 a la maestra Petra Hernández. "Primero. Como es cierto que pertenecía al partido comunista. Segundo. Como es cierto que hizo propaganda del FP en las dos últimas elecciones Tercero. Como es cierto que ha sido organizadora de actividades sociales de tendencia revolucionaria fuera y dentro de la escuela. Cuarto. Como es cierto que pertenecía a los Trabajadores de la Enseñanza, afectos a la UGT y recaudaba sus cuotas. Quinto. Como es cierto que hacía propaganda antirreligiosa, negando la existencia de Dios entre los niños, y mostrando ideario perturbador fuera de la escuela en el aspecto patriótico, moral y religioso. Sexto. Como es cierto que fue Secretaria del Consejo local de Primera Enseñanza siendo su presidente D. José Collado Santana, continuando después con la Presidencia de José Guardia Peñuelas, del FP. Séptimo. Como es cierto que era cotizante del Socorro Rojo internacional. Octavo. Como es cierto que abrazó y besó públicamente a Marcelino Domingo al desembarcar en su visita a esta Isla. Noveno. Como es cierto que recibió con desagrado el Movimiento Nacional."
22. 10 de marzo de 1937.
23. Propuesta de la Comisión Depuradora de Las Palmas, de 18 de septiembre de 1937.
24. Madrid, 4 de marzo de 1940.

CAPÍTULO 8

MAESTRAS REPUBLICANAS ESPAÑOLAS EN EL EXILIO[1]

CARMEN DE LA GUARDIA HERRERO

La represión iniciada por los sublevados, ya en el verano de 1936, fue difícil de comprender para los propios afectados. Pero para un régimen autoritario, como lo fue el régimen de Franco, la diferencia era algo a erradicar. Si algo define a los regímenes dictatoriales surgidos en Europa en el periodo de entreguerras es la necesidad de crear marcos uniformes que posibilitasen esa ansiada búsqueda de los que los líderes se identificaban con el bien común. Cualquier atisbo de diferencia era así violentamente extirpada.

En este texto exploraremos primero las razones que motivaron la cruenta represión de los docentes españoles durante la Guerra Civil y el primer franquismo, para acercarnos a las causas del exilio de maestras y maestros republicanos. También veremos la contribución pedagógica de las maestras y la trasformación cultural que gracias a ellas se produjo en los diferentes países de acogida. Nos centraremos en México, la República Dominicana y Estados Unidos.

LA FORMACIÓN DE LAS MAESTRAS. TEJIENDO REDES

La segunda mitad del siglo XIX fue un periodo caracterizado por el dinamismo de la sociedad civil española. Existieron varias corrientes sociales que confluyeron para la génesis de una renovación de los métodos pedagógicos. La proclamación de libertades en el Sexenio Revolucionario (1868-1874) posibilitó la llegada de misioneros protestantes extranjeros procedentes de países europeos y de Norteamérica, en donde la tradición pedagógica había sufrido importantes modificaciones. En la propia España, ese marco liberal y democrático impulsó la emergencia de reformadores sociales que hicieron de la reforma educativa una premisa ineludible para la modernización de España. También, desde los recién nacidos partidos de clase, surgieron movimientos que aportaron reflexiones pedagógicas novedosas. Todas estas corrientes nunca fueron ajenas entre sí y se tejieron estrechas redes afectivas y culturales entre sus protagonistas que se mantendrán más allá de la propia Guerra Civil. En algunos casos estos contactos explicarán el destino de muchos exiliados y exiliadas republicanos hacia las Américas.

Los flujos pedagógicos progresistas tuvieron un denominador común: en ellos el individuo era el centro de reflexión y eran sus facultades las que había que despertar, siguiendo así el modelo de los grandes pedagogos europeos decimonónicos. La experiencia individual devenía en motor indispensable de cualquier proceso de aprendizaje. Todos los educadores, ya fuesen protestantes extranjeros, liberales y demócratas o socialistas y anarquistas, insistían en la necesidad de que los estudiantes realizasen prácticas en laboratorios, salidas al campo, lecturas comentadas como único camino para la reflexión individual y para la génesis del aprendizaje.

Entre la multitud de misioneros que llegaron a España en el Sexenio Revolucionario, al amparo de las libertades proclamadas en la Constitución de 1869, los más importantes para comprender el auge educativo de la España decimonónica y las redes que se tejieron entre españoles y educadores del otro lado del Atlántico, fueron aquellos que estaban interesados en la reflexión pedagógica. El experto en lenguas romances, profesor de Vassar College, de la Universidad de Yale, y de la de Chicago, William Knapp, fundó en 1870 la primera Iglesia bautista de Madrid con su correspondiente escuela misionera. Ese mismo año, y procedente de una familia de gran tradición luterana alemana, llegaba a Madrid el pastor Federico Fliedner. Su obra fue ingente y se relacionó con los grandes reformadores sociales españoles. En un informe escrito ya en el siglo XX, Fliedner resumía su obra misionera. Había fundado más de diez escuelas, una importante escuela secundaria y un *college* misionero: El Porvenir, en el barrio madrileño de Cuatro Caminos, y también una librería y centro de debate: la Librería Nacional y Extranjera. Además creó un orfanato con casa propia y un hospital para protestantes. Las Hermanas de la Caridad, responsables del cuidado de muchos hospitales españoles, no cejaban en su empeño de intentar la conversión y "la salvación" de los enfermos protestantes (Zulueta, 1992: 64).

Poco después, en 1871, arribaron a España los hermanos William y Luthey Hasley Gulick y sus mujeres, Louise Lewis Gulick y Alice Gordon Gulick. Eran pastores congregacionistas vinculados a los centros educativos calvinistas de Nueva Inglaterra, aunque pertenecientes a familias misioneras con larga presencia en Hawai y enviados a España por la American Board of Commissioners of Foreign Missions. Los dos matrimonios separaron su labor misionera. El constituido por Luthey y Alice se instaló primero en Santander, después en San Sebastián; durante la guerra hispano americana, de 1898, se refugiaron en Biarritz y, por último, se instalaron en Madrid. En todos esos lugares, el matrimonio, además de la capilla, abrió una escuela misionera. Pero fue más allá. Alice Gordon Gulick se había licenciado en Mount Holyoke, una institución que impartía educación superior para mujeres en Estados Unidos. Era por lo tanto una de las escasas mujeres que en el siglo XIX había acudido a un seminario de educación superior y miraba con preocupación la situación educativa de las mujeres españolas. Desde su llegada a España consideró necesario la creación de centros dedicados exclusivamente a la educación femenina (Guardia, 2000: 283-295). En su casa de Santander, organizó un internado para mujeres. En 1881, buscando una ciudad más cosmopolita que permitiera mejorar su labor misionera, los Gulick y el internado de señoritas se trasladaron a San Sebastián. Allí el internado de Alice, conocido en España como Colegio Norteamericano, cada vez tenía más prestigio. Dedicado primero a la educación de futuras maestras de las escuelas protestantes españolas, pronto sus éxitos llevaron a que la fundadora albergara nuevas expectativas. Así comenzó a preparar a las estudiantes para los exámenes de enseñanza media y más tarde preparó a mujeres para examinarse por libre también en las universidades (Flecha García, 1997). Desde Santander y San Sebastián, la señora

Gulick viajó a Estados Unidos en diferentes ocasiones para contar su proyecto —crear un centro de educación para mujeres— a los reformadores estadounidenses y conseguir así fondos imprescindibles para su ejecución (Gordon, 1917; Guardia, 2000: 283-295). Allí muchos de los reformadores y, sobre todo, reformadoras americanas, profesores todos de prestigiosas universidades de la costa este estadounidense se comprometieron estrechamente con el proyecto de Alice. En 1892 fundó en Boston la Corporación del Instituto Internacional con la finalidad de divulgar su idea y también de recaudar fondos de forma sistemática para construir su Mount Holyoke español. Muchos de los mejores hispanistas estadounidenses han formado y todavía integran la corporación bostoniana. Con el apoyo de la Corporación, Alice Gordon Gulick y sus discípulas adquirieron terrenos y construyeron primero una escuela misionera en los locales adquiridos en la calle Fortuny y después el Instituto Internacional en los de Miguel Ángel nº 8. Nunca llegó a ser una universidad de mujeres. La legislación española dificultaba la apertura de un *college* femenino, que seguía el modelo de un seminario para mujeres protestantes, como era Mount Holyoke, pero sí fue un lugar de residencia, estudio y encuentro de mujeres españolas, muchas de ellas maestras. Tras el fallecimiento de Alice Gordon Gulick en 1903, la heredera de toda su obra fue Susan Huntington. Susan se había licenciado en Wellesley y tenía una visión de la educación femenina menos vinculada a la religión protestante. Inició un programa educativo que abarcaba desde el jardín de infancia hasta el bachillerato y también preparó a las estudiantes para acceder a la Escuela Normal o al Conservatorio de Música (Guardia, 2000: 292).

Esta preocupación de los ministros protestantes extranjeros y de sus mujeres por la educación de los jóvenes españoles y sus métodos educativos les acercaron a los reformadores krausistas españoles. De todos los reformadores sociales decimonónicos el más implicado con las reformas educativas vinculadas a las mujeres fue Fernando de Castro. Nombrado rector de la Universidad Central al estallar La Gloriosa, no solo se preocupó por mejorar la educación regular, sino que intentó paliar la carencia existente en la educación femenina. Primero organizó el Ateneo Artístico y Literario de Señoras en 1869, después las "Conferencias Dominicales para la Educación de la Mujer" el mismo año, y pronto pensó que para dar continuidad a su empresa eran necesarias organizaciones cívicas. La Asociación para la Enseñanza de la Mujer fue una sociedad creada en 1870 por Fernando de Castro para sostener e impulsar organismos vinculados a la educación y futuro trabajo remunerado de las mujeres españolas. Como todos los reformadores sociales decimonónicos, Castro también consideró que la docencia de niñas pequeñas era una ocupación idónea para las mujeres trabajadoras. Así, la primera institución que creó fue la Escuela de Institutrices en 1869. Este organismo estuvo muy vinculado a la Escuela Normal Central de Maestras. De hecho, las clases de la Escuela de Institutrices se impartieron desde 1870 hasta 1881 en la Escuela Normal de Madrid. Y las dos instituciones estuvieron dirigidas por la misma maestra: Ramona Aparicio (Moreno Casanova, 2002: 233-260). Pero la calidad de la Escuela de Institutrices fue mucho mayor y se demostraba por el éxito de sus estudiantes en las oposiciones a Magisterio (Ballarín, 2001: 70). En 1878, la Asociación abría una segunda institución:

la Escuela de Comercio para Señoras, y en 1883, la Escuela de Correos y Telégrafos y las clases especiales de dibujo y pintura. En 1884 la Asociación inauguraba una escuela primaria superior y a finales del mismo año creó una Escuela primaria elemental. También fundó otra escuela para profesoras de párvulos, y clases especiales de dibujo del yeso y de pintura. La Asociación para la Enseñanza de la Mujer estuvo, pues, muy ocupada buscando fondos privados y públicos para poder sostener todas las escuelas y sus edificios. Gobernada por una junta directiva integrada por varones y mujeres, a ella pertenecieron casi todos los reformadores sociales españoles de finales del XIX. Tanto Concepción Arenal como Francisco Giner de los Ríos, Rafael María de Labra, Gumersindo de Azcárate, Clementina Albéniz, Ramona Aparicio, Sara Gillepsie de Innerarity y María Amalia Goyri formaron parte de la Asociación. En 1881 el número de asociados era de 367. Existieron instituciones similares en Valencia, en Vitoria, Granada, Málaga y Barcelona. Además la Asociación contó con una publicación pedagógica: *Instrucción para la Mujer*, que comenzó a editarse en 1882. Dirigida por César de Eguilaz, que era a la vez secretario de la Escuela Normal Central de Maestras y de la Asociación para la Enseñanza de la Mujer, tuvo una enorme difusión entre las maestras. La labor del krausismo se extendió mucho más con la creación de la Institución Libre de Enseñanza y todos sus organismos[2].

Las relaciones entre protestantes extranjeros y sus centros educativos y las de los institucionistas se plasmaron en los lugares elegidos como sede de sus obras educativas en Madrid. El triángulo físico centrado en la educación de la mujer española estaba consolidado en la segunda década del siglo XX. La Asociación para la Enseñanza de la Mujer tenía ya un precioso edificio en la calle San Mateo —actual Fundación Fernando de Castro—, el Instituto Internacional estaba en donde sigue estando, en la madrileña calle Miguel Ángel, y durante unos años compartió espacio con el Instituto Escuela; la Residencia de Señoritas, creada por los institucionistas, ocupó, tras la Gran Guerra, los locales arrendados por el Instituto Internacional en la calle Fortuny. Los profesores y profesoras se movían entre las instituciones, se crearon redes entre docentes españoles y extranjeros que durante la Guerra Civil se activaron para apoyar a los docentes comprometidos con las reformas educativas y que explican el exilio hacia las Américas de muchos y muchas maestras (Guardia, 2010). Las maestras republicanas españolas conocían bien todas estas sedes.

Pero además de estos flujos reformadores que vinculan al institucionismo y al protestantismo existieron oleadas de reformas educativas más radicales y relacionadas con los partidos de clase. Como nos recuerda Mercedes Samaniego Bonau en su obra ya clásica: *La política educativa durante la Segunda República: el bienio azañista*, la labor pedagógica del anarquista Francisco Ferrer Guardia fue ingente. Su Escuela Moderna se abría en Barcelona en octubre de 1901 con 30 estudiantes. Influido por el racionalismo educativo y conocedor de las reformas educativas de Jules Ferry en Francia, por su larga estancia allí, Ferrer Guardia consideraba que la educación era una pieza clave en el logro de la liberación del ser humano. Si bien las Escuelas Modernas españolas sufrieron una herida de muerte tras el exilio de Ferrer en 1906, y sobre todo tras su ejecución en 1909, en muchos lugares permanecieron casi hasta nuestros días. Así, en Estados Unidos, como ocurrió en muchos otros países, la ejecución de Ferrer Guardia fue un revulsivo que ocasionó grandes movilizaciones de pedagogos y de anarquistas. Liderada por Emma Goldman, en 1910 se creaba la Ferrer Association, que tenía entre sus objetivos la creación de Escuelas Modernas por todos los Estados Unidos. En 1911 se abrió la primera de las escuelas, la Escuela Moderna de Nueva York, que, aunque pequeña —tenía solo nueve alumnos—, fue importante por la calidad de su docencia. Fueron profesores y conferenciantes de la escuela intelectuales del prestigio de Leonard Abbott, Alexander Berkman, Voltairine de Cleyre, Emma Goldman, Jack London, Lincoln Steffens y Upton Sinclair. Entre sus estudiantes destacó Man Ray (Avrich, 2005). Además, en 1915, se trasladaron a Stelton, New Jersey, como parte de un movimiento comunal anarquista: la *Ferrer Colony*. La escuela permaneció activa hasta 1953. La influencia del tejido formado por las Ferrer Schools en Estados Unidos explican de nuevo los lazos educativos y afectivos entre grupos transatlánticos, que unas veces implicaron desplazamientos desde Estados Unidos hacia España, como ocurrió con los voluntarios estadounidenses durante la Guerra Civil, y otras supusieron flujos desde España hacia las Américas, como ocurrió con el exilio republicano (Avrich, 2005).

Además del movimiento anarquista, también los socialistas protagonizaron una profunda reflexión pedagógica. Vinculada a las Casas del Pueblo, la Escuela Nueva promovida por Manuel Núñez de Arenas y Jaime Vera se definía como una asociación de profesores y literatos preocupados por la educación popular. En las Casas del Pueblo se instalaron bibliotecas con fondos que se prestaban a los socios y se programaron actividades educativas dirigidas por la Escuela Nueva. Los programas educativos fueron amplios y todos coincidían en su compresión de la educación como un proceso activo y vivo (Samaniego, 1977: 56-57). De todas formas estos flujos de reforma educativa no estuvieron aislados. Así, el institucionismo y sus organismos tuvieron un vínculo muy estrecho con la tradición socialista. Muchos de sus promotores fueron militantes del Partido Socialista Obrero Español. Pensemos por ejemplo en el antiguo estudiante de la Institución Libre de Enseñanza, Julián Besteiro, en el sobrino de Giner, Fernando de los Ríos, y en el profesor de la Normal Rodolfo Llopis (Samaniego, 1977: 57-59). Los tres, figuras claves de la reforma educativa emprendida durante la Segunda República española.

LA INFLUENCIA DE LOS FLUJOS REFORMISTAS EN LA TRANSFORMACIÓN DE LA PROFESIÓN DE MAESTRAS

El debate pedagógico protagonizado por las asociaciones creadas por misioneros protestantes, institucionistas, militantes socialistas y anarquistas no fue Solo importante para entender las redes que facilitaron el exilio. Desde muy pronto esta ingente actividad de la sociedad civil española influyó en las políticas gubernamentales. Como en 1986 nos recordaba Geraldine Scanlon, las nuevas instituciones emergidas del dinamismo reformista, muchas de ellas sufragadas por asociaciones, partidos o sindicatos, tenían más calidad que las escuelas de Magisterio estatales, que adolecían de falta de espacio, de materiales, de presupuesto y de un plan de estudios competente (Scanlon, 1986: 42). Por ello a nadie extrañó los profundos cambios, iniciados en el ministerio de Arboreda en el año 1882, para igualar a las Escuelas Normales públicas con las privadas. "Su aptitud [de la mujer] maravillosa y probada para el magisterio... y su cariñoso y proverbial instinto al amor de la infancia, justifican sobradamente la determinación de poner en sus manos la enseñanza de la niñez", recogía el Real Decreto del 17 de marzo de 1882, poniendo las escuelas de párvulos bajo tutela femenina (Flecha, 1997: 232-233). Pero no fue la única reforma emprendida ese año. Por Real Orden de 28 de julio de 1882 se establecían las normas para ingresar en el cuerpo de maestras de párvulos; el Plan de Estudios de la Escuela Normal Central de maestras se reformaba y racionalizaba por Real Decreto del 13 de agosto, y se impulsó que fueran las propias graduadas de los estudios de Magisterio las que ocupasen las cátedras en las escuelas, medida que se transformó en ley a partir de las reformas, por otro lado conservadoras, del neocatólico marqués de Pidal en 1884. Las leyes que afectaron a las maestras se sucedieron entre gobiernos liberales y conservadores.

Mucho más importante para la internacionalización de la docencia y de los docentes españoles fue la llegada de institucionistas al poder y la creación de organismos gubernamentales regidos por los principios de la Institución. Muchos de los miembros del Consejo de Instrucción Pública fueron institucionistas e influyeron en la creación de la Junta de Ampliación de Estudio (JAE) en 1907. Las becas formativas beneficiaron sobre todo a los docentes, que pudieron viajar a centros educativos extranjeros y aprender de sus métodos pedagógicos. Además de internacionalizar y mejorar los métodos docentes, también estas estancias reforzaron las redes transnacionales que facilitaron el exilio republicano (Guardia, 2010).

El paso decisivo para la reflexión y mejora de la formación de maestros y maestras se produjo con la proclamación de la Segunda República. Ciudadanía y República son un binomio indisoluble y la educación de los ciudadanos indispensable para el ejercicio cabal de la ciudadanía. Por ello no es de extrañar el inmenso esfuerzo de la República para ampliar, mejorar e independizar de la Iglesia católica al sistema educativo español. Como es sabido, la mayor parte de las reformas educativas republicanas se produjeron en el bienio azañista (1931-1933) en los ministerios de Instrucción Pública y Bellas Artes de Marcelino Domingo y de Fernando de los Ríos (Viñao, 2004: 38).

Aunque existieron reformas que afectaron a todas las fases educativas, las más importantes estuvieron vinculadas con aquellas etapas consideradas imprescindibles para el buen ejercicio de la ciudadanía dentro del republicanismo. De la misma forma que en la Francia de la Tercera República Jules Ferry había acometido reformas encaminadas a las consecución de una escuela laica y universal como paso previo a una República vigorosa, la España del bienio azañista luchaba por ampliar el número de niños escolarizados y por profundizar en la formación de maestros y maestras para lograr ciudadanos capaces de ejercitar sus derechos con libertad. Los maestros devenían así en piezas claves de la República (Viñao, 2004: 39).

La proclamación de la Constitución el 9 de diciembre de 1931 hizo que las posiciones de la España tradicional y republicana frente a la educación se aclararan.

Desde ese momento, la escuela pública republicana y todos sus miembros aparecieron frente a los grupos políticos conservadores vinculados con la Iglesia católica y para aquellos grupos de corte fascista como uno de los ejes básicos a combatir. Tanto los artículos 3 y 26 del nuevo texto constitucional, centrados, el primero, en la libertad religiosa, y el segundo, en la anulación del "presupuesto del clero" y la disolución de las órdenes religiosas que impusieran, además de los tres votos canónicos, uno especial de "obediencia a la autoridad distinta de la legítima del Estado", ofendieron profundamente a la jerarquía católica. Pero otros artículos disgustaron casi más a los grupos conservadores que consideraron que un sistema de educación laico, republicano y universal era contrario a sus intereses. El artículo 49 reconoció la competencia exclusiva del Estado de emitir títulos académicos y profesionales y prometió una ley de instrucción pública. El artículo 50 estableció que, además de la lengua castellana, "las regiones autónomas podrán organizar la enseñanza en sus lenguas respectivas, de acuerdo con las facultades que se concedan en sus Estatutos"; y el 48 establecía que: "el servicio de la cultura es atribución esencial del Estado, y lo prestará mediante instituciones educativas enlazadas por el sistema de la escuela unificada" y también que: "la enseñanza primaria será gratuita y obligatoria". Por último afirmó que "los maestros, profesores y catedráticos de la enseñanza oficial son funcionarios públicos. La libertad de cátedra queda reconocida y garantizada". El mismo artículo reconocía "a las Iglesias" —haciendo una clara alusión a las protestantes, solo toleradas hasta entonces— "el derecho, sujeto a inspección del Estado, de enseñar sus respectivas doctrinas en sus propios establecimientos".

La realidad fue que la Constitución hizo peligrar los privilegios educativos de la Iglesia católica. En sus primeras declaraciones del mes de enero de 1932, la jerarquía católica expresó su disconformidad con la Constitución. En lo relacionado con la enseñanza, rechazó el monopolio estatal aludiendo "al derecho natural" de los padres para elegir tanto la escuela "como los maestros" y los "derechos de la Iglesia a educar religiosamente, sin trabas aún en la escuela pública". El texto concluía con una llamada a los padres españoles a "la reconquista católica" dibujando ya lo que sería la hoja de ruta de la oposición a las reformas educativas republicanas (Viñao, 2004: 46).

A pesar de la fuerte oposición de lo que se configuraba como una alianza de las derechas, durante el ministerio de Fernando de los Ríos se completó la obra de reforma (Viñao, 2004: 105-117). Dos reglamentos promulgados en 1932 afectaron especialmente a la situación de los maestros y maestras. El primero se centró en las Escuelas Normales, revitalizando su enseñanza; el segundo insistía en el carácter pedagógico de los inspectores de magisterio. De los Ríos conocía bien la carrera de Magisterio al estar casado con Gloria Giner, hija de Hermenegildo Giner de los Ríos, profesora de la Escuela Normal de Maestras de Granada (García Lorca, 2002: 96-98).

El triunfo en las elecciones de 1933 de la coalición integrada por los radicales de Lerroux y por la Confederación Española de Derechas Autónomas frenó y en muchos casos anuló las reformas educativas del bienio azañista. Con el triunfo del Frente Popular en 1936, Marcelino Domingo regresó al Ministerio de Instrucción Pública y Bellas Artes y también todas las reformas del bienio azañista. Sin embargo, el golpe de Estado de 1936 y el inicio de la

Guerra Civil trasformó la política educativa republicana. La prioridad del gasto bélico debilitó el presupuesto del Ministerio pero la educación se consideró por los intelectuales, docentes y trabajadores republicanos como "un arma cargada de futuro". El compromiso de los sindicatos socialistas y anarquistas, la influencia cada vez mayor del Partido Comunista —recordemos que el Ministerio de Instrucción Pública estuvo ocupado, desde septiembre de 1936 hasta abril de 1938, por el comunista Jesús Hernández—, permitió la intensificación de las reformas. La República, aunque en guerra, se comprometió con la educación (Viñao, 2004: 54).

REPRESIÓN DE LAS MAESTRAS REPUBLICANAS. HACIA EL EXILIO

Los estudios sobre la represión franquista han proliferado en los últimos años[3]. Si bien se han publicado trabajos, desde luego necesarios, que reflexionan sobre la cantidad de afectados, sus grupos profesionales y la incidencia en los respectivos campos de actuación, cada vez son más numerosos las aproximaciones cualitativas. Es Conxita Mir quien nos recuerda que hay que aproximarse al estudio de la represión también desde otros ángulos. No todo lo relacionado con la represión es cuantificable. El miedo, el aislamiento y la ruptura de lazos solidarios y afectivos entre las familias fueron muy importantes. De la misma forma se deben explorar los efectos que sobre la sociedad civil tuvieron las actitudes propias de regímenes totalitarios: la delación, el espionaje, la violencia y el silencio. Y aunque siempre se observa la represión ejercida por el franquismo dentro de España, el exilio para la mayor parte de los que lo sufrieron fue otra clase de represión. Si definimos represión siguiendo el diccionario de la Real Academia Española como: "Acto, o conjunto de actos, ordinariamente desde el poder, para contener, detener o castigar con violencia actuaciones políticas o sociales", el exilio no cabe duda de que lo fue. Expulsar, impedir el regreso, aislar, truncar proyectos de vida fue un castigo y además una forma de "contener" de forma violenta flujos políticos y sociales. Es María Teresa León, en su precioso texto autobiográfico *Memoria de la Melancolía*, quien nos recuerda la dureza afectiva de "su castigo": "Estoy cansada de no saber dónde morirme. Ésa es la mayor tristeza del emigrado. ¿Qué tenemos nosotros que ver con los cementerios de los países donde vivimos? Habría que hacer tantas presentaciones de los otros muertos, que no acabaríamos nunca. Estoy cansada de hilarme hacia la muerte. Y, sin embargo, ¿tenemos derecho a morir sin concluir la historia que empezamos? Porque todos los desterrados de España tenemos los ojos abiertos a los sueños".

Pero además del desarraigo cultural el exilio supuso, para muchos y sobre todo para muchas, dificultades materiales. No todos los trabajadores encontrarían un puesto de trabajo adecuado a su formación en los países de acogida. Muchas veces ni siquiera pudieron trabajar. Y el exilio implicaba además la quiebra de las redes solidarias familiares y amistosas. Se crearon lazos nuevos y mecanismos de ayuda entre exiliados, pero las dificultades persistieron. Los exiliados vivieron su exilio de muy diversa forma. La mayoría sufrieron la separación. Algunos creadores, como María Zambrano, reconocieron que fue un impulso, un empuje doloroso, eso sí, pero creador. Muchas mujeres, sobre todo muchas "mujeres de su casa" se sintieron, tras las primeras dificultades, acogidas y supieron transformar el espacio que les rodeaba en su nuevo hogar.

Los historiadores coinciden al afirmar que la represión franquista se cebó con los maestros y maestras. Para el nuevo régimen eran la representación de los valores laicos y republicanos que quería destruir. J. Becaud y E. López Campillo reproducían, ya en 1978, las palabras de Unamuno pronunciadas en una sesión de la Cortes del 22 de octubre de 1931: "En esta Cámara, señores hay demasiados catedráticos. Probablemente seamos demasiados entre maestros y catedráticos... dondequiera que el ejército ha abusado, se ha formado un partido antimilitarista; donde el clero ha abusado se ha formado un partido anticlerical. Nuestros hijos, nuestros nietos conocerán en España un partido antipedagogista" (Becaud y López Campillo, 1978: 33). Y tenía razón. Nada más estallar la Guerra Civil, en aquellos lugares controlados por Franco, se inició una purga radical sobre los maestros y maestras como pieza clave de la reforma pedagógica republicana. La insistencia de los golpistas en terminar, en liquidar, en borrar todo cambio en el modelo educativo tradicional por considerar que rompía "con la verdadera esencia" española fue la causa de que los docentes de todos los niveles educativos fueran un objeto prioritario de la represión franquista. Nada peor, como en otro lugar señalamos, que reivindicar la formación para crear ciudadanos libres, independientes y educados en su singularidad. Para la España franquista, de nuevo, la uniformidad, la identidad necesaria en los movimientos nacionales, era imprescindible.

La educación debía sofocar, ahogar los elementos individuales tendentes a la realización personal. El individuo se anulaba en el flujo de la nación y, en el caso del franquismo, de la nación católica española. Para lograr esos objetivos había que "cortar de raíz, extirpar" la actuación sobre todo de los maestros y maestras a los que se les encargaba de la educación en los primeros años de las niñas y niños.

Existieron diferencias de género también en la represión franquista. Sabemos que la llegada al poder del dictador supuso el fin de los logros ciudadanos obtenidos por las mujeres a lo largo de la Segunda República y también que el nuevo/viejo modelo de mujer, que se imponía, "devolvía" a las mujeres su representación de complemento de lo masculino desde un lugar de subordinación. De nuevo madres y esposas complacientes pero también, otra vez, sometidas a un derecho civil desigual que les negaba los derechos mínimos para la libertad individual. Podría así pensarse que esa nueva representación alejaría a las mujeres de la responsabilidad atribuida a los maestros y suavizaría los castigos y la represión. Pero no fue así. La transgresión de las maestras fue vista como diferente pero no por ello menos grave. No solo habían violentado el lugar asignado a las maestras en el Antiguo Régimen, es decir, el de un comportamiento similar al suave y sumiso que se presumía debían tener las buenas madres de familia, sino que además ocuparon con soltura un espacio, el espacio público renovador republicano, en donde nunca debían haber penetrado. La calificación de los delitos fue diferente para varones y mujeres, pero no por ello las mujeres sufrieron menos dolor. Todas fueron, como nos recuerdan Juan Manuel Fernández Soria y María del Carmen Agulló Díaz para el acaso valenciano, presumiblemente culpables hasta que no se demostrará lo contrario, y todos y todas los supervivientes de la violencia inicial fueron "depurados" (Fernández Soria y Agulló Díaz, 1999: 256-258).

En los primeros días de la sublevación, en aquellos lugares en donde las organizaciones sindicales docentes eran fuertes, la represión fue continua. Recordemos los fusilamientos de Sevilla, Palencia, Cangas de Narcea y otros lugares (Iglesias, 2000; García Colmenares, 2010). Además de la violencia física que culminó en las condenas de muerte, existieron castigos de prisión y todos los maestros y maestras y también los estudiantes de las Escuelas Normales fueron depurados en la España Franquista. Además muchos de ellos fueron encontrados culpables. Nada menos que 20.000 maestros y maestras fueron sancionados en los procesos de depuración (casi un tercio del total de los maestros y maestras). Si bien también hubo depuración en la zona republicana, las sanciones aplicadas no guardan relación ni en el número ni en el enseñamiento hacia las y los docentes de la zona sublevada (Morente, 1997). Esta dureza en la represión y el deseo de continuar con su labor docente fue la razón de que muchas mujeres iniciaran el camino del exilio.

MAESTRAS EN EL EXILIO

Podemos acercarnos con precisión al estudio del exilio de maestros y maestras por la existencia de diferentes trabajos y fuentes documentales. En 1989, un grupo de investigadoras de la Dirección de Estudios Históricos del Instituto Nacional de Antropología e Historia de México retomaron el trabajo emprendido en 1979 por Eugenia

Meyer y crearon el Archivo de Historia Oral sobre la Guerra Civil española y el exilio en México. El archivo contiene un rico acervo para afrontar el exilio mexicano de las mujeres exiliadas españolas. En total se realizaron 114 entrevistas, de ellas 29 a mujeres. De las mujeres entrevistadas, seis eran maestras. Hemos podido revisar las entrevistas de cinco de ellas. Los familiares de la maestra y diputada socialista Veneranda García Blanco todavía no han autorizado la consulta de su testimonio. Estas entrevistas constituyen verdaderas historias de vida y pueden consultarse en la Sección de Guerra Civil del Archivo Histórico Nacional en Salamanca. También en el Archivo Carlos Esplá Rizo se pueden consultar los expedientes relacionados con la Junta de Auxilio a los Republicanos Españoles (JARE), sobre todo la sección centrada en los colegios de la JARE. También las listas de embarque conservadas en este Archivo informan sobre las condiciones del exilio de las maestras. Además, un grupo de mujeres exiliadas decidieron editar un libro colectivo con sus memorias, que nos ha resultado muy esclarecedor. Titulado *Nuevas raíces. Testimonio de mujeres en el exilio*, contiene once historias de vida de mujeres exiliadas en México. Los estudios y las entrevistas de Pilar Domínguez Prats y los trabajos de Alicia Alted son imprescindibles para cualquier aproximación al exilio de las mujeres republicanas en México.

El exilio español republicano se dilató en el tiempo. Desde el primer año de la guerra muchos varones y mujeres, comprometidos con la República, debieron iniciar su exilio temiendo por sus vidas o buscando una mayor libertad, conforme las tropas sublevadas avanzaban y dominaban regiones y ciudades. Más de medio millón de personas atravesaron la frontera entre España y Francia desde 1937, año de la caída en manos nacionales del País Vasco, y hasta el final de la Guerra civil española, en 1939.

Los estudios sitúan el número de maestros exiliados en torno a los 3.000. De ellos se calcula que un 40 por ciento eran mujeres. Existen trabajos cuantitativos para Cataluña y Valencia. En Cataluña se exiliaron más de 397 docentes. Quizá más que en otras regiones por su carácter de retaguardia. En Valencia, los trabajos de Fernández Soria y de Agulló cifran en 21 los docentes exiliados, cifra que se acerca mejor a la media del resto de España (Fernández Soria y Agulló, 1999).

Ya durante la guerra existió un exilio interno que afectó de forma especial a los niños y a los maestros. Existieron colonias de niños refugiados en distintas regiones de la España republicana procedentes o bien de zonas ocupadas por los franquistas o bien de zonas muy castigadas militarmente. Algunos simplemente eran hijos de padres movilizados que optaban por las colonias y otros eran ya huérfanos. Se organizaron así colonias infantiles y los maestros republicanos aplicaron todo su buen hacer pedagógico. Es la maestra Estrella Cortichs la que nos cuenta esta experiencia durante la guerra. "Nos envió Herminio Almendros inspector de primera enseñanza" y en Barcelona "ocupamos grandes casas que estaban vacías" y las llenaron de niños refugiados. En todas las colonias las maestras y maestros republicanos impartieron una docencia "planificada y coordinada", afirmaba Cortichs[4].

El exilio docente siguió los ritmos del exilio general. El grueso mayor de exiliados llegó por lo tanto a Francia, atravesando los Pirineos, a partir de finales de enero y principios de febrero de 1939. Además, unos 15.000 lograron huir desde Levante hacia territorios del norte de África (Pla Brugat, 2007: 242). Los que se exiliaban a Francia, lo hacían en condiciones muy precarias, soportando frío, hambre y constantes bombardeos de la aviación franquista. Familias enteras —muchas veces integradas por mujeres, niños y ancianos— seguían o buscaban a padres, hijos o compañeros temiendo por sus vidas. No sabemos exactamente cuántos españoles fallecieron en esta dura huida hacia el exilio. Pero debieron ser muchos. Era invierno, estaban siendo bombardeados y los niños y ancianos marchaban junto a hombres y mujeres más resistentes (Alted, 1997: 223-238).

Una vez en Francia las cosas no fueron fáciles para los refugiados. Al llegar separaban a los hombres de las mujeres y de los niños. Los varones fueron confinados en campos de concentración que no estaban preparados para tantos internos. A las mujeres y a los niños se les colocó en refugios y campos improvisados en granjas y pueblos del interior. Los llamados "centros de albergue" o refugios (Pla Brugat, 2007: 243). Esas separaciones a veces se hicieron de forma caótica. "Porque llegando a la frontera los hombres, los maestros, los directores de la colonia quedaron a un lado y las maestras a otro lado y los niños se quedaban solitos… y por eso después en Francia yo estuve casi un año buscando niños de Ayuda Infantil", narraba todavía con tristeza Estrella Cortichs, que había abandonado España con un grupo de niños refugiados en el año 1939[5]. Una vez separados, las mujeres y en algunos casos los niños eran enviados a "refugios". "Habíamos recorrido una gran parte de Francia. A la salida de la estación, nos estaban esperando unos autobuses. Atravesamos la ciudad… Enfilamos una carretera que nos alejó de la ciudad unos cuatro kilómetros", nos contaba María Magda Sans, una de las exiliadas españolas. "Allí en pleno campo fuimos introducidas en un recinto alambrado donde se alzaban unas barracas que a mí me parecieron cuadras para ganado. Nos repartieron a razón de veinte mujeres por barraca. Mis ojos no salían de su asombro", afirmaba en su relato (Sans, 1993: 248). Las condiciones de varones y mujeres y niños fueron pésimas. El gobierno francés calculó que de los más de 300.000 españoles confinados en los campos de refugiados, fallecieron 14.672, la mayoría de disentería y enfermedades bronquiales y pulmonares (Santos, Ordóñez y Tuñón, 2007: 96).

Pero no todos los exiliados sufrieron la misma suerte. Algunos de los que tenían más relaciones o más prestigio dentro del grupo de exiliados recibieron una ayuda más temprana e intensa. Las redes intelectuales transnacionales, tejidas desde finales del siglo XIX, funcionaron sin parar. Cuando leemos las obras autobiográficas o la correspondencia entre los profesionales y políticos exiliados nos damos cuenta de la eficacia de estas estructuras espontáneas movilizadas para ayudar y rescatar del horror a familiares y amigos. Es el caso, por ejemplo, de Francisco Giner de los Ríos. Llegado a Francia "a pie" el 9 de febrero de 1939, estaba ya en Nueva York un mes después, como él mismo narró: "En Nueva York (adonde había llegado a fines de marzo, gracias a la inolvidable ayuda de mi tío Fernando de los Ríos, todavía Embajador de la República Española en Washington)", nos explicaba Francisco Giner de los Ríos en un breve texto autobiográfico, "me incorporé a una expedición de la Junta de Cultura Española, presidida por José Bergamín, Juan Larrea y Josep Carner, en la que iban hacia México... con sus familias respectivas. Viajamos en un autobús desde Nueva York a México", concluía (Giner de los Ríos, 1983-1984). En esa misma expedición, creemos que viajaba una de las docentes exiliadas más prestigiosas. Enriqueta Ortega había estudiado en el Instituto Balmes de Barcelona, era maestra y también doctora en Ciencias Naturales. Realizó el doctorado en Madrid, viviendo en la Residencia de Señoritas. Llegó a México con el mismo grupo gracias a sus excelentes contactos sociales y profesionales. "Cuando llegamos a Francia todos los españoles escribíamos a amigos americanos para que nos ayudaran", narraba Enriqueta. "Yo tenía una buena amiga catedrática de Geografía en México que me ayudó mucho", reconocía[6].

Los refugiados que quedaron, entre ellos la mayor parte de la maestras, también se organizaron pronto. Las mujeres con más práctica política estuvieron muy activas en los refugios de mujeres. Es la maestra catalana, Carmen Raure Canot, quien nos recuerda cómo las mujeres militantes ayudaban a los demás. Carmen tenía un doble compromiso. Con la Federación Española de Trabajadores de la Enseñanza, FETE, y con el Partido Socialista Unificado de Cataluña, PSUC. "Nuestro trabajo era... tranquilizar a las compañeras, ver si podíamos tener contacto y escribir a nuestros compañeros", comentaba Raure; "Si en esos campos de concentración estaba el marido de fulana... después que la leche se distribuyera bien a los niños; que no hubiera ningún lío... a ver si se podía dar clase a los niños... [queríamos] normalizar la vida"[7].

También los partidos políticos en el exilio se organizaron y lograron evacuar a los refugiados. La previsión del último jefe del gobierno republicano, Juan Negrín, hizo que se abriesen cuentas en el extranjero en los últimos meses de la República para sostener al presumible exilio republicano y a su gobierno. Así, en 1939, Negrín creó el

Servicio de Evacuación de Republicanos Españoles (SERE). Poco después se creó la Junta de Auxilio de Republicanos Españoles (JARE), presidida por Indalecio Prieto con los fondos enviados al representante de la SERE en México, el doctor Puche, que estaba ausente. La existencia de dos organismos de auxilio, de alguna manera, reprodujo las divisiones de los partidos republicanos al final de la guerra (Pla Brugat, 2007: 244). Además de los trabajos de auxilio de la SERE y la JARE, la sociedad civil democrática de muchas naciones occidentales se movilizó. Las organizaciones cuáqueras estadounidenses, británicas y suizas crearon la Ayuda de los Refugiados Infantiles de España, en 1937. Ese mismo año en Gran Bretaña se formó el Comité Nacional de Ayuda a España que cuidó a los niños vascos refugiados en Inglaterra. Tras la derrota republicana, el Comité Británico se trasladó a Francia ayudando a los refugiados españoles, primero, y después organizando, junto a otras instituciones, las tareas de evacuación hacia otros países. "El Comité Británico se estableció en Francia para ayudar a los refugiados. En los días del paso de refugiados por la frontera establecieron barracas en las que daban bebidas calientes y algunos alimentos", nos contaba la refugiada María Tarragona en su testimonio. "El Sinaia fue fletado en un principio por el Comité Británico pues los organismos españoles en el exilio no se ponían de acuerdo sobre su aportación, el porcentaje de pasajeros, etc. Cansado de tantas nimiedades y discusiones el Comité fletó un buque… y se dispuso a sacar de los campos al mayor número de refugiados", narraba María, criticando los enfrentamientos de los organismos de ayuda republicanos (Tarragona, 1993: 226; Pla Brugat, 2007: 245).

Pero había otras redes de auxilio. Es el testimonio de la exiliada Blanca Bravo el que nos narra la eficacia de las redes masónicas en su ayuda a los refugiados. "[...] Pudimos llegar a la casa del alcalde de Cerbère... allí nos esperaban para auxiliarnos y darnos algo de comer. El señor era masón, como mi cuñado y mi padre", nos cuenta Blanca, y continúa: "[...] al día siguiente volvimos a emprender la marcha... había un solárium, ahora transformado en refugio que albergaría... unas 50 familias refugiadas. Esto estaba dirigido por la masonería francesa", concluía (Bravo, 1993: 3).

Los campos de refugiados fueron una situación dura y para muchos transitoria. Para otros refugiados Solo significó el inicio de una tragedia todavía mayor. El gobierno francés, a lo largo del año 1939 y antes de la ocupación alemana en 1940, ofertó distintas soluciones para los españoles. Por un lado la repatriación, por otro la reemigración y, por último, forzarlos al trabajo. Fue en mayo cuando se inició el proceso de repatriación. En esta primera etapa casi todos fueron repatriados voluntarios, aunque también el gobierno francés deportó forzosamente. Es de nuevo la maestra Carme Raure la que nos comenta cómo muchas mujeres volvieron a España. "Nosotras no hemos hecho nada, hemos salido por miedo... no tenéis miedo, pues regresaros ¡qué hacéis aquí!", contaba gráficamente Raure. "[...] Allí comenzaron a pedir las listas para las intenciones de regresar a España por parte del franquismo... y nos enviaban cartas diciendo... el gobierno francés y el gobierno franquista... unas encuestas diciendo: ¿A dónde piensa usted ir? ¿Quiere volver a España?", concluía[8]. La reemigración, en esos primeros meses, fue difícil. Casi ningún país aceptó a refugiados españoles en 1939. Solo México, Chile, la República Dominicana y la Unión Soviética. Algunos españoles pudieron instalarse en Estados Unidos pero no como refugiados políticos sino como emigrantes con contrato laboral. Fue el caso de muchos intelectuales republicanos que tenían estrechos contactos con la academia estadounidense gracias a la labor histórica de intercambio entre las universidades americanas y el Centro de Estudios Históricos, el Instituto Internacional y otras muchas instituciones españolas de las que ya hemos hablado (Guardia, 2010: 115-128). Sabemos que o bien por la repatriación o por la reemigración a finales de 1939 solo permanecían en Francia cerca de 325.000 refugiados (Alted, 1997: 5).

Pero estos refugiados que permanecieron en Francia, muchos de ellos entre las alambradas de los campos y forzados al trabajo, tuvieron el destino más trágico. El estallido de la Segunda Guerra Mundial, el 1 de septiembre de 1939, significó un agravamiento de las condiciones de vida de estos españoles. La ocupación de Francia por el ejército de Hitler fue rápida. La firma del armisticio por parte del mariscal Henri-Philippe Pétain, el 22 de junio de 1940, supuso la división de Francia en la zona ocupada por Alemania y en la del gobierno colaboracionista de Vichy. Pronto apareció una tercera, la Francia libre de De Gaulle, que desde Londres se negó a aceptar la rendición e hizo un llamamiento a la lucha armada, a la resistencia del pueblo francés. Los españoles que continuaban en Francia corrieron una suerte dispar. Aquellos que todavía estaban en la Francia ocupada por Hitler continuaron siendo trabajadores forzosos, o deportados a España en donde les esperaba a muchos la condena a muerte o, unos 40.000, enviados a Alemania. De ellos, 8.000 fueron arrastrados a los campos de exterminio, sobre todo a Mauthausen. Unos 1.000 murieron en bombardeos o cárceles de la Gestapo

(Pla Brugat, 2007: 249). No sabemos cuántas mujeres corrieron esa suerte. También algunos, como Victoria Kent, permanecieron escondidos toda la guerra. Además, otros españoles lograron pasar a la clandestinidad y evitar la presencia alemana y colaboracionista y participaron en la Resistencia y en el Maquis. Javier Rubio calcula que a finales de la Segunda Guerra Mundial unos 10.000 españoles integraban la Resistencia francesa.

Sin embargo, los españoles que residían en la Francia de Vichy corrieron otra suerte. El gobierno mexicano de Cárdenas, muy preocupado por el avance nazi y sabiendo el tremendo futuro que les esperaba a los refugiados españoles, firmó un pacto con Pétain en 1940 aceptando un número ilimitado de españoles y españolas y sin establecer condiciones. En total llegaron a México, gracias a la generosidad de Cárdenas y sus sucesores, entre 1939 y 1949, un total de 22.996 refugiados españoles (Mateos, 2009: 276). Conocemos las listas elaboradas por distintos partidos y personalidades republicanas de los refugiados, tanto en Francia como en el norte de África, que reflejan las responsabilidades políticas, las cargas familiares y la tensa espera de estos españoles. También sabemos los nombres de los que por fin embarcaron desde diferentes puertos[9].

De manera muy distinta se comportó el gobierno del otro gran país de América del Norte. A pesar de la Movilización de la sociedad civil norteamericana para ayudar a los refugiados españoles, la actitud del gobierno estadounidense fue de extrema frialdad. Conocemos por diferentes testimonios que los particulares enviaron dinero, reclamaron y ayudaron a sus amigos y amigas españoles. Es la maestra Estrella Cortichs quien nos cuenta la ingente ayuda recibida de protestantes estadounidenses por su amiga Margarita. "Ella tenía muchas amigas, había estado en un colegio, en un colegio internacional dirigido por profesoras americanas, protestantes también claro... entonces ayudaron a esta chiquita, le mandaron dólares", contaba Cortichs de su compañera de "refugio". De nuevo las redes forjadas durante años entre las instituciones educativas españolas y americanas se ponían en funcionamiento[10]. Además en las grandes ciudades, sobre todo en Nueva York, se crearon organizaciones de ayuda. El Comité Norteamericano de Socorro a los Refugiados Españoles logró recaudar fondos, pero no organizó expediciones propias para trasladar a los refugiados, como querían muchos republicanos españoles. No solo la política oficial americana se vio atravesada por el acercamiento entre Stalin y Hitler en 1940, también gran parte de la sociedad civil miró con recelo la presencia comunista entre los refugiados a partir de ese momento. Este cambio de actitud se aprecia en la negación de visados a españoles comunistas que, como Constancia de la Mora, tantas simpatías habían logrado en Estados Unidos antes de 1940. Efectivamente, a Constancia, amiga de la primera dama, Eleanor Roosevelt, invitada en varias ocasiones en la Casa Blanca, tras el éxito editorial de *In Place of Splendor*, publicado en noviembre de 1939, le fue negado el visado en 1940 (Fox, 2008: 242-243). Fue su antigua amiga Eleanor Roosevelt quien le explicaba las razones de la actitud del Departamento de Estado: "Creo que se entiende que usted simpatiza con Rusia, y desde el pacto con los nazis, la guerra con Finlandia y la invasión de otros países en esa zona, existe aquí más desconfianza que nunca con Rusia" (Roosevelt, 1992). A partir de 1940 el Comité de Ayuda a los Refugiados Españoles otorgó todo los fondos recaudados a las organizaciones cuáqueras que llevaban tiempo colaborando en la evacuación de refugiados hacia México. Solo un millar de profesionales y sus familias, la mayoría con contactos previos en Estados Unidos lograron instalarse en Estados Unidos tras la Guerra Civil.

La contradicción aparente existente en la República Dominicana del dictador Rafael Leónidas Trujillo (1930-1938 y 1942-1952) al permitir la llegada de los exiliados republicanos nos la explica José Ignacio Cruz en su texto sobre la maestra Guillermina Medrano (Cruz, 1998: 329-353). Trujillo quería, con esta expresión de buena voluntad, mejorar la imagen del régimen frente a la comunidad internacional tras la matanza de haitianos perpetrada en 1937. La insistencia de muchos dictadores latinoamericanos y europeos "en blanquear" sus respectivas sociedades es otro de los motivos que movieron al dictador. "Porque entonces la gente de Santo Domingo tenía un poco la idea de blanquear la raza y a todos los que llegábamos casados (nos decían) ¡se podían casar aquí!", nos contaba la maestra Estrella Cortichs[11]. Casi 5.000 exiliados republicanos arribaron a la isla entre 1939 y 1940 (Cruz, 1998: 330). Muchos de ellos consideraron la estancia como transitoria y se movilizaron para viajar a otros lugares como México o Estados Unidos, en donde el ambiente era mucho menos opresivo.

LA LABOR PEDAGÓGICA DE LAS MAESTRAS REPUBLICANAS EN MÉXICO, REPÚBLICA DOMINICANA Y ESTADOS UNIDOS

Si nos interesa el exilio docente debemos destacar la llegada de maestros y maestras a tres destinos americanos: México, la República Dominicana y Estados Unidos. En los tres lugares pudieron acometer, gracias al apoyo económico o de las instituciones del exilio o de las redes educativas internacionales fraguadas desde el siglo XIX, una labor que supuso una continuación de la obra reformista republicana promoviendo un enriquecimiento importante de las sociedades de acogida.

A pesar de que fueron solo los varones recluidos en los campos de refugiados franceses los que podían rellenar las solicitudes pidiendo la entrada a México y en sus impresos incluían a sus familias, muchas mujeres lograron exiliarse a ese país americano. Al existir más refugiados que plazas en los barcos, los exiliados fueron seleccionados por los organismos que organizaban el traslado, sobre todo a partir de que, en 1941, el presidente Lázaro Cárdenas fuera sustituido por Ávila Camacho, quien ralentizó la llegada de refugiados españoles. A pesar de que la iniciativa debía ser masculina, el total de mujeres exiliadas ascendió a un 41,2 por ciento (Domínguez Prats, 2009: 97).

En los listados de embarque conservados por la JARE muy rara vez aparecían nombres de mujeres de manera aislada. Solo si habían tenido un compromiso político claro y viajaban solas se veía algún nombre femenino. Casi siempre aparecían vinculadas a un varón señalando su parentesco —madre, esposa, hermana e hija—. A veces, como ocurrió con Irene Pinto Díez, aparece otro término: "sirvienta y ahijada, de Alcalde"[12]. Muchas mujeres solteras, que no habían tenido una relevancia política y profesional idearon estrategias para poder abandonar "los refugios". Es de nuevo Estrella Cortichs quien nos cuenta cómo ayudaron a salir a su amiga Margarita. En realidad se beneficiaron todos. "Vivía con nosotros y quería salir y era una mujer sola y era muy difícil que una mujer sola saliera, ¿no? Pero entonces teníamos planes de ayudarnos", contaba Cortichs, "Ella tenía [contactos en Estados Unidos]... entonces ayudaron a esta chiquita, le mandaron algunos dólares... decimos ponerla como sobrina nuestra y que viniera con nosotros", concluía de forma clara Estrella Cortichs[13].

Sabemos el número de maestras que se exiliaron a México por los censos realizados por las instituciones de ayuda a los refugiados. Efectivamente fue Carlos Esplá, entonces secretario general de la JARE, quien encargó al futuro director del colegio Madrid, Jesús Revaque, que elaborase censos de maestros. "Con vistas a la próxima designación del profesorado del Colegio Madrid, procede que a la mayor diligencia posible", afirmaba imperativo Esplá, "forme usted un censo de todos los maestros y maestras de primera enseñanza, refugiados españoles, que residan en México", concluía[14]. Se elaboraron dos. Uno en 1941 y otro en 1942, y en ellos, además de los nombres de los maestros y las maestras refugiados, se resumía su formación, su labor docente en España y en México y a veces su adscripción política. Así sabemos que en 1941 había 44 maestras españolas en México y 97 maestros[15]. Un año después las cifras habían aumentado. Los maestros varones eran 116 y las maestras, 54[16].

Al principio, las maestras exiliadas tuvieron problemas para encontrar empleo y también para adaptarse a la nueva sociedad que les acogía. Muchas de ellas además no tenían documentación que probase su formación. Estrella Cortichs era una de las maestras que carecía de título. No porque no hubiera realizado los estudios sino porque nunca lo había solicitado. Eran bastantes los refugiados, que no podían probar los estudios realizados. Habían salido deprisa y, a veces, sin nada. Y además, en cualquier caso, debía revalidar sus títulos españoles en México. "La Secretaria de Educación ha tomado el acuerdo de autorizar nuevamente a los maestros en ejercicio para que continúen dando sus clases", informaba Jesús Revaque, desde la dirección del colegio Madrid a Carlos Esplá en 1943, "siempre que se matriculen en una Normal. Con esto queda resuelto el problema de los maestros del colegio", y continuaba: "Como Benavides no tiene documento ninguno vamos a escalafonarlo como profesor de trabajos manuales. Este asunto por lo tanto también queda resuelto", concluía el director[17]. Además, muchos refugiados eran pedagogos que habían vivido las reformas educativas españolas y que estaban ansiosos por continuar con su labor en México. El interés de los maestros coincidía con el de los padres de niños refugiados españoles. Todos querían que sus hijos recibieran una educación vinculada con esa España que habían abandonado.

Para los educadores, para los padres y también para los organismos de ayuda —SERE y JARE— era necesario no paralizar la labor docente republicana. Había que seguir formando ciudadanos útiles a la España del futuro. Los republicanos españoles estaban convencidos, en las primeras etapas de su exilio, que el franquismo caería como estaban cayendo todos los totalitarismos durante la Segunda Guerra Mundial. Son estos los motivos que contribuyeron a la creación de instituciones educativas en México que supusieron una clara continuidad a las reformas y a los métodos educativos defendidos por la República española.

Así, los republicanos españoles fundaron cuatro colegios en Ciudad de México. En otras localidades mexicanas se crearon los llamados colegios Cervantes y, además, se abrieron escuelas "freinetistas" por todo el país.

En Ciudad de México el primero en abrir sus puertas fue el Instituto Luis Vives en el verano de 1939; el Instituto Hispano-Mexicano Ruiz de Alarcón se inauguraba también en 1939; y la Academia Hispano-Mexicana, en 1940. Les siguió, tras cerrar el Ruiz de Alarcón, en parte por su mala gestión y en parte por los graves enfrentamientos políticos de los exiliados, el Colegio Madrid en 1941 y financiado por la JARE (Cruz, 1995: 99).

El Instituto Luis Vives se creó con ayuda de la SERE dos meses después de concluida la Guerra Civil. Desde el principio atendió a todos los niveles educativos e implantó la coeducación. Con una filosofía educativa heredera del institucionismo contó con profesores de gran calidad (Cruz, 1995: 97-99). Ya en el año 1940 trabajaban un buen número de maestras republicanas. Así, Milagros Miro, Juana Ontañón, Elena Verdes Montenegro y Enriqueta Ortega estaban ya trabajando como profesoras en el Luis Vives en 1942[18].

El Instituto Hispano-Mexicano Ruiz de Alarcón, también abierto en Ciudad de México, tuvo una historia mucho más difícil. Creado en 1939 por el profesor exiliado republicano Pedro Martul Rey y su mujer, María de los Ángeles Tobio Fernández, se financió, en parte, con ayudas concedidas por ciudadanos mexicanos simpatizantes de la causa republicana entre ellos el presidente Lázaro Cárdenas (Cruz, 1995: 99). También contó, en sus primeros años de andadura, con numerosas becas para sus estudiantes concedidas por la JARE. Así en enero de 1941 la Junta de Auxilio le concedió al Ruiz de Alarcón 367 becas para la enseñanza primaria, 62 para secundaria, 9 para estudios mercantiles y 7 para preparatoria[19]. Refugiados españoles y ciudadanos mexicanos crearon la Asociación Cultural Mexicana Sociedad Civil para su puesta en marcha. Si hacemos caso a una de sus maestras Estrella Cortichs era, de los colegios del exilio, el que contaba con una mayor independencia en relación a los organismos republicanos. "El Ruiz de Alarcón fue más bien de iniciativa privada", afirmaba[20] . El centro tenía dos edificios un para varones y otro para chicas. En 1939, el Ruiz de Alarcón a través de la Asociación Cultural Mexicana pedía a la Secretaría de Educación la legalización de sus planes de estudio. En el primer año de matrícula contó con más de mil estudiantes, repartidos entre el *kinder*, primaria, secundaria y los cursos de especialización profesional. Los alumnos eran casi todos hijos de refugiados políticos españoles, pero también había estudiantes mexicanos. Entre las maestras del Ruiz de Alarcón estaban un buen elenco de las docentes refugiadas. Además de María de los Ángeles Tobío trabajaban Ana Cruces Campos, Monserrat Piñol Molla, Helena Martínez Matilla, Josefa Losada, Estrella Cortichs, Teresa Villasetrú Teixidor, Victoria Sáez Beltrán, Juana Salto, Jacinta Landa y Concepción Tarazagaque[21]. El colegio, si hacemos caso a los informes y a los recuerdos de sus profesores, tuvo graves problemas económicos y también dificultades para normalizar las enseñanzas. Los niños españoles procedían de años de guerra con un pasado escolar a veces intermitente y al igual que los maestros y maestras en muchos casos carecían de expedientes académicos. Para organizarlo y adscribirlos a los diferentes cursos del sistema escolar mexicano se hacían pruebas de nivel que según la inspección mexicana en ocasiones carecieron de rigor. Pero además el colegio siempre adoleció de problemas económicos como señalaban las autoridades mexicanas y sus propios profesores (García de Fez, 2010: 222-225). Pero el Ruiz de Alarcón tuvo otros problemas. El 4 de enero de 1941, tras una reunión en donde acordó, gracias a un informe de Giral, enviar alumnos y mantener las becas al centro educativo, la JARE nombraba a un "inspector" asesorado por el Comité Femenino para velar porque el instituto Ruiz de Alarcón estuviera cumpliendo con sus fines. "Facilitar una buena enseñanza primaria a los hijos de los refugiados españoles, facilitándoles también el aprendizaje de algún oficio... o la preparación para carreras o profesiones auxiliares... o según sus capacidades el estudio de enseñanzas secundarias o superiores", eran sus objetivos según el informe[22]. Poco después Jesús Revaque, que fue el inspector nombrado por la JARE para inspeccionar el Centro, emitía un informe demoledor. Para contribuir, según él, a una mejor organización del Ruiz de Alarcón, Revaque fue señalando los defectos que veía a cada una de las etapas formativas emitiendo juicios de extrema dureza. Del *kinder* afirmaba que era "un almacén de chicos", de primaria escribía que "hay una completa anarquía. No obstante llevar el Instituto funcionando, el plan general de enseñanza no existe ni siquiera en papel". "La responsabilidad total y absoluta de este maremágnum es de la dirección del grado de enseñanza", continuaba el inspector. En secundaria encontraba que "alumnos sin la preparación necesaria para seguir los estudios de estos grados; incorporados a la enseñanza oficial y no incorporados... cursando primaria y secundaria a la vez...". Salvando al cuadro docente, "los profesores encargados de la secundaria y preparatoria son... formidables maestros que en España dieron brillo y tono elevado a los centros en que ejercieron su labor enseñante", Jesús Revaque concluía que los problemas eran tan grandes que no tenían solución. "Porque obedecen a vicios de origen... creado de no buen avenir con los fines y sobre todo con la naturaleza del servicio que la JARE resolvió instituir." Revaque fue más lejos al recomendar la creación de un nuevo centro "concorde con los fines y con las ideas... que inspiraron a la JARE al establecer un servicio de educación para los hijos de los exiliados españoles". El proyecto del Colegio Madrid estaba a punto de iniciarse. Eso sí tras retirar las becas y ayudas de la JARE al Ruiz de Alarcón. Para algunos historiadores, el Ruiz de Alarcón fue el escenario de enfrentamientos de la comunidad de refugiados que transcendían los aspectos meramente académicos. Su deseo de independencia, las pugnas entre las diferentes tendencias políticas de los refugiados, y también sus dificultades económicas y académicas son las razones que llevaron a su desaparición (García de Fez, 2011: 213-235).

Teniendo como modelo al Instituto Escuela, en 1940 se fundaba la Academia Hispano-Mexicana gracias a la iniciativa de Ricardo Vinos con la colaboración de Roberto Alcaraz. Fue una de las instituciones educativas españolas de más prestigio, aunque fue tachada por algunos maestros de elitista. "[...] Los alumnos de la Hispano- Mexicana eran un poco, no sé, no sé cómo decirlo, pero en fin, lo que llamábamos 'aristocracia de la revolución'... y a mí me interesaba más la otra gente...", nos contaba Estrella Cortichs para justificar su traslado al Colegio Luis Vives en 1943. "El señor Vinos era catedrático... y ya se sabe", afirmaba Cortichs de forma crítica. Según ella los profesores de secundaria no eran los mejores para entender los principios que debían guiar la enseñanza primaria. En la Hispano-Mexicana obligaban a los maestros a calificar y había cuadros de honor. Principios que chocaban con los métodos pedagógicos de Cortichs. "En el Vives teníamos que dar calificación porque los padres lo exigían... pero cuadros de honor no hubo nunca"[23].

La Academia Hispano-Mexicana contó con ayuda financiera de la SERE y también de ciudadanos mexicanos y del propio gobierno. Desde el principio hubo una fuerte presencia de estudiantes mexicanos. Inaugurada como un centro de educación secundaria, pronto integró todos los niveles educativos. Mantuvo los valores pedagógicos del exilio español hasta que en 1973, fallecidos los fundadores el centro, pasó a ser dirigido por españoles no vinculados al exilio (Cruz, 1995: 100). Entre las maestras españolas que trabajaron allí destacan Estrella Cortichs, Elvira Gascón y Ángela Campos (Morán Gortari, 2002).

El Colegio Madrid nacía en 1941, como ya hemos señalado, como proyecto de la JARE. "La República española tiene, entre otros méritos extraordinarios que el tiempo firmará, su labor en materia de instrucción", afirmaba Jesús Revaque en su anexo al informe sobre el Instituto Ruiz de Alarcón. "No existe precedente de ella ni por su extensión, ni por su espíritu, ni por la calidad del trabajo docente realizado en las escuelas", e iba más allá, "esta razón bastaría para tratar de crear en México una institución capaz de llevar a cabo una labor cuyo prestigio estuviera a la altura de tales antecedentes", concluía Revaque. La propuesta del Colegio Madrid parecía perfectamente diseñada y la nueva institución, según sus fundadores, era heredera de la obra educativa republicana. En abril Carlos Esplá le pedía a Revaque que elaborase el censo de maestros y maestras. "No debe limitarse a los maestros sin colocación sino que abarcará a todos, incluso los que estén prestando servicios en otros centros... si usted supiera de otros de méritos excepcionales que residieran en otros países de América deberá incluirlos en la lista." El Colegio Madrid, dirigido por Jesús Revaque y con un excelente plantel de profesores, abría sus puertas en el año 1941. 440 estudiantes, todos ellos hijos de exiliados, comenzaron en junio sus clases (Cruz, 1995: 105). Desde el principio, el Madrid gozó de una gran calidad. En su reglamento se señalaba la organización del colegio, que era similar a la de los organismos del institucionismo. Solo 40 días después de su fundación, el centro ya convocaba a las familias a jornadas de puertas abiertas. En los informes semestrales que el colegio emitía a la JARE se explican pormenorizadamente sus logros, que fueron muchos. El centro además de impartir el programa docente oficial, realizaba multitud de excursiones y visitas culturales, mantenía estrechas relaciones con las familias, tenía una biblioteca moderna, organizaba conferencias, es decir, mantenía viva la metodología docente y los logros del reformismo pedagógico republicano. En el año 1943, eran profesoras del Madrid muchas maestras refugiadas. "Señora Just, señorita Junguitu, señorita Orozco, señorita Rivero, señora Gómez, señorita Vallés, señorita Martínez, señora Vilasetrú, señora Monte, señora Salto y señora Álvarez" eran los nombres de docentes que aparecían en el informe a la JARE[24].

Además de los colegios situados en Ciudad de México, el comité técnico del SERE creó en 1939 el Patronato Cervantes, cuyo objetivo fue la apertura de colegios en otras ciudades mexicanas. Así, en 1940 se crearon varios Colegios Cervantes en Veracruz, Córdoba, Torreón, Tampico y Tapachula, que, como estaban situados en ciudades con pocos exiliados, desde el principio tuvieron un grueso de estudiantes mexicanos (Cruz, 1995: 95-111). Las maestras Luisa Bargés Barba y Amanda Velázquez Garro trabajaban en el Cervantes de Córdoba; Soledad Martínez García, en el de Jalapa; y Carolina Sellers, en el de Texcoco[25].

También se crearon escuelas para los más pequeños. Siguiendo métodos pedagógicos activos se fundaron escuelas activas lideradas por republicanos y republicanas exiliados, todos y todas seguidores del pedagogo Célestin Freinet. Así en 1940 abría sus puertas la Escuela Experimental Freinet en San Andrés de Tuxtla, en 1964 se fundó la Escuela Manuel Bartolomé Cossío y en 1969 abría sus puertas la Escuela Activa Emilio Abreu Gómez.

Las maestras republicanas exiliadas en México fueron muy activas en la reorganización asociativa. Acostumbradas en la España republicana al compromiso político y social, continuaron su actividad en América. Un grupo de mujeres españolas creó en 1943 la Asociación Mariana Pineda para ayudar a los presos de las cárceles y recluidos en los campos de trabajo en España. Entre ellas, Estrella Cortichs, Carmen Planas, Justa Pujol y otras más. La Federación de Trabajadores de la Enseñanza en el Exilio se organizó en México; y la maestra y psicóloga Regina Lago integró la Comisión Ejecutiva, siendo la responsable del Comité de Solidaridad y Ayuda a los profesionales de la enseñanza en España. Estableciendo y organizando además socorros para represaliados. También se creó la Unión de Mujeres Españolas (UME), que formaba parte de la Federación Democrática Internacional de Mujeres (FDIM), organización femenina antifascista transnacional nacida tras la Guerra Mundial. En México formaban parte de la organización Regina Lago, Emilia Elías, Veneranda García Manzano, Dolores Bargalló

Caludía y Luz García y Encarnación Fuyola (Domínguez Prats, 2009: 236-248).

En la República Dominicana el exilio español dejó su impronta educativa muy relacionada con las redes internacionales previas y con los métodos de la Institución Libre de Enseñanza. El primer centro educativo en abrir sus puertas fue el Instituto Colón, creado en 1939. En La Romana se fundó el Instituto Escuela Cervantes, en 1940. El más importante de todos fue el Instituto Escuela de la ciudad de Trujillo, creado por la maestra valenciana, formada en la Normal y en los organismos vinculados al institucionismo como la Residencia de Señoritas, Guillermina Medrano, que, como otros refugiados, había empezado a impartir clases particulares en su casa. Allí trabajaron también las maestras Emilia Benavente y María López (Cruz, 1998: 328-333). También estuvieron un tiempo antes de instalarse en México la maestra Estrella Cortichs y Ana del Toro. Si hacemos caso al testimonio de Estrella Cortichs, el prestigio de los colegios del exilio español era muy grande en la República Dominicana porque "Algunos de los políticos de las personas sobresalientes de ciudad Trujillo mandaban a sus hijos allí". De todas formas las diferencias políticas y culturales entre los refugiados españoles y el régimen dictatorial instaurado por Trujillo pesaba mucho. Es también Estrella Cortichs la que afirmaba que "No se podía vivir allí teníamos la impresión de que estábamos en un pozo y que era muy difícil salir de ese pozo"[26]. Como nos recuerda Vicente Llorens, la emigración a la República Dominicana fue pasajera. El país tenía pocos recursos, no había trabajo y, además, el régimen político era hostil. Todos lucharon por abandonar el país e instalarse en países con regímenes políticos democráticos. La mayoría, como la maestra Cortichs, se dirigieron a México; otros lo hicieron a Venezuela y los demás se dispersaron por todas las Américas (Llorens, 1976: 132-133).

La propia vida de Elvira Medrano nos acerca al exilio estadounidense. El inicio de la Guerra Fría supuso para todo el exilio español la llegada de más dificultades. De ser bien recibidos, en muchos casos comenzaron a ser perseguidos. A todos, comunistas o no, se les identificó con el comunismo en un momento de alineamiento del mundo en dos bloques que fueron dibujados de forma esquemática. Cualquier compromiso político próximo a los partidos de clase era considerado como comunista. Rafael Leónidas Trujillo, ahora sin ningún temor, inició una persecución contra los exiliados españoles. Guillermina Medrado y su marido, acosados y perseguidos, se trasladaron en 1945 a Estados Unidos y gracias a las redes previas que habían establecido encontraron trabajo como profesores. En el caso de Elvira Medrano en Washington en el *Sidwell Friends School*, colegio cuáquero que transcendía los problemas políticos y sobre todo la fuerte tendencia anticomunista que también triunfaba en Estados Unidos (Cruz, 1995, 109). Pero a Guillermina Medrano le ocurrió como a la mayoría de exiliados españoles en Estados Unidos. Se transformaron en aquello para lo que existía una mayor demanda que era en profesores de español.

Fue la organización del exilo Committee in Aid of Refugee Scholars from Spain, formado por hispanistas americanos vinculados al institucionismo y sus redes, y por españoles que ya trabajaban en Estados Unidos, la que inició la organización y el acomodo de los refugiados españoles. Solicitó donativos para establecer nuevos puestos docentes o departamentos de cultura española en los que poder utilizar los servicios de los refugiados españoles. También buscó ayudas con las que pagar el viaje a los Estados Unidos. En 1939 el Comité envió cartas a *colleges* (Niño, 2008: 112) solicitando información sobre posibles vacantes para esos profesores.

El exilio estadounidense no fue un exilio fácil para las maestras. No podían convalidar sus títulos; según la legislación americana, no eran universitarias y no dominaban el idioma. Debieron transformarse, como le había ocurrido a Medrano, en profesoras de lengua y algunas también de literatura española olvidándose de su formación previa. La mayoría fueron instructoras de *colleges* femeninos, pero no profesoras. Aunque utilizaron las redes tejidas desde finales del siglo XIX por misioneras e institucionistas y lograron trabajar en prestigiosos centros de educación superior (Columbia, Smith College, Vassar College, Mount Holyoke, Colgate), sufrieron el alejamiento de su profesión, ya fuera de maestras o de cualquier otra especialidad, en algunos casos, como en el de Pilar de Madariaga, de científica. Gloria Giner, Isabel García Lorca, Concha de Albornoz, Carmen Aldecoa, Margarita Ucelay, Lucinda Moles, Joaquina Navarro, Pilar de Madariaga, Concha de los Ríos, Justa Arroyo, Carmen de Zulueta, todas ellas docentes republicanas encontraron trabajo como profesoras o instructoras en las universidades y colegios estadounidenses (Vicente Llorens, 1976: 195). De la misma forma que ocurrió en otros lugares del exilio, también en Estados Unidos aquellos españoles que no estaban solos en remotos *colleges* se agruparon y vivieron juntos. Así, en Nueva York, si hacemos caso a Carmen de Zulueta, existió lo que llamaban todos *Spain on the Hudson*, situado en el vecindario próximo a la Universidad de Columbia. "Allí vivían, además de don Fernando de los Ríos, Margarita Ucelay y su marido Ernesto Dacal, Teresa Castroviejo... el profesor de la Universidad de Columbia Ángel del Río con su esposa, Amelia Agostini del Río, directora del Departamento de español de Barnard College" (Zulueta, 2004: 100).

Para el exilio docente español en Estados Unidos existió un lugar emblemático. Desde la Primera Guerra Mundial se había creado en Middlebury College, en Vermont, una escuela española donde durante los meses de julio y agosto los estudiantes realizaban una verdadera inmersión en la lengua y culturas española y latinoamericanas. Fue un espacio de encuentro de todos los exiliados en los veranos, en donde huían del aislamiento de sus vidas durante el curso académico y reproducían tertulias y encuentros como los que eran habituales en la España republicana. "En la vida de los exiliados españoles [Middlebury] jugó un papel importantísimo y en nuestra familia muy especialmente. Paco y Laura se casaron en Middlebury en el verano de 1942", narraba Isabel García Lorca en *Recuerdos míos* (García Lorca, 2002: 214).

La llegada de republicanos españoles a los centros docentes estadounidenses supuso un cambio en el hispanismo clásico norteamericano. Es más, el mundo que había imperado en los departamentos de español de las universidades americanas, repleto de valores románticos, comenzó a resquebrajarse. Como nos recuerda Roberta Johnson, existían unos rasgos comunes en el trabajo de esta generación de emigrados forzosos. El primero es que al no proceder todos del mundo de la filología, la disciplina tuvo un enfoque mucho más interdisciplinar. Eran, ellos y ellas, humanistas en un sentido amplio de la palabra y en su docencia e investigación se aprecian rasgos del institucionismo vivido en España. La literatura y la lengua para estos profesores y profesoras era algo vivo. Reflejaba los valores del tiempo de los escritores pero también engarzaba con las inquietudes políticas del presente (Johnson, 1997). Tenía una utilidad. Tanto en su obra crítica como creativa, estos exiliados y exiliadas españoles se sintieron comprometidos con su época y consideraban que sus clases y sus libros debían huir de la reflexión meramente erudita. Pero además fueron españoles y la relación con su cultura, aunque en la distancia, era otra que la de los hispanistas nacidos y educados en otros países. No tenían esa sensación de extrañeza que muchos de los hispanistas extranjeros tuvieron frente a aspectos tradicionales de la cultura española.

CONCLUSIONES

A pesar del golpe de Estado, de la Guerra Civil, de la dura represión y del exilio, la labor docente de las maestras republicanas se mantuvo y fue fructífera. México, República Dominicana y Estados Unidos se enriquecieron con su presencia. Su práctica educativa, tejida en las reformas pedagógicas del siglo XIX y XX español, contribuyó a transformar, de alguna manera, la cultura de los países de acogida. En la actualidad, varios miles de alumnos extranjeros reciben en los "colegios del exilio" o en los centros educativos estadounidenses una formación de calidad, con numerosas referencias a la cultura y la historia de España. Pero no solo de la España tradicional, tan querida por el romanticismo y el tradicionalismo, sino de una España creadora y libre que se fue fraguando con la ayuda de la presencia extranjera y de la revolución docente iniciada a finales del siglo XIX por las corrientes institucionistas y reformistas.

NOTAS

1. Investigación realizada al amparo del proyecto de investigación: "Edad, género y derechos. Envejecer en femenino". Ref.: FEM2009-09556 (subprograma FEME).
2. Archivo Histórico de la Asociación para la Enseñanza de la Mujer, Libro de Actas, 1871-1894.
3. Santos Juliá (ed.): *Víctimas de la guerra civil*, Madrid, Temas de Hoy, 1999, en Julián Casanova (ed.): *Morir, matar, sobrevivir: La violencia en la dictadura de Franco*, Barcelona, Crítica, 2002; Conxita Mir Curcó: *Vivir es sobrevivir: Justicia, orden y marginación en la Cataluña rural de posguerra*, Lleida, Milenio, 2000, y "Violencia política, coacción legal y oposición interior", Glicerio Sánchez Hierro editor, El primer franquismo. Ayer, 33, 1999, pp. 115-148.
4. AHN, sección Guerra Civil, Salamanca, Fuentes Orales México, Entrevista a Estrella Cortichs Viñals, Libro 26, 1.
5. AHN, sección Guerra Civil, Salamanca, Fuentes Orales México, Entrevista a Estrella Cortichs Viñals, Libro 26.
6. AHN, sección Guerra Civil, Salamanca, Fuentes Orales México, Entrevista a Enriqueta Ortega, Libro 79.
7. AHN, sección Guerra Civil, Salamanca, Fuentes Orales México, Entrevista a Carme Raure, Libro 94.
8. AHN, sección Guerra Civil, Salamanca, Fuentes Orales México, Entrevista a Carme Raure, Libro 94, p. 56.
9. AHN, sección Guerra Civil, Archivo Carlos Esplá, Listados de embarque.
10. AHN, sección Guerra Civil, Salamanca, Fuentes Orales México, Entrevista a Estrella Cortichs Viñals, Libro 26, 1, p. 220.
11. AHN. Sección Guerra civil, Salamanca, Archivo Historia Oral: el Exilio español en México Entrevista a Estrella Cortichs Viñals, Libro 26, 1, p. 227.

12. AHN. Sección Guerra civil, Salamanca, Archivo Carlos Esplá, Listados de embarque. Relación del Alsina, con destino a Venezuela y Argentina, sig.3.2b/2291
13. AHN. Sección Guerra civil, Salamanca, Archivo Historia Oral: el Exilio español en México Entrevista a Estrella Cortichs Viñals, Libro 26, 1.
14. "Carta de Carlos Esplá a Jesús Revaque, 25 de abril de 1941". AHN. Sección Guerra civil, Salamanca.
15. AHN. Sección Guerra civil, Salamanca, Archivo Carlos Esplá, 3.8b/4437.
16. A.H.N. Sección Guerra civil, Salamanca, Archivo Carlos Esplá, 3.8b/4438.
17. "Carta de Revaque a Esplá", 23 de enero de 1943. AHN, Sección Guerra civil, Salamanca, Archivo Carlos Esplá, 3.8ª/4401.
18. Censo de maestros refugiados en México, 1942. AHN, Sección Guerra civil, Salamanca, Archivo Carlos Esplá, 3.8b/4438.
19. JARE, Servicios de enseñanza que se mantienen, AHN, Sección Guerra civil, Salamanca, Archivo Carlos Esplá, 3.8b/4428.
20. AHN. Sección Guerra civil, Salamanca, Archivo Historia Oral: el Exilio español en México Entrevista a Estrella Cortichs Viñals, Libro 26, 1.
21. Censo de maestros refugiados en México, 1942. AHN, Sección Guerra civil, Salamanca, Archivo Carlos Esplá, 3.8b/4438
22. AHN, Sección Guerra civil, Salamanca, Archivo Carlos Esplá, 3.8b/4422-a
23. AHN. Sección Guerra civil, Salamanca, Archivo Historia Oral: el Exilio español en México Entrevista a Estrella Cortichs Viñals, Libro 26, 1, p. 264.
24. AHN, Sección Guerra Civil, Salamanca, Archivo Carlos Esplá, sig.3.8a/4405.
25. Censo de maestros refugiados en México, 1942. AHN, Sección Guerra civil, Salamanca, Archivo Carlos Esplá, 3.8b/4438.
26. AHN. Sección Guerra civil, Salamanca, Archivo Historia Oral: el Exilio español en México Entrevista a Estrella Cortichs Viñals, Libro 26, 1, pp. 242-243.

BIBLIOGRAFÍA

ABELLÁN, José Luis (1976): *El exilio español de 1939*, Taurus, Madrid.

ACEVES LOZANO, Jorge A. (coord.) (1996): *Historia Oral. Ensayos y aportes de investigación*, Ciesas, México.

AGULLÓ DÍAZ, María del Carmen (2008): *Mestres valencianes republicanes: las luces de la república*, Universidad de Valencia, Valencia.

ALTED, Alicia (1997): "El exilio republicano español de 1939 desde la perspectiva de las mujeres", en*Arenal* 4/2, pp. 223-238.

— (2005): *La voz de los vencidos. El exilio republicano de 1939*, Santillana, Madrid.

AVERY, Ilene (1977): "Relación entre la Institución Libre de Enseñanza y el Instituto Internacional para señoritas en España", en *En el Centenario de la Institución Libre de Enseñanza*, Tecnos, Madrid, pp. 113-117.

AVRICH, Paul (2005): *The Modern School Movement. Anryarchism and Education in the United States*, AK Press, Oakland.

BALCELLS, José María y PÉREZ BOWIE, José Antonio (2001): *El exilio cultural de la Guerra Civil (1936-1939)*, Ediciones de la Universidad de Salamanca, Salamanca.

BALLARÍN DOMINGO, Pilar (1999): "Maestras, innovación y cambios", *Arenal*, 6/1, pp. 81-110.

— (2001): *La educación de las mujeres en la España contemporánea. Siglos XIX y XX*, Síntesis, Madrid.

— (2006): "Educadoras", en MORANT, Isabel (dir.), GÓMEZ FERRER, Guadalupe, CANO, Gabriela, BARRANCOS, Dora, LAVRIN, Asunción (coord.): *Historia de las mujeres en España y América Latina*, Cátedra, Madrid.

BECAUD, Jean y LÓPEZ CAMPILLO, Evelyn (1978): *Los intelectuales españoles durante la Segunda República*, Siglo XXI editores, Madrid.

BRAVO, Blanca (1993): "Recuerdos de mi exilio", en *Nuevas raíces. Testimonios de mujeres españolas en el exilio*, Editorial Joaquín Mortiz, México.

CAPEL MARTÍNEZ, Rosa María (1982): *El trabajo y la educación de la mujer en España (1900-1930)*, Ministerio de Cultura, Madrid.

CARRASCO, Juan (1980): *La Odisea de los republicanos en Francia*, Nova Lletra, Barcelona.

CASANOVA, Julián (ed.) (2002): *Morir, matar, sobrevivir: La violencia en la dictadura de Franco*, Crítica, Barcelona.

CATALÁ, Neus (1984): *De la Resistencia y la deportación. 50 testimonios de mujeres españolas*, L'Eina, Barcelona.

CAUDET, Francisco (1997): *Hipótesis sobre el exilio republicano de 1939*, Fundación Universitaria Española, Madrid.

COLMENARES, Carmen (coord.) (2009): *La Represión del Magisterio en Palencia. Los Hilos de la Memoria*, Asociación para la Recuperación de la Memoria Histórica, Palencia.

CRUZ, J. Ignacio (1995): "Los colegios del exilio. La obra educativa de los maestros y profesores valencianos", en GIRONA, A. y MANCEBO: *El exilio valenciano en América. Obra y memoria*, Instituto de Cultura Juan Gil Albert/ Universitat de València, Valencia, pp. 95-111.

— (1995-1996): "El patronato Cervantes de México y los colegios de provincias en el exilio pedagógico de 1939", *Historia de la educación: revista interuniversitaria*, 14 y 15, pp. 453-465.

— (1998): "Doña Guillermina Medrano. Una mestra republicana", Publicaciones de la Real Sociedad Económica de Amigos del País, Valencia.

DÁVILA, Alfonso, LIJARCIO VILA, Juan José y SIERRA, Carmen (2007): "El exilio en los archivos de titularidad del ministerio de Cultura", *Migraciones y Exilios*, 8, pp. 11-32.

DE LUIS MARTÍN, Francisco (2002): *La FETE en la Guerra Civil española* (1936-1939). Madrid, Ariel Editores.

— (2006): *Catálogo 75 años con la enseñanza. FETE-UGT (1931-2006)*, Fundación Largo Caballero, Madrid.
DOMÍNGUEZ PRATS, Pilar (1994): *Voces del exilio. Mujeres españolas en México*, Instituto de Investigaciones Feministas de la Universidad Complutense de Madrid, Consejería de la Presidencia, Madrid.
— (2009): *De ciudadanas a exiliadas. Un estudio sobre las republicanas españolas en México*, Ediciones Cinca-Fundación Largo Caballero, Madrid.
FABER, Sebastián y MARTÍNEZ CARAZO, Cristina (eds.) (2010): *Contra el olvido. El exilio español en Estados Unidos*, Alcalá de Henares, Instituto Franklin de Estudios Norteamericanos.
FERNÁNDEZ SORIA, Juan Manuel y AGULLÓ DÍAZ, María del Carmen (1999): *Maestros valencianos bajo el franquismo*, Valencia, Instituto Alfons el Magnanim.
— (1999): "Depuración de maestras en el franquismo", *Studia Histórica Historia Contemporánea*, 17, pp. 249-270.
FLECHA GARCÍA, Consuelo (1996): *Las primeras universitarias en España*, Narcea, Madrid.
— (1997): *Las mujeres en la legislación educativa española. Enseñanza primaria y normal en los siglos XVIII y XIX*, CIHUS, Sevilla.
FLECHA GARCÍA, Consuelo, NÚÑEZ GIL, Marina y REBOLLO ESPINOSA, Mª José (dirs.) (2005): *Mujeres y educación. Saberes, prácticas y discursos en la historia*, Diputación Buenos Aires.
FOX MAURA, Soledad (2008): *Constancia de la Mora. Esplendor y sombra de una vida española del siglo XX*, Sevilla, Espuela de Plata.
GARCÍA COLMENARES, Carmen (2006): "Autoridad femenina y reconstrucción biográfica: el caso de las primeras psicólogas españolas", *Revista de Investigación en Educación*, 3.
— (2010): "Regina Lago: una psicóloga comprometida con la infancia durante la Guerra Civil española", *CEE Participación Educativa*, 14, pp. 211-220.
GARCÍA DE FEZ, Sandra (2009): "Una patria de ida y vuelta: la hora de España en los colegios del exilio en la Ciudad de México", *Migraciones y Exilios*, 10, pp. 9-24.
— (2011): "Una escuela desconocida del exilio: la polémica en torno al instituto Hispano-mexicano Ruiz de Alarcón", *Educació i Història: Revista d'Història de l'Educació*, 17, pp. 213-235.
GARCÍA LORCA, Isabel (2002): *Recuerdos míos*, Barcelona, Tusquets.
GINER DE LOS RÍOS, Francisco (1983-1984): "Algunos recuerdos personales", *El exilio español en México: Palacio de Velázquez del Retiro. Madrid 1983-1984*. Exposición organizada por la Dirección General de Bellas Artes, Secretaría de Educación Pública de México, Ateneo español de México, pp. 7-18.
GONZÁLEZ MUÑIZ, Miguel Ángel (1980): "José María Quiroga Pla", introducción a *Morir al día*, de José María Quiroga Pla, Madrid, Editorial Molinos de Agua, colección España Peregrina-2, pp. 7-14.
GORDON, Elizabeth Putnam (1917): *Alice Gordon Gulick. Her Life and Work in Spain*, Fleming H. Revel Company.

GUARDIA, Carmen de la (2000): "Misioneras y feministas. La empresa educadora de Alice Gordon Guilick", en GONZÁLEZ GROBA, Constante, BLANCO OUTÓN, Cristina, FRA LÓPEZ, Patricia y JIMÉNEZ PLACER, Susana (eds.): *Travelling Across Cultures/Viaxes Intercuiturais. The Twentieth Century Experience*, Universidad de Santiago Publicaciones, Santiago, pp. 283-295.

— (2007): "Los discursos de la diferencia. Género y ciudadanía", en PÉREZ LEDESMA, Manuel (dir.): *De súbditos a ciudadanos. Una historia de la ciudadanía en España*, Madrid, Centro de Estudios Constitucionales, pp. 593-625.

— (2010): "Diásporas culturales. Los republicanos españoles y la transformación del hispanismo estadounidense", en *Miriada Hispánica*, 1, pp. 117-129.

GULLÓN, Ricardo (1977): "El ensayo y la crítica", en ABELLÁN, José Luis (coord.): *El exilio español de 1939*, Madrid, Taurus, tomo IV, pp. 247-286.

HUNTINGTON, Susan (1929): "The International Institute at Madrid", *Hispania*, 12/3, pp. 279-286.

IGLESIAS, María Antonia (2000): *Maestros de la república. Los otros santos, los otros mártires*, La Esfera de los Libros, Madrid.

JOHNSON, Roberta (1997): "Spanish Emigres of 1939 as Professors and Scholars in the US", *Hispania* 80/2, pp. 256-267.

JULIÁ, Santos (ed.) (1999): *Víctimas de la Guerra Civil*, Temas de Hoy, Madrid.

LEÓN, Mª Teresa (1998): *Memoria de la Melancolía*, Castalia, Madrid.

LIDA, Clara E. (1997): *Inmigración y exilio. Reflexiones sobre el caso español*, México D.F, Madrid, Siglo XXI Editores, 1997.

LIDA, Clara E., MATESANZ, José Antonio y MORÁN, Beatriz (1989): "Las instituciones mexicanas y los intelectuales españoles refugiados: La Casa de España en México y los colegios del exilio", en ABELLÁN, José Luis y MONCLÚS, Antonio (coords.): *El pensamiento español contemporáneo y la idea de América*, vol. 11, Barcelona, Anthropos.

LLORENS, Vicente (1974): "Perfil literario de una emigración política", en *Aspectos sociales de la literatura española*, Castalia, Madrid, pp. 215-244.

— (1976): *La emigración republicana*, Taurus, Madrid.

MANCEBO, María Fernanda (2008): *La España de los exilios*, Publicaciones de la Universitat de València.

MARICHAL, Juan (1976): "Las fases políticas del exilio (1939-1975)", en ABELLÁN, J. L. (coord.): *El exilio español de 1939*, Madrid, Taurus, tomo II, pp. 227-236.

MATEOS, Abdón (2009): *La batalla de México. Final de la Guerra Civil y ayuda a los refugiados, 1939-1945*, Alianza, Madrid.

MIR, Conchita (1999): "Violencia política, coacción legal y oposición interior," *Ayer*, 33, pp. 115-45.

— (2000): *Vivir es sobrevivir: Justicia, orden y marginación en la Cataluña rural de posguerra*, Milenio, Lleida.

MORÁN GORTARI, Beatriz (2002): "Los que Despertaron Vocaciones y Levantaron Pasiones. Los Colegios del Exilio en la Ciudad de México", disponible en red: http://dieumsnh.qfb.umich.mx/madridmexico/despertaron1.htm

MORENO CASANOVA, Juan José (2002): "Calixto García Íñiguez y la Asociación para la Enseñanza de la Mujer", Boletín del Museo e Instituto Camón Aznar, LXXXIX, pp. 233-260.
MORENTE VALERO, Francisco (1997): *La escuela y el Estado nuevo. La depuración del magisterio nacional (1936-1943)*, Ámbito ediciones, Valladolid.
MUÑOZ LÓPEZ, Pilar (2007): "La educación del ciudadano: del Informe Quintana a la LOGSE", en PÉREZ LEDESMA (dir.): *De súbditos a ciudadanos. Una historia de la ciudadanía en España*, Centro de Estudios Políticos y Constitucionales, Madrid, pp. 657-694.
NIÑO, Antonio (2008): "El exilio de 1939 y la movilización estadounidense a favor de los académicos españoles", en *Exils, passages et transitions. Chemins d'une recherche sur les marges*, Clermont-Ferrand, Presses Universitaires Blaise-Pascal, pp. 73-83.
PLA BRUGAT, Dolores (2007): "*1939*". *Exilios. Los éxodos políticos en la historia de España siglos XV-XX*, CANAL, J. "editor. Sílex, Madrid, pp. 241-268.
RODRIGO, Antonina (1999): *Mujer y exilio. 1939*, Compañía Literaria, Madrid.
ROMERO, Carmen (1993): "Testimonio de una mujer del exilio", *Nuevas raíces. Testimonios de mujeres españolas en el exilio*, Editorial Joaquín Mortiz, México, pp. 116-139.
ROOSEVELT, Eleanor (1992): *The Autobiography of Leonor Roosevelt*, Da Capo Press, Nueva York.
RUBIO, Javier (1977): *La emigración de la guerra civil de 1936-1939. Historia del éxodo que se produce con el fin de la II República española*, 3 vols., Librería Editorial San Martín, Madrid.
RUIZ FUNES, Concepción (2000): "Señas de identidad de las mujeres españolas exiliadas en México", en ACEVES LOZANO, Jorge A. (coord.): *Historia Oral, ensayos y aportes de investigación*, Ciesas, México, pp. 177-185.
SAMANIEGO BONEU, Mercedes (1977): *La política educativa en la Segunda República*, CSIC, Madrid.
SAN ROMÁN, Sonsoles (1998): *Las primeras maestras. Los orígenes del proceso de feminización docente en España*, Ariel Practium, Barcelona.
— (2001): "Género y construcción de identidad profesional: el caso de la maestra en vías de profesionalización (de los años 50 a los 60 en el franquismo intermedio)", *Education Policy Analysis Archives*, 9/19.
SÁNCHEZ ARBÓS, María (2007): *Una escuela soñada*, Biblioteca Nueva, Madrid.
SANTOS, Belén, ORDÓÑEZ, Magdalena y TUÑÓN, Enriqueta (2007): "Tres fuentes para el estudio del exilio español en México", *Migraciones y Exilios*, 8, pp. 95-104.
SCANLON, Geraldine (1986): *La polémica feminista en la España Contemporánea*, Siglo XXI Editores, Madrid.
SERRANO DE XANDRÍ, Leonor (2007): *La educación de la mujer de mañana*, Biblioteca Nueva, Madrid.
TARRAGONA (1993): *Nuevas raíces. Testimonios de mujeres españolas en el exilio*, Editorial Joaquín Mortiz, México.

VILANOU, Conrado y MONTSERRAT, Josep (2002): *Mestres i exili*, Edicions Universitat Barcelona, Barcelona.
VIÑAO, Antonio (2004): *Escuela para todos. Educación y modernidad en la España del siglo XX*, Marcial Pons, Madrid.
ZULUETA, Carmen (1992): *Cien años de educación de la mujer española. Historia del Instituto Internacional*, Castalia, Madrid.
— (2004): *Caminos de España y América*, Publicaciones de la Residencia de Estudiantes, Madrid.

CAPÍTULO 9

LA CONSTRUCCIÓN DE LA CATEGORÍA 'MAESTRA REPUBLICANA': LA TIPOLOGÍA GENERACIONAL COMO PROPUESTA

MARÍA DEL MAR DEL POZO ANDRÉS

EL SIGNIFICADO DEL CONCEPTO 'MAESTRO O MAESTRA REPUBLICANA'

Desde que al inicio de los años setenta se empezaron a publicar los primeros trabajos sobre la educación en la etapa de la Segunda República, pueden contarse por miles los artículos y libros aparecidos sobre el tema. En la mayoría de ellos se habla con admiración de los docentes republicanos, pero no se especifica con precisión la cantidad y calidad de los profesionales que se consideran englobados tras este concepto.

Por lo tanto, este será mi punto de partida: ¿qué entendemos por *magisterio republicano*?, ¿quiénes fueron realmente los maestros y maestras republicanos? Si consideramos incluidos en esta categoría a todos aquellos que daban clase el 14 de abril de 1931 y que siguieron al frente de su aula durante esta etapa, nos encontraremos con grandes sorpresas, pues muchísimos de ellos, la gran mayoría, arrastraban rutinas de autoritarismo y tradición que no desaparecieron en estos años, aunque algunos empezaron a intuir que otras formas de educación eran posibles. Podríamos llamar a todos ellos, con más propiedad, "maestros y maestras de la República", pero no "maestros y maestras republicanos". Si optamos por una conceptualización reduccionista, no podríamos, en propiedad, englobar en esta categoría más que a aquellos docentes que se formaron en las Escuelas de Magisterio a partir de 1931, y dentro de ellas, incluso solamente a los que siguieron el Plan Profesional, además de a aquellos que ingresaron en el estamento magisterial con los nuevos sistemas de selección previstos desde 1931, los famosos Cursillos de Selección Profesional. Pero esto significaría jibarizar el grupo y sería injusto para aquellos que se veían a sí mismos como "republicanos" y que lo eran mucho antes del 14 de abril. La historiografía contemporánea ha estudiado cómo varios sectores profesionales emergentes —entre ellos el magisterio primario— adoptaron el "nuevo liberalismo" como "ideología corporativa" y cooperaron, como grupos de oposición, al advenimiento de la Segunda República (Montero, 1995: 129-130). Esta misma realidad fue apuntada, mucho más visceralmente, por un maestro de Alburquerque que replicó a las pretensiones corporativistas de los cursillistas de 1931 con estas palabras: "Cuando muchos de vosotros estabais aún en la infancia, ya luchábamos otros por la causa de la libertad y de la República, sufriendo 'disgustos', amenazas y persecuciones por la defensa de tan nobles ideales" (García, 1933: 339). Por otra parte, no todos los alumnos y alumnas que salieron de las Escuelas Normales republicanas interiorizaron el pensamiento transmitido en estas instituciones; algunos desarrollarían, como forma de resistencia al modelo pedagógico dominante, que se veía excesivamente internacionalista, un nuevo discurso católico y conservador, de tintes españolistas, que sería el origen último de la pedagogía del nacional-catolicismo (Pozo Andrés, 2007: 227-232).

Por eso, pienso que no deberíamos acercarnos al magisterio republicano con una mirada exclusivamente cronológica, caracterizando como tales a los que estaban allí simplemente porque les tocó vivir en un momento y en un lugar determinados, sino que tendríamos que definirlo en función de unas características comunes, de unas experiencias y vivencias que todos compartieron, de unos ideales que orientaron sus vidas y que en un momento histórico pensaron que podrían llevar a la práctica sin cortapisas; un lapso que a lo mejor tuvo más de mágico que de real, un instante que duró tan poco como un suspiro, un momento que quizá no fuese tan perfecto como se había soñado largamente. Por eso, como propuesta inicial para acercarnos al magisterio republicano yo sugiero considerar como tal a aquellos profesionales que compartieron un mismo discurso, un discurso en el que se repetían continuamente tres ideas. La primera era la ilusión de construir una España nueva que, conectando directamente con el espíritu noventayochista, se llevaría a cabo mediante la transformación del carácter nacional español (Pozo Andrés, 2008: 107). La segunda era la obsesión, también muy regeneracionista, de construir esa nueva España a través de la educación, desarrollando una Escuela Nueva en ideas y métodos que, en último término, ayudaría a transformar el país de forma mucho más eficaz que cualquier revolución. La tercera era el entusiasmo por lograr que esa Escuela Nueva fuera la escuela pública, apostando porque esta se convirtiera en una escuela de todos y para todos, en una escuela de calidad, en ese modelo pedagógico que se englobó bajo el amplio concepto de "escuela única" (Pozo Andrés, 2007: 228-231).

Hay muchas formas de acercarse al magisterio en una etapa histórica concreta. La más explorada es su consideración como grupo profesional, con unos derechos y deberes y una dependencia funcionarial del Estado, que regula su formación y selección (Terrón Bañuelos, 1987: 279-299, 1990, 1998 y 1999; de Luis Martín, 1997, 2002, 2009; Juan Borroy, 1998). Otras maneras posibles hacen referencia a la búsqueda de elementos configuradores de sus identidades como docentes, como pueden ser los saberes pedagógicos que acumularon (Nóvoa, 1987) o su caracterización como grupo desde una perspectiva de género (San Román, *et al.*, 2001; Cortina y San Román, 2006; Galván Lafarga y López Pérez, 2008; López Pérez, 2010). Quedan por estudiar aún muchos aspectos, como la construcción social de la profesión docente, su vida cotidiana en espacios públicos o privados o la construcción cultural del maestro, su pensamiento, no solo pedagógico, sino intelectual, en relación con las figuras de autoridad de su tiempo y creadoras de opinión pública.

El aspecto que yo propongo como eje vertebrador de la identidad magisterial es el modo en el que interpretaron su práctica docente, sus autopercepciones como miembros de grupos innovadores y su posicionamiento personal en el *continuum* de la tradición/renovación pedagógica. Y es que para muchos maestros y maestras en los años treinta, el ser "republicano", independientemente de las implicaciones políticas e ideológicas que conllevase el término, significaba pertenecer a las vanguardias pedagógicas tan en boga y tan valoradas en aquella década.

Para poder abordar este tema son necesarias algunas precisiones introductorias. En primer lugar, cuando hablamos del magisterio como colectivo nos estamos refiriendo principalmente al magisterio público, pues el privado requeriría de otro tipo de análisis y categorización en diferentes sectores ideológicos. En segundo término, fue tan importante la evolución sufrida por el magisterio público en estos años que no podemos generalizar sus vivencias. El docente renovador de 1898 era muy diferente al docente renovador de 1936, y en este último año el primer tipo era considerado totalmente tradicional. Esta lucha entre lo "nuevo" y lo "viejo" es una constante en el estudio de la mentalidad magisterial del primer tercio del siglo XX. Finalmente, y con el propósito de estructurar mi discurso, emplearé la categoría generacional para interpretar las diferentes tipologías de maestros y maestras renovadores, aun a sabiendas de que esta categoría es reduccionista y deja fuera a un amplio número de casos necesitados de explicaciones individuales. La razón es que fue precisamente en estos años cuando el criterio generacional se introdujo en España como método histórico, constituyéndose el filósofo Ortega y Gasset en su gran paladín. Y muchos profesionales del magisterio de primera enseñanza incorporaron la idea generacional como parte integrante de su identidad como docentes. Así, algunos de ellos defendieron que las generaciones literarias e intelectuales del 98 y del 27, para que tuviesen "significación histórica plena", debían extenderse y estudiarse en otros ámbitos y, especialmente, en el pedagógico (Andrés y Cobos, 1970: 95-117).

Ortega expuso su teoría generacional por primera vez de manera formal en *El tema de nuestro tiempo* (1923). En ella se definía un concepto de generación que trataba de aunar las interpretaciones individualistas y colectivistas de la realidad histórica. "Una generación —decía Ortega— no es un puñado de hombres egregios, ni simplemente una masa; es como un nuevo cuerpo social íntegro, con su minoría selecta y su muchedumbre, que ha sido lanzado sobre el ámbito de la existencia con una trayectoria vital determinada. La generación, compromiso dinámico entre masa e individuo, es el concepto más importante de la historia, y, por decirlo así el gozne sobre el que esta ejecuta sus movimientos" (Ortega y Gasset, 1983: 147). La estructura histórica de la sociedad propicia una dinámica en la que las generaciones se solapan, siempre hay dos actuando al mismo tiempo, planeando sobre los mismos temas, pero con distinta edad y un sentido diferente, y esto es lo que provoca el cambio, la innovación, la crisis (Martínez de Codes, 1982: 71). Julián Marías presentó esta teoría como método histórico (Marías, 1967: 174-177), proponiendo que se elaborasen listas de todos los representantes de las generaciones que abarcaban una serie. Una forma de detectarlos era el estudiar sus vidas individuales; otra manera era conocer su proyección pública y sus vigencias colectivas. Apuntaba como criterio definitivo para la ubicación de un individuo en una u otra generación su comportamiento o su modo de vivir una innovación histórica; por eso, la aplicación del método de las generaciones al conocimiento de la realidad histórica implicaba elaborar un esquema de las generaciones de una época, para tratar de descubrir el repertorio de vigencias que cada generación proyectaba sobre sus representantes y realizar una investigación en profundidad de la vida colectiva e individual en el periodo analizado.

Ateniéndonos a las formas de vivir las innovaciones históricas y pedagógicas, y con las cautelas que conlleva toda generalización, creo advertir la existencia de tres generaciones de docentes renovadores en estos años, que constituyeron unos cuerpos profesionales selectos y alejados de la masa de docentes tradicionales, pero que también mantuvieron concepciones distintas, y hasta contrapuestas, sobre cómo entender y practicar la renovación educativa. Estas generaciones estuvieron formadas por maestros y maestras, pues ambos sexos respondieron de forma muy parecida ante los nuevos planteamientos pedagógicos que les venían del exterior. Ahora bien, donde sí que podemos establecer diferencias por razón de género es en el modo en el que ambos se enfrentaron a su práctica educativa y, aún más, en la manera en la que interactuaron entre ellos para visibilizarse y ocupar posiciones de liderazgo pedagógico en el magisterio nacional.

LA PRIMERA GENERACIÓN DE MAESTROS Y MAESTRAS REPUBLICANOS: EL MAGISTERIO REGENERACIONISTA

La primera generación fue la del *magisterio regeneracionista*, que se corresponde con los nacidos entre 1866 y 1886 y que aparecieron en el panorama pedagógico español entre 1890 y 1910. Estaban unidos por el verbo cálido de Joaquín Costa, a quien consideraban su líder espiritual, y galvanizados por los encendidos discursos finiseculares, que ponían en los docentes las esperanzas para la salvación de España (Pozo Andrés, 2000: 82-102). El papel que cumplieron como regeneradores fue la tarea de interpretación o traducción al lenguaje práctico de las vagas propuestas educativas realizadas por el grupo de intelectuales regeneracionistas (Pozo Andrés, 2007: 127).

Posiblemente su número fuera bastante escaso, pero todos ellos compartían unas características comunes: creían en la europeización y fueron los primeros docentes primarios en salir al extranjero, con anterioridad a la creación de la Junta para Ampliación de Estudios e Investigaciones Científicas —como las maestras vascas Adelina Méndez de la Torre, María Cantero y Rosa López de Goicoechea, pensionadas por los organismos locales para acudir al curso de Trabajos Manuales de la Escuela Normal de Maestros de Ripatransone (Italia)—; veían en la escuela graduada y en el enciclopedismo los dos elementos fundamentales de la trasformación escolar; partidarios ardientes de la educación integral, pretendían desarrollar un nuevo currículum escolar, del que los Trabajos Manuales eran elemento esencial; y convencidos de la importancia del asociacionismo para convertirse en grupo de presión, se agruparon y organizaron desde la base magisterial diversas reuniones pedagógicas. Estos anhelos se plasmaron en la constitución de la Asociación Nacional del Magisterio Primario; en la celebración de cursillos de perfeccionamiento que fueron la cabeza de puente de lo que bien puede considerarse como *movimiento manualista*, y a los que posiblemente asistirían aquellos maestros con un cierto interés renovador, y en la realización de reuniones pedagógicas provinciales organizadas por el propio magisterio público —Valencia (1902), Albacete (1903), Madrid (1907), Zaragoza (1908), Barcelona (1909), Valencia (1909) y Santiago de Compostela (1909)—. Además de estudiar sus temas educativos, deberíamos considerar estas reuniones como nuevos espacios de sociabilidad, pues en ellas posiblemente se pusieron de manifiesto las relaciones —y también las tensiones— que existían entre los colectivos docentes y quizá también nos puedan iluminar sobre la mentalidad de los maestros y maestras como personajes públicos.

Pablo de Andrés y Cobos ubicaba a Ángel Llorca "en el propio corazón de la generación del 98", de la que también consideraba que formaban parte, entre otros, docentes como Martín Chico, Santiago García Rivero, Félix Martí Alpera, José Xandrí Pich, Virgilio Hueso Moreno, Rosa Sensat, Eloísa López Álvarez, Pilar García del Real, María Baldó y Ana Rubiés Monjonell. Olvidaba a algunas ilustres representantes, como Amparo Cebrián y Fernández de Villegas, innovadora de las escuelas de párvulos y directora de la Acción Social en el grupo escolar "Cervantes" de Madrid; María Barbeito y Cerviño, directora de la Escuela Da Guarda de A Coruña (Marco, 2005: 43-47); o Dolores García Tapia, directora del grupo escolar "Reina Victoria" de Madrid.

Uno de los momentos más emblemáticos en los que esta generación dio la cara y apareció alineada ante la opinión pública fue durante la polémica desencadenada en torno a la enseñanza del catecismo en 1913. Ante un proyecto de Real Decreto del conde de Romanones, a la sazón ministro de Instrucción Pública y Bellas Artes, en el que se abría la mano para establecer tímidamente la voluntariedad de cursar la asignatura de la Doctrina Cristiana en las escuelas públicas, el magisterio católico o privado reaccionó enviando más de 12.000 firmas de rechazo al proyecto. Frente a ellos se levantó la voz de unos 200 intelectuales y profesores, los cuales suscribieron un manifiesto exigiendo libertad de cátedra para los docentes, los cuales "estaban obligados anticonstitucionalmente [...] a dar la enseñanza de la religión católica, aun en el caso de que esta religión se hallase en oposición con el sagrado de su conciencia[1]. Esta petición fue apoyada por la flor y nata de la intelectualidad madrileña y por los más conocidos institucionistas, pero también por un elenco de docentes, principalmente de Madrid y Barcelona, siendo esta posiblemente la primera vez en la que intelectuales y maestros fueron unidos en nuestro país, en una simbiosis similar a la producida en Francia con el *affaire Dreyfus*. De los 200 firmantes, 21 eran mujeres, 15 maestras y 6 profesoras de Escuela Normal. De Madrid solo lo firmó Nieves García Gómez, maestra de la capital desde 1892 y alumna de la cátedra de Pedagogía Superior —de la que era titular M. B. Cossío— en el curso 1905-1906 (Flecha García, 1996: 153). De Barcelona, Tarragona y los pueblos colindantes se recibieron las adhesiones de Elvira Castejón, Marina Fortuny, Concepción Laplana, Dorotea Lecumberri Jausoro, Dolores Gomá, Celestina Nolla Paniés, Victorina Pi Mader, Dolores Segalás Font, Rosa Sensat Vila (González-Agàpito, 1989; Morente Valero, 1995: 221-241; Cortada, 2005: 31-36 y 2009), Josefa Uriz Pi, Leonor Vidal y Celestina Vigneaux Cibils (Hernández, *et al.*, 2005); y de Sevilla llegaron los apoyos de María del Águila Ruiz y María Liz y Díaz. Curiosamente, ni inspectores ni inspectoras de primera enseñanza suscribieron el manifiesto.

Algunas de estas maestras tenían ya una experiencia europea, contándose la mayoría entre las primeras pensionadas de la Junta para Ampliación de Estudios e Investigaciones Científicas. Una lectura de sus vivencias, presentadas en las memorias redactadas tras finalizar sus viajes, nos permite acercarnos a algunas de sus percepciones sobre la educación femenina. Y algo que llama la atención es su dura crítica de la situación existente en las escuelas de niñas, y especialmente del tiempo que se dedicaba en ellas a las clases de costura artística, que consideraban una gran pérdida de tiempo y que no despertaban para nada su interés. Así, Victorina Pi Mader justificaba su deseo de participar en un viaje por Europa, con un grupo de maestras, para conocer las nuevas pautas existentes fuera de nuestras fronteras sobre la educación de las niñas, pues en España todo lo relativo a ellas "son prejuicios y rancias preocupaciones", destacando especialmente "la desmesurada importancia que por rutina o por exigencias de los padres se da aquí a las labores femeninas de adorno"[2]. Esta fue precisamente la crítica que, con rara unanimidad, expresaron todas las docentes pensionadas en los primeros años. Europa les sirvió para justificar, con palabras muy duras, su rechazo absoluto a esas labores denominadas "de adorno" que, como los encajes, los bordados o los dibujos de patrón, no tenían ninguna finalidad práctica y carecían ya de utilidad en un mundo dominado por las máquinas de coser. Por el contrario, todas las educadoras, en mayor o menor grado, se hicieron eco del nuevo currículum para la mujer que triunfaba en Europa, aquel organizado bajo la rúbrica de economía doméstica o enseñanzas *menagère*. El calificativo que habitualmente se les daba como "ciencia del hogar" nos demuestra el carácter científico que se quería imprimir a estos contenidos, pues esta era una forma de prestigiarlos socialmente. Y alguna de estas maestras pioneras, como Rosa Sensat, presentó un enfoque que defendía la importancia de estudiar los principios científicos de las ocupaciones domésticas, que, en último término podría entenderse, no solo como un intento de dignificar estas, sino también como la apertura de una vía colateral para acercar masivamente a las mujeres a la enseñanza de las ciencias sin despertar suspicacias en la sociedad del momento. Otro aspecto en el que coincidieron estas primeras maestras pensionadas fue en la defensa de una coeducación verdadera de niños y niñas, que percibieron como un ideal porque no llegaron a verla implantada en su totalidad en las escuelas inglesas, francesas o belgas.

Muchos docentes regeneracionistas, aunque desilusionados por la falta de respuesta ministerial a sus propuestas pedagógicas, siguieron escribiendo y publicando y llegaron a ser bastante conocidos en el panorama educativo nacional. Gran parte de ellos y ellas acabaron ocupando las plazas de maestros de sección y las direcciones de las escuelas graduadas en las grandes capitales y tuvieron un gran peso entre sus compañeros hasta 1936. Otros muchos, la mayoría, abandonaron el magisterio "de a pie" para promocionar a puestos de más altura en la Inspección de Primera Enseñanza o en las Escuelas Normales. Desde allí ejercerían una gran influencia sobre la nueva generación de docentes, a los que podríamos llamar *maestros renovadores*.

LA SEGUNDA GENERACIÓN DE MAESTROS Y MAESTRAS REPUBLICANOS: EL MAGISTERIO RENOVADOR

Consideramos como la generación de *maestros renovadores* a aquellos grupos de educadores nacidos entre 1887 y 1905, y que aparecieron en la palestra pública entre 1914 y 1918 (Pozo Andrés, 2007: 129-132). Entre unos y otros se advierten los solapamientos de los que nos hablaba Ortega y Gasset y que se producen porque siempre existen dos generaciones actuando al mismo tiempo y reflexionando sobre los mismos temas, pero a los que la edad impone una diferente perspectiva. Así, algo que une a estos dos grupos generacionales es que compartieron todos ellos como referente lejano o cercano la figura del propio Ortega. Ahora bien, los más jóvenes estaban mucho mejor preparados, ya que fueron las primeras promociones salidas de las Escuelas Normales diseñadas en el Plan de 1914, en los que influyeron tremendamente sus profesores o los primeros Inspectores con los que se encontraron en su ejercicio profesional. Estos, formados en la Escuela de Estudios Superiores del Magisterio, y que, en los casos de las primeras promociones, incluso tuvieron al filósofo como profesor, interpretaron de forma personal el llamamiento de Ortega y Gasset a ser "candidatos a mentores del pueblo" e hicieron lo posible por transformar a la "masa" de maestros desde la cátedra, desde la Inspección o desde publicaciones como la *Revista de Pedagogía*, elemento aglutinador de los educadores innovadores.

Debería estudiarse mucho más en profundidad la conexión y simpatía intelectual que se produjo en esta generación de maestros hacia el filósofo, a quien leían y seguían entusiasmados y con cuyos escritos se identificaron en muchas ocasiones. Valga como ejemplo el caso de Norberto Hernánz Hernánz, quien en sus *Memorias* nos relata los deseos que albergaba de conocer a Ortega y Gasset. "Tenía sumo interés en escuchar sus lecciones de metafísica. Había leído sus folletones en *El Sol* y varios de sus libros de ensayos, que me habían llamado poderosamente la atención." Le pidió permiso para entrar en sus clases, como oyente libre, y le extrañó mucho la asistencia tan reducida, "tratándose de un profesor de tanta fama, a quien yo consideraba como el filósofo más importante de España y como el escritor más brillante de nuestras letras". A pesar de tanta admiración, las clases le acabaron decepcionando, y, sobre todo, le desencantó la afectación y el aristocratismo del filósofo (Hernanz y Hernanz, s.a.: 96-97). En el archivo de Justa Freire es posible encontrar largos resúmenes de los textos de Ortega y Gasset. Copió en varias ocasiones párrafos enteros del ensayo que el filósofo escribió a propósito de la obra *De Francesca a Beatrice*, de Victoria Ocampo, un ensayo en el que Ortega definía el oficio de la mujer como el de ser el ideal del hombre. Sería curioso conocer la opinión que le merecieron unas palabras que rezumaban una desigualdad insuperable entre el hombre y la mujer.

Estos jóvenes maestros y maestras, con mucha mayor preparación cultural y más entusiasmo para seguir aprendiendo que sus antecesores, quisieron interpretar el papel de "sembradores de ideas" dibujado por Ortega y Gasset en su *Vieja y Nueva Política* (1914) —con ese grito de "vamos a recorrer los campos en apostólica algarada" (Ortega y Gasset, 1983: 286)—, y le dieron el significado de acercamiento al mundo rural, también apuntado por el filósofo, y que transcendía el ámbito de la educación de la infancia para llegar a la culturización de la "masa" campesina o del verdadero "pueblo". Por eso, a diferencia de la generación anterior, instalada en las grandes ciudades y renovadora desde la escuela graduada, estos nuevos grupos, destinados administrativamente a la escuela rural por su juventud, comenzaron a ensayar desde ella. En su contacto casi osmótico con los profesores normalistas e inspectores asimilaron totalmente la idea de "europeización", que entendieron como una inmersión rápida y acrítica en todas las nuevas corrientes pedagógicas europeas, que muchas veces conocieron de primera mano en sus viajes por el extranjero. Hicieron gala de un gran optimismo pedagógico inicial, que les llevó a entusiasmarse en los años veinte con todos los métodos de la Escuela Nueva que se divulgaron por aquellas fechas, aplicándolos en sus aulas indiscriminadamente y desesperándose cuando no obtenían los resultados apetecidos (Bayón, 1931: 2). Pero estas experiencias les sirvieron también para convertirse en maestros reflexivos sobre su propia práctica y muchas veces en críticos implacables de las innovaciones que llegaban del extranjero (Hernanz y Hernanz, 1929: 92-99). Precisamente ellos fueron los primeros que cuestionaron la veracidad de algunas de estas experiencias, denunciaron la "actitud pasiva de recibir admirativamente todo lo que se nos importa del extranjero" y definieron su misión generacional: la confrontación con estas innovaciones, pero no para rechazarlas, sino para "españolizarlas", para imprimirles "nuestro sello personal"[3].

Estos grupos resucitaron la actividad de los congresos pedagógicos provinciales, abandonada desde 1909, que a partir de 1925 adquirió una fuerza inusitada. Entre otros podemos citar los de Albacete (1925), La Coruña (1926), Segovia (1926, 1928 y 1929), Valencia (1928 y 1929), Cáceres (1929), Sevilla (1930) y Oviedo (1930 y 1932). Estas experiencias, además de perseguir el perfeccionamiento profesional de los maestros, también pretendían recabar para estos la función de portavoces y expertos en cuestiones educativas y psicológicas. En definitiva, el papel que se autoadjudicaba el colectivo magisterial era el de líder social en asuntos pedagógicos —es decir, la función que habían cumplido los intelectuales en 1898—, y esta asunción de nuevos roles era demostrativa de la confianza que este grupo de docentes iba adquiriendo en sí mismos y en sus posibilidades profesionales, actitud impensable en los maestros y maestras de 1898. Este papel fue claramente definido por uno de los representantes de esa generación, Pablo de Andrés y Cobos, al autoidentificarse como la generación pedagógica del 27 y presentarse como "grupos de selección en todas las provincias, ya capaces de crear opinión pública que presione sobre los gobernantes" (Andrés y Cobos, 1970: 95-117). El análisis de estas reuniones y de otras muchas que se produjeron en la etapa republicana, además de descubrirnos las preocupaciones pedagógicas de los años veinte y treinta, nos puede permitir sacar a la luz nuevas dialécticas soterradas, por ejemplo, las relaciones, oscilantes entre la adhesión y la resistencia, que se produjeron entre los "candidatos a mentores" y la gran "masa" magisterial, entre los europeístas a ultranza y los partidarios de las tradiciones españolas, entre la ciudad y el campo o entre la escuela graduada y la unitaria.

A esta generación perteneció un amplio elenco de docentes, entre los que se incluyen figuras como Pablo de Andrés y Cobos, Norberto Hernanz y David Bayón, en Segovia; Luis Huerta, en El Escorial; Lorenzo Mª Durán Coll, en Baleares; Raimundo Torroja y Concepción Sáinz Amor, en Barcelona; Patricio Redondo Moreno, en Lérida; Rafael Verdier Vázquez, en Málaga; María Sánchez Arbós, Rosalía Prado Moreno, Elisa López Velasco, Justa Freire Méndez, Victoria Zárate, Emilio Gazapo Abelló, Dionisio Correas y Sidonio Pintado, en Madrid; Fernando San Martín, en Huesca; Santiago Hernández Ruiz y Domingo Tirado Benedí, en Aragón; Pedro Gómez Lozano y Juan José Ortega Uceda, en Soria; Antonia de la Torre Martínez, en Lousame (A Coruña); Amparo Navarro Giner, en Valencia, y un largo etcétera de maestros y maestras. Los gobernantes republicanos facilitaron su salto real a "mentores" de la masa magisterial mediante todas las oposiciones celebradas en los años 1932 y 1933, en las que la gran mayoría consiguió el acceso a las Direcciones de graduadas o a las Inspecciones, abandonando para siempre su magisterio en zonas rurales, con las que solo siguieron en contacto, en algunos casos, a través de las Misiones Pedagógicas.

Uno de los momentos en los que esta segunda generación salió a la palestra pública fue con la creación de una nueva asociación magisterial en octubre de 1922, la Unión de Jóvenes Maestros, que era un "movimiento de juventud", impulsado por los docentes aprobados en las últimas oposiciones, los cuales posiblemente se inspirasen lejanamente en el estilo de apariciones grupales y efectistas inaugurado por Ortega y Gasset y los intelectuales de la generación de 1914. Este colectivo, con un lenguaje de resonancias regeneracionistas, pretendía una transformación de la escuela paralela a la transformación de España. Querían cambiar la imagen negativa que del maestro nacional tenía la sociedad y demostrar que los docentes también podían aportar soluciones para la salvación del país. Esta asociación, que excepcionalmente estaba dirigida por una mujer, Benita Asas Manterola, una docente madrileña muy interesante y poco conocida, incluyó en su Junta Directiva a un elenco de jóvenes maestras, como Justa Freire Méndez, que ya pertenecía al claustro del grupo escolar "Cervantes" de Madrid; Herminia García Pérez, quien años después sería directora del "Concepción Arenal"; Enriqueta Lucas, Guadalupe Fernández Ortega y Purificación López. Esta asociación no acabaría cuajando, tuvo una vida muy efímera, pero muchos de sus integrantes —entre ellos Justa Freire— acabarían ingresando en la Asociación General de Maestros, el sindicato docente ligado a la UGT.

Otro momento importante en el que esta generación se visibilizó fue con motivo del expediente administrativo abierto contra Josefa Uriz y Pi, una maestra de la primera generación que en 1922 era ya profesora de la Escuela Normal de Lérida. Acusada de recomendar a sus alumnas lecturas consideradas por la Iglesia católica y los sectores conservadores como "detestables, disolventes, perniciosas" y escandalosas —entre esos libros figuraba *La condición social de la mujer en España*, de Margarita Nelken—, fue denunciada y separada de la enseñanza, tras un tumultuoso debate social y político que se desarrolló incluso en el Parlamento. La Asociación Nacional de Jefes de Familia publicó un escrito reclamando su expulsión del estamento docente, no solo por la adopción de esas obras que se consideraba exponían "doctrinas contrarias a la Religión del Estado y a la moral cristiana", sino también por atacar "al pudor de las alumnas explicándoles en los términos más crudos y con dibujos en la pizarra lo que son la sífilis, las funciones de reproducción y el derecho a que la mujer use de su cuerpo como le convenga"[4]. En el seno de ese debate se publicó en enero de 1922 un manifiesto del profesorado español a favor de la libertad de cátedra[5], encabezado con las firmas de Santiago Ramón y Cajal, Miguel de Unamuno y Manuel Bartolomé Cossío, y en el que figuraban los nombres de intelectuales muy ilustres, desde Antonio Machado hasta Américo Castro. Incluso Pedro Sainz Rodríguez, el que sería primer ministro de Educación Nacional en el régimen franquista, estampó su adhesión al documento, que también suscribió la Asociación General de Maestros. La mayoría de las mujeres firmantes eran profesoras de Escuela Normal, aunque también figuraban entre ellas varias docentes de escuelas madrileñas, como

Remedios Pilar Angulo y Puente, Dolores Peguero, Justa Freire, Victoria Zárate y María Sánchez Arbós, aunque esta última, en aquel momento, estaba destinada en el centro normalista femenino de La Laguna. Todos ellos iban unidos bajo la rúbrica de "ilustres catedráticos, prestigiosas y relevantes figuras de la intelectualidad española", y se solidarizaron con la profesora encausada, pidiendo al ministro de Instrucción Pública que salvaguardase la libertad de cátedra reconocida como derecho constitucional[6].

Esta segunda generación apoyó pero también chocó en algunas ocasiones con la primera, a cuyos docentes veían como representantes de una "pedagogía clásica", "excelentemente representada en España, entre otras escuelas, por la Institución libre de Enseñanza", exponente del "espíritu de la pedagogía más selecta de su tiempo" y "escalón indispensable para ascender hacia concepciones más completas de la educación", las cuales se sintetizaban en "el movimiento actual de las Escuelas Nuevas" (Bayón, 1929: 51-52). Maestros singulares de ambos grupos generacionales conectaron por la percepción que todos ellos tenían de esta corriente de la Escuela Nueva como un motor de cambio social, que podría llegar a transformar la realidad educativa española. Estos docentes, adheridos en su gran mayoría al Partido Socialista, identificaron cada vez con más precisión, en un proceso claramente visible en los años veinte, Escuela Nueva con ideales republicanos. No olvidemos que el programa educativo socialista, redactado por Lorenzo Luzuriaga y presentado en 1918 por los intelectuales agrupados en La Escuela Nueva de Núñez de Arenas, recogía gran parte de los principios de este movimiento pedagógico, desde la coeducación a la neutralidad, desde el *self-government* hasta el cooperativismo infantil, desde la preocupación por fomentar trabajos manuales y educación física hasta la búsqueda de instituciones para integrar la escuela en el entorno (La Escuela Nueva, 1918: 359-363). Y cuando la República llegó, se vio como un triunfo de "la Nueva Educación" (Llorca, s.a.: 351-357).

Sería muy interesante estudiar aquellos espacios profesionales y de sociabilidad en los que se encontraron las dos generaciones, especialmente durante los primeros días de la Segunda República. Y, efectivamente, hubo una reunión en la que, conscientemente, se quiso integrar a los maestros más conocidos y prestigiosos de la "generación del 98", representados en la figura de Ángel Llorca, con las que aún eran jóvenes figuras de la "generación de 1927". Esa reunión, convocada por la Comisión de Estudios Pedagógicos de la Asociación Nacional del Magisterio y realizada en La Granja a fines de julio de 1931, se presentó bajo la forma de "conversaciones" y dio lugar a unas "bases" más o menos consensuadas sobre la reforma de la enseñanza primaria[7]. En ella estuvo presente Justa Freire —que dejó notas personales de algunos de los debates— y Pablo de Andrés y Cobos, quien nos ha transmitido un relato de algunas de sus tensiones internas. Él mismo contaba que "nos reunimos un grupo de maestros jóvenes que todavía éramos esperanza, aunque no exentos de arrogante temple, con algunos otros ya maduros", palabras que ya anticipaban el conflicto generacional. Él recordaba, cercana a Ángel Llorca, la presencia de Justa Freire, pero lo que más se quedó grabado en su memoria fueron los comentarios lapidarios de Llorca para desautorizar las innovaciones que los maestros planteaban, como los gabinetes de Física, frases que llegaron a ser tan despectivas que la mayoría de los asistentes, totalmente irritados, se querían marchar sin concluir la reunión. Pero, tras una excursión por la sierra madrileña, se los acabó ganando y todos quedaron deseosos de visitar y observar el trabajo que Llorca hacía en su grupo escolar "Cervantes" (Andrés y Cobos, 1970: 95-117).

No se ha profundizado aún en el análisis de las relaciones entre los docentes desde una perspectiva de género, es decir, en el modo en el que interaccionaban ambos sexos en los espacios profesionales en los que convivían maestras y maestros. Un hecho que no se ha destacado suficientemente en la historiografía educativa es que fue durante la Segunda República cuando, por primera vez en la historia, se nombraron directoras escolares para centros con alumnado masculino y femenino, las cuales, por tanto, dirigían a un claustro compuesto de hombres y de mujeres. ¿Cómo reaccionaron los docentes varones ante el hecho inaudito de tener como "jefa" a una fémina? Si las relaciones entre directores y maestros del mismo sexo ya eran dificultosas y llenas de reticencias e incomprensiones, es fácil imaginarse cuán complicadas tuvieron que ser estas relaciones cuando la figura de autoridad era una mujer. Sin embargo, este es un tema del que parecieron no darse cuenta las directoras escolares o, si fueron conscientes de él, no quisieron dejar ninguna pista sobre sus sentimientos.

Tomemos, por ejemplo, el caso de dos de las maestras que más relevancia tuvieron en la escuela pública republicana. María Sánchez Arbós y Justa Freire Méndez fueron, respectivamente, los números 1 y 2 de las oposiciones a direcciones de graduadas celebradas en Madrid en 1933. Se colocó a la primera al frente del grupo escolar "Giner de los Ríos" y la segunda dirigió el "Alfredo Calderón". Ambos centros reunían un alumnado y un profesorado de ambos sexos. Las dos llevaron un diario de su experiencia pedagógica, en los cuales es tremendamente difícil encontrar referencias a un tratamiento descortés o agresivo hacia sus personas por parte de los docentes varones. Pero, entre líneas, sí que se puede intuir que no les hicieron la vida fácil y que desarrollaron todo tipo de prácticas de resistencia a su autoridad, entre ellas, las ausencias continuadas a clase, que obligaban a las dos directoras a realizar frecuentes sustituciones, lo cual —por mucho que ambas intentaran ocultarlo— hacía disminuir su liderazgo y pasaba a convertirlas en el comodín del centro.

Los dos diarios coincidían en destacar el tradicionalismo y la rutina de los compañeros masculinos, especialmente de aquellos de más edad, sobre cuyas prácticas obsoletas e ineficaces —entre las cuales abundaba el castigo físico— se explayaban con desesperación e intentaban modificar, ofreciéndose ellas mismas como ejemplos de actuaciones más innovadoras. Ambas pagarían un duro precio por haber desarrollado este estilo de liderazgo, al acabar la Guerra Civil. Y también denunciaban la pereza y la vagancia de los maestros más maduros, incluso de aquellos que estaban mejor preparados pedagógicamente. Así, María Sánchez Arbós citaba en varias ocasiones a Gonzalo Junquera, un maestro al que conceptuaba de muy inteligente, de "hombre competente y culto", pero que "tiene muy pocas ganas de trabajar. Los chicos se aburren y no le quieren" (Sánchez Arbós, 2007: 109). Justa Freire Méndez dedicó muchas páginas a hablar de Nicolás Escanilla, un profesor de Pedagogía de la Escuela Normal de Maestros de Salamanca que en octubre de 1934 se integró, a petición propia, en el claustro del "Alfredo Calderón". Deseoso de aplicar sus ideales pedagógicos, tuvo varias discusiones con Justa Freire sobre el estilo docente que esta quería imprimir en la escuela, manifestando un entusiasmo por cambiar las cosas que casaba poco con sus frecuentes e injustificadas ausencias, unas faltas que acabaron por ser tan obvias que la directora llegó a pensar en dar trámite oficial a su abandono (Pozo Andrés, 2012).

Esta característica tan repetida de escasa implicación en las tareas educadoras quizá encubriese el desagrado que a los varones les producía la insólita situación de ser dirigidos por mujeres, pero también hay que tener en cuenta que la mayoría procedían de escuelas unitarias rurales, en las que actuaban con total independencia, como dueños y señores de sus clases, y al llegar en la etapa republicana a estos grupos escolares de Madrid se vieron obligados a integrarse en equipos docentes y a seguir unas líneas comunes de trabajo. Por lo tanto, la variable género debería cruzarse con la variable profesional. Ahora bien, las maestras de estos centros procedían asimismo de escuelas unitarias rurales, y su comportamiento fue diferente, más camaleónico, desarrollaron una tendencia a pasar más desapercibidas y a diluirse en el ambiente dominante.

Que la categoría cronológica era muy importante para María y para Justa nos lo demuestra su tendencia a dejar constancia en el diario de la edad de sus docentes. La primera prefería a aquellos que se encontraban en torno a los 30 o 35 años, es decir, los que habían nacido con el siglo y que formaban las cohortes más jóvenes de su propia generación, una generación que bien puede ser definida como la *generación sándwich*, pues durante la etapa republicana se encontraron en una verdadera encrucijada intergeneracional, viviendo las presiones de las generaciones más viejas, que no les perdonaban los aires de cambio que habían impuesto en la enseñanza; y padeciendo las urgencias de la generación más joven, a quienes estos cambios les parecían irrelevantes. Estos últimos, que gustaron de ser llamados los *maestros nuevos*, constituyeron el grupo al que se puede llamar con toda propiedad "las maestras y los maestros republicanos".

LA TERCERA GENERACIÓN DE MAESTROS Y MAESTRAS REPUBLICANOS: EL MAGISTERIO NUEVO

Esta generación estaría formada por los docentes nacidos entre 1910 y 1915, un grupo que estuvo cronológicamente muy constreñido y que nunca pudo desarrollarse plenamente porque quedaría dramáticamente cercenado por la Guerra Civil española. Los que podríamos denominar los *maestros nuevos* constituyeron la generación surgida a partir de 1931, que se compuso con los docentes nombrados tras los Cursillos de Selección Profesional y por las primeras promociones de alumnos que salieron de las Escuelas Normales entre 1935 y 1938. Todos ellos tenían un abundante conocimiento teórico de los planteamientos de la Escuela Nueva, hasta el punto de que una crítica que se les hizo fue que dominaban perfectamente el pensamiento de todos los pedagogos extranjeros pero no el de los españoles Giner de los Ríos y Manjón. Se identificaban totalmente con dicho movimiento y también habían asumido el papel que la República les había asignado de agentes del cambio social. En las clasificaciones que se divulgaron sobre las posturas ante los métodos nuevos, ellos aparecían como los entusiasmados, la "juventud idealista y soñadora" que aún estaba llena de esperanzas, mientras que los maestros de la generación anterior se presentaban como "conocedores de las innovaciones didácticas y que han superado su primera adhesión ingenua a ellas"[8]. Pero los maestros nuevos no percibieron esta sutil distinción e hicieron gala de un cierto sentimiento elitista con respecto al resto del magisterio público, al que consideraban peor preparado y rutinario. Ese prurito de superioridad, junto con ciertas reivindicaciones que lesionaban los derechos del colectivo, les llevó a mantener algunas polémicas con otros compañeros y, finalmente, se separaron de la Asociación Nacional del Magisterio y crearon la suya propia, denominada, muy significativamente, "Asociación Profesional de Maestros Nuevos", que definieron con las finalidades de "tecnicismos" y "continua renovación"[9].

Estos docentes parecían deseosos de experimentar en la realidad las innovaciones pedagógicas estudiadas teóricamente, tenían un entusiasmo tremendo por cambiar la enseñanza desde un punto de vista metodológico, pero es posible que, con su formación impecable, les faltara lo que se ha dado en llamar "gramática de la escuela" (Tyack y Cuban, 1995), esto es, ese conjunto de modos de hacer y de pensar generados desde la misma práctica docente y que permite a los profesores adaptar las reformas legislativas o pedagógicas a las necesidades de su propia realidad escolar. Por eso, otros maestros no precisamente tradicionales les criticaron su falta de criterio a la hora de diseñar la actuación educativa, pues su inquietud les llevaba a introducir continuos cambios, el afán de experimentación se entendía como un tanteo que, si bien convertía a la escuela en animoso laboratorio, relegaba a los niños a la triste condición de "conejillos de indias"

(Vega, 1935: 70). Docentes de la generación anterior se sintieron reflejados en ellos y recordaron su ingenuidad pasada, cuando veían los procedimientos nuevos como "instrumentos mágicos" con capacidad para trasformar rápidamente a la humanidad (Bayón, 1934: 38). Y, muchas veces, su afán de aplicar los nuevos métodos con total literalidad y sin flexibilidad fue criticado por otros maestros. Son especialmente reveladoras las reflexiones de María Sánchez Arbós sobre sus compañeros más jóvenes. Sus palabras nos revelan el conflicto existente entre estos nuevos docentes, cuyos intentos, quizá torpes, de aplicar ideas revolucionarias, eran entendidos como un escapismo, y ella, como directora de un grupo escolar en el que quería aunar eficacia y buenos resultados instructivos con talante renovador. Así, afirmó lapidariamente que "los maestros nuevos no valen nada; son ingratos a la escuela y vagos, muy vagos a pesar de sus ideas avanzadas". Uno de ellos le explicó su filosofía educativa, que era evidentemente una mala traducción de las ideas de la Nueva Educación sobre la actividad infantil espontánea: "es mejor esperar el momento en que el niño *quiera* hacer algo", visión contrapuesta a la de la propia Sánchez Arbós —el maestro ha de buscar la ocasión y "hacer porque el niño *quiera*" (Sánchez Arbós, 2006: 141 y 177)—. Sin embargo, Justa Freire no escatimó elogios en sus diarios sobre los alumnos del Plan Profesional: "Los jóvenes van mucho más deprisa: no tienen prejuicios y les sobran entusiasmos" (Pozo Andrés, 2012). Muchos de ellos volvían a su colegio, después de terminar el periodo de prácticas, para ayudar voluntariamente en las clases y cubrir las ausencias de los maestros de plantilla.

Las características de estos maestros nuevos quedaron dibujadas, no tanto en las páginas de las revistas profesionales como en los trazos de algunos personajes literarios. La maestra nueva sería la Irene Gal retratada por Dolores Medio en su *Diario de una maestra*, es decir, esa mujer que se quedó admirada y entusiasmada ante la conferencia impartida por el inspector sobre el movimiento de la Escuela Nueva y los revolucionarios métodos de enseñanza, una conferencia que en el texto se redujo a un listado de nombres de la Nueva Educación, pero cuyo espíritu se escapó de las páginas del libro y llegó perfectamente a Irene: se trataba de "revitalizar la escuela", modernizarla según las corrientes pedagógicas innovadoras que se plasmaron en el ideal de la "escuela única", con el que, en último término, se perseguía la consolidación de la democracia desde las aulas. Su sueño se materializó en un deseo: quería inventar un método, el plan La Estrada, que al igual que el plan Dalton, popularizado por una norteamericana que una vez fue maestra rural, surgiese, se construyese y se denominase con el nombre del pueblo en el que radicaba su escuelita campesina. La fantasía se solapaba en este caso con la realidad, pues por las páginas de las publicaciones magisteriales más prestigiosas, desde *Escuelas de España* hasta *El Magisterio Español*, pasando por la *Revista de Pedagogía*, desfilaron bastantes artículos de maestras rurales, las cuales, aunque en menor porcentaje que sus compañeros varones —solo el 12 por ciento de las experiencias publicadas eran de autoría femenina, cuando su presencia en el magisterio público sobrepasaba el 40 por ciento (Pozo Andrés, 2005: 144)— dejaron constancia escrita de sus ensayos novedosos. Docentes hoy olvidadas como Manuela García Trapero, de Hontalbilla (Segovia), Pilar Montero Hernández, de Chamartín de la Rosa (Madrid), o Higinia Rodríguez Arribas, de Pastrana (Guadalajara), además de las maestras freinetistas pioneras, como Dolors Piera i Llobera (Cañellas y Torán, 2005: 20-31),

Ana Gavín Escarrá o María Escolá Taujís (Jiménez Mier y Terán, 2011: 281-282), son bien representativas de esta maestra nueva que floreció al calor del entusiasmo republicano por la educación.

Y sería también una maestra nueva Natalia Valdés de *Nuestra Natacha*, esa genial obra de teatro de Alejandro Casona que inspiró tanto a los jóvenes docentes. Natalia, la primera mujer doctorada en Pedagogía en España, decide desechar ofertas mucho más interesantes de trabajo para dirigir y transformar el reformatorio en el que ella estuvo de niña, comprometiéndose a transformarlo en una Escuela Nueva. Parece que este personaje, aunque literario, y por lo tanto inventado, no andaba muy lejos de las inquietudes e ilusiones de algunas estudiantes de Pedagogía y de Magisterio, pues el diario de Justa Freire recogió en varias ocasiones las visitas de tres "señoritas" que acudieron algunos días a su grupo escolar "Alfredo Calderón", en noviembre y diciembre de 1934, para informarse de la organización y poder trasladarla a la escuela que pensaban abrir junto a otras tres compañeras.

Pero, realmente, el ejemplo más arquetípico de maestra nueva vino representado por las alumnas del Plan Profesional implantado en las Escuelas Normales de la Segunda República. Ellas se desperdigaron por los colegios de prácticas a partir de 1934 y acomodaron sus entusiasmos innovadores a las gramáticas escolares que les iban mostrando sus mentoras, que eran, generalmente, esas directoras nombradas a partir de 1933. Algunas se asomaron a su primera experiencia educativa en solitario en las residencias y en las colonias infantiles organizadas cuando empezó la Guerra Civil. Estos fueron los casos de Josefina Calandre, en las Comunidades Familiares de Educación, dirigidas por

Ángel Llorca y Justa Freire en El Perelló (Valencia), o el de Manolita García Barcia, en la guardería infantil "Arco Iris" de Villajoyosa. Quiero dejar constancia para la memoria colectiva solamente de un nombre, el de María Victoria Gullón Mayor, una alumna del Plan Profesional que hizo prácticas en los grupos escolares "Cervantes" y "Alfredo Calderón" y apareció luego por Valencia en los primeros meses de guerra, prestándose encantada de colaborar con sus antiguos maestros, don Ángel y Justa, en el ensayo que estaban desarrollando, acudiendo con esta última a organizar y supervisar otras colonias escolares de Levante, y haciéndose cargo, finalmente, de una de las establecidas en San Juan (Alicante). Allí le sorprendió la muerte en mayo de 1938, después de una enfermedad rápida y brutal. Y su muerte real es el estandarte de todas las muertes simbólicas que sufrieron los representantes de esta generación, una generación que fue cercenada y silenciada antes de haber podido desarrollarse.

REFLEXIONES FINALES: EL LEGADO DE LAS MAESTRAS REPUBLICANAS

Al final de este capítulo vuelvo a retomar la pregunta que me hice en su comienzo: ¿qué significa ser "maestra o maestro republicano"? Y, como hemos ido desgranando a lo largo de las páginas precedentes, podemos concluir que este concepto definió a docentes de tres generaciones distintas que vivieron el noventa y ocho como acontecimiento más o menos lejano que definió su vocación de cambiar a España; que se agruparon en torno a figuras contemporáneas a las que tomaron como referentes o modelos, como pudieron ser, en diferentes etapas, Costa y Ortega y Gasset; que tuvieron momentos concretos en los cuales, de forma más o menos espontánea, aparecieron como colectivo ante la opinión pública firmando manifiestos encabezados por los intelectuales; que intentaron canalizar las acciones conjuntas del grupo a través de asociaciones casi siempre muy efímeras; que compartieron unas ideas similares; y que se identificaron por una práctica educativa renovadora. Para estos grupos, la única manera de transformar el país era a través de la educación, mediante la consolidación de una escuela pública de calidad, y ello implicaba un profundo cambio metodológico, inspirado en los ideales del movimiento educativo de la Escuela Nueva. Puede que muchos de ellos fueran evolucionando hacia un republicanismo político e ideológico, pero también se puede hablar de un *republicanismo pedagógico*, que aglutinó a todos aquellos docentes que hicieron de la escuela pública su ideal y que pretendían conseguir una identidad para ella acorde con las tendencias contemporáneas y con los valores emergentes de democracia e igualdad.

¿Cómo han llegado estos ideales hasta nosotras? Las maestras republicanas se caracterizaron por su entusiasmo, y posiblemente lograran transmitir este entusiasmo a sus alumnas, que percibieron la posibilidad de hacer otro tipo de escuela y algunas de ellas, ya como maestras del franquismo, lo intentaron incluso en las condiciones más adversas. A mí me llegó la pasión por la escuela pública a través de mi madre, quien la aprendió de niña como alumna de María Recarte, una mujer vasca que llegó para ejercer la docencia en Matalebreras, un diminuto pueblo de Soria, allá por 1932. Aunque no conocemos sus influencias intelectuales, sí que sabemos que, a pequeña escala, transformó la enseñanza del lugar, y todos lo achacaron a que era "una maestra republicana". También transmitieron ese ideal por una nueva escuela pública a sus hijas. Es realmente significativo que una de las primeras experiencias renovadoras del franquismo, l'Escola de Mestres Rosa Sensat de Barcelona, que comenzó a funcionar el 4 de octubre de 1965, se iniciase alrededor de una mesa de comedor en la casa de Angeleta Ferrer Sensat, una maestra "de antes de la guerra", hija de Rosa Sensat, que al poner el nombre de su madre a ese experiencia pionera consiguió conectar simbólicamente la nueva generación de maestros jóvenes del franquismo con los movimientos históricos de renovación pedagógica.

Aún nos queda mucho por investigar sobre los encuentros que se produjeron en los años sesenta y setenta entre las "maestras republicanas" y sus herederas; poco sabemos sobre los nuevos espacios en los que llegaron a conocerse y comunicarse y a transmitirles el testigo de la renovación. ¿Sería en los colegios privados y particulares en los que las primeras se habían refugiado al tener prohibido el ejercicio de la docencia en las escuelas públicas? ¿Sería con el descubrimiento por parte de las segundas de sus escritos y de los planteamientos tan novedosos que se ofrecían en ellos? Posiblemente las relaciones no fueran ni numerosas ni profundas, y no tanto porque las separase una distancia abismal sino porque las maestras republicanas no querían recordar, habían sobrevivido en el franquismo olvidando su pasado y reinventándose a sí mismas y seguramente la mayoría murieron así, sin hacer ninguna concesión a la memoria. Pero este era un mecanismo de supervivencia tremendamente doloroso, y todos los testimonios coinciden en afirmar el inmenso poder simbólico que tenía para ellas la recuperación de algún jirón de su pasado. Por eso nosotras, las generaciones del presente y del futuro, tenemos la obligación y el deber moral de rastrear y contar su historia, de sacar a la luz sus ideales, de airear su ejemplo, y de demostrar, con sus vidas, el inmenso poder de la educación para transformar el mundo.

NOTAS

1. "El profesorado moderno", *El Liberal*, 12.193 (26 de marzo de 1913), p. 1.
2. Expediente de Victorina Pi Mader; Archivo JAE, nº 115-403.
3. "Actitud crítica", *Escuelas de España*, 3 (1934), p. 37.
4. "El caso de Lérida", *El Siglo Futuro*, 4598 (30 de marzo de 1922), p. 1.
5. "El profesorado español y la libertad de la cátedra", *España*, 314 (1 de abril de 1922), pp. 19-20.
6. "Un atentado a la sagrada libertad de la cátedra", *La Libertad*, 699 (28 de febrero de 1922), p. 2.
7. *Bases fundamentales para reformar la enseñanza española. Resumen de las conversaciones tenidas con este objeto, por un grupo de Maestros de toda España convocados por la Comisión de Estudios Pedagógicos de la Asociación Nacional del Magisterio, en La Granja a fines de julio de 1931*, Madrid, Tip. Yagües, 1931.
8. "Sugerencias: Posiciones ante los métodos nuevos", *Escuelas de España*, 1 (1934), pp. 44-45.
9. "Maestros nuevos", *El Magisterio Español*, 9.275 (7 de abril de 1934), p. 81.

BIBLIOGRAFÍA

ANDRÉS Y COBOS, Pablo de (1970): "Don Ángel Llorca en mi recuerdo", *Juicios y figuras*, Madrid, Ancos, pp. 95-117.

BAYÓN, David (1929): "Escuelas del Ave María", *Escuelas de España*, 4, pp. 45-73.

— (1931): *La Escuela Francesa. Escuelas Españolas*, Segovia, Publ. *Escuelas de España*.

— (1934): "Métodos nuevos. Detractores y defensores", *Escuelas de España*, 8, pp. 35-38.

CAÑELLAS, Celia y TORÁN, Rosa (2005): "Dolors Piera Llobera, la utopia d'un món millor, el magisteri i la política", *Diónysos: collita de cultura*, 8-9, pp. 20-31.
CORTADA ANDREU, Esther (2005): "Rosa Sensat Vilà. Devoción por la naturaleza", en *Treinta retratos de Maestras. De la Segunda República a nuestros días*, Madrid, Cisspraxis, pp. 31-36.
— (2009): "Rosa Sensat i Vilà: una ciència de la vida en una escola com la llar", en *Moments històrics de les dones a Catalunya*, Barcelona, Institut Catalan de les Dones. Accesible en http://www20.gencat.cat/portal/site/icdones/menuitem.4b491b5fa301c8a439a72641b0c0e1a0/?vgnextoid=4ba3770fb6f5f110VgnVCM1000008d0c1e0aRCRD&vgnextchannel=4ba3770fb6f5f110VgnVCM1000008d0c1e0aRCRD&vgnextfmt=default [consultado el 15 de marzo de 2012].
CORTINA, Regina y SAN ROMÁN, Sonsoles (2006): *Women and Teaching. Global Perspectives on the Feminization of a Profession*, New York, Palgrave Macmillan.
FLECHA GARCÍA, Consuelo (1996): *Las primeras universitarias en España*, Madrid, Narcea.
GALVÁN LAFARGA, Luz Elena y LÓPEZ PÉREZ, Oresta (coords.) (2008): *Entre imaginarios y utopías: Historias de maestras*, México, Publicaciones de la Casa Chata.
GARCÍA, C. J. (1933): "Réplica a los cursillistas del 31", *El Magisterio Español*, 9.220, 25 de noviembre, pp. 339-340.
GONZÁLEZ-AGÀPITO, Josep (1989): *Rosa Sensat i vilà, fer de la vida escola*, Barcelona, Edicions 62.
HERNANZ Y HERNANZ, Norberto (s.a.): *Memorias*, obra inédita.
— (1929): "Dos Congresos pedagógicos", *Escuelas de España*, 1, pp. 92-99.
HERNÁNDEZ, Mireia, *et al.* (2005): *Celestina Vigneaux. Les cantines escolars a Barcelona i la renovació pedagògica a l'escola pública*, Barcelona, Institut d'Educació/Publicacions de l'Abadia de Montserrat.
JIMÉNEZ, Mier y TERÁN, Fernando (2011): *¡Viva la imprenta! Orígenes de la educación Freinet en España. Libro de Vida*, México, Hersa Ediciones.
JUAN BORROY, Víctor Manuel (1998): *Mitos, creencias y mentalidades del magisterio de Aragón del primer tercio del siglo XX*, Zaragoza, Institución Fernando El Católico.
LA ESCUELA NUEVA (1918): "Bases para un programa de Instrucción Pública", *Boletín de la Institución Libre de Enseñanza*, 705, pp. 359-363.
LÓPEZ PÉREZ, Oresta (2010): *Que nuestras vidas hablen. Historias de vida de maestras y maestros indígenas tének y nahuas de San Luis Potosí*, San Luis de Potosí, El Colegio de San Luis.
LUIS MARTÍN, Francisco (1997): *Historia de la FETE (1909-1936)*, Madrid, Fondo Editorial de Enseñanza.
— (2002): *La FETE en la Guerra Civil española, 1936-1939*, Madrid, Ariel.
— (2009): *La FETE (1939-1982): de la represión franquista a la transición democrática*, Madrid, Alianza Editorial.
LLORCA, Ángel (s.a.): "Y pasan los años. La Nueva Educación", en *Hommage au Dr. Decroly*, s.l., s.e., pp. 351-357.

MARCO, Aurora (2005): "María Barbeito y Cerviño. Diálogo y centros de interés en las aulas", en *Treinta retratos de Maestras. De la Segunda República a nuestros días*, Madrid, Cisspraxis, pp. 43-47.

MARÍAS, Julián (1967): *El método histórico de las generaciones*, Madrid, Revista de Occidente.

MARTÍNEZ DE CODES, Rosa María (1982): "Reflexiones en torno al criterio generacional, como teoría analítica y método histórico", *Quinto Centenario*, 3, pp. 51-87.

MONTERO, Enrique (1995): "Reform Idealized: The Intellectual and Ideological Origins of the Second Republic", en GRAHAM, Helen y LABANYI, Jo (eds.): *Spanish Cultural Studies. An Introduction. The Struggle for Modernity*, Oxford, Oxford University Press, pp. 124-132.

MORENTE VALERO, Francisco (1995): "Renovació pedagògica i repressió franquista de postguerra: el cas de Rosa Sensat i Vilà", *Temps d'Educació*, 13, pp. 221-241.

NÓVOA, Antonio (1987): *Le temps des professeurs. Analyse sócio-historique de la profession enseignante au Portugal (XVIIIe-XXe siècle)*, 2 vols., Lisboa, Instituto Nacional de Investigação Científica.

ORTEGA Y GASSET, José (1983): *El tema de nuestro tiempo* (1923), en *Obras Completas*, tomo 3, Madrid, Alianza Editorial-Revista de Occidente, 1983, pp. 141-242.

— *Vieja y Nueva Política* (1914), en *Obras Completas*, tomo 1, Madrid, Alianza Editorial-Revista de Occidente, 1983, pp. 267-299.

POZO ANDRÉS, Mª Mar del (2000): *Curriculum e identidad nacional. Regeneracionismos, nacionalismos y escuela pública (1890-1936)*, Madrid, Biblioteca Nueva.

— (2005): "La renovación pedagógica en España (1900-1939): Etapas, características y movimientos", en CANDEIAS MARTINS, E. (ed.): *Vº Encontro Ibérico de História da Educação. Renovação Pedagógica. Actas*, Castelo Branco, Alma Azul.

— (2007): "Los educadores ante el 'problema de España': Reflexiones sobre su papel en la construcción de la identidad nacional", en SALAVERT, Vicente y SUÁREZ CORTINA, Manuel (eds.): *El regeneracionismo en España. Política, educación, ciencia y sociedad*, València, Universitat de València, pp. 125-164.

— (2007): "La construcción de la identidad nacional desde la escuela: el modelo republicano de educación para la ciudadanía", en MORENO LUZÓN, Javier (ed.): *Construir España. Nacionalismo español y procesos de nacionalización*, Madrid, Centro de Estudios Políticos y Constitucionales, pp. 207-232.

— (2007): "A la búsqueda de una identidad para la escuela pública (1898-1936)", en CUEVA, Julio de la y MONTERO, Feliciano (eds.): *La secularización conflictiva. España (1898-1931)*, Madrid, Biblioteca Nueva.

— (2008): "Educación para la ciudadanía democrática en la Segunda República: un intento de construcción de la identidad nacional desde la escuela", *Historia de la Educación. Revista Interuniversitaria*, 27, pp. 105-135.

— (2012): *Justa Freire o la pasión por educar. Biografía de una maestra atrapada en la historia de España (1896-1965)*, Madrid, Octaedro.
SAN ROMÁN, Sonsoles (dir.), CARREÑO RIVERO, Myriam, COLMENAR ORZAES, Carmen y RABAZAS ROMERO, Teresa (2001): *La maestra en el proceso de cambio social de transición democrática. Espacios históricos generacionales*, Madrid, Instituto de la Mujer.
SÁNCHEZ ARBÓS, María (2006): *Mi Diario*. Introducción de Víctor M. Juan Borroy y Antonio Viñao Frago, Zaragoza, Diputación General de Aragón y Caja de Ahorros de la Inmaculada, 2ª ed.
— (2007): *Una escuela soñada. Textos*, ed. de Elvira Ontañón y Víctor M. Juan Borroy, Madrid, Biblioteca Nueva.
TERRÓN BAÑUELOS, Aida (1987): "El movimiento asociacionista del magisterio nacional. Orígenes y configuración histórica", *Historia de la Educación. Revista interuniversitaria*, 6, pp. 279-299.
— (1990): *La enseñanza primaria en la zona industrial de Asturias (1898-1923)*, Oviedo, Principado de Asturias.
— (1998): "Associations professionnelles et syndicats dans l'enseignement", *Histoire de l'éducation*, 78, pp. 167-197.
— (1999): "Cien años de defensa colectiva: la dinámica societaria y sindical del magisterio español", *Sarmiento. Anuario Galego de Historia da Educación*, 3, pp. 157-182.
TYACK, David y CUBAN, Larry (1995): *Tinkering toward Utopia. A Century of Public School Reform*, Cambridge, Harvard University Press.
VEGA, L. (1935): "Nuestra escuela", *Escuelas de España*, 14, pp. 70-71.